Das Vertrauen zu den politischen Entscheidungsinstitutionen junger Demokratien Mitteleuropas

Empirische und methodologische Beiträge zur Sozialwissenschaft

Herausgegeben von Jürgen Falter, Jürgen Maier,
Katja Neller und Harald Schoen

Band 25

PETER LANG
Frankfurt am Main · Berlin · Bern · Bruxelles · New York · Oxford · Wien

Tuuli-Marja Kleiner

Das Vertrauen zu den politischen Entscheidungsinstitutionen junger Demokratien Mitteleuropas

Kulturalistische und institutionalistische Ansätze zur Erklärung politischen Vertrauens im Vergleich

PETER LANG
Internationaler Verlag der Wissenschaften

Bibliografische Information der Deutschen Nationalbibliothek
Die Deutsche Nationalbibliothek verzeichnet diese Publikation in
der Deutschen Nationalbibliografie; detaillierte bibliografische
Daten sind im Internet über <http://www.d-nb.de> abrufbar.

Gedruckt mit Unterstützung des
Fördervereins für Politikwissenschaft der Universität Stuttgart
(FöPs e.V.)

Gedruckt auf alterungsbeständigem,
säurefreiem Papier.

ISSN 0172-1739
ISBN 978-3-631-57423-2
© Peter Lang GmbH
Internationaler Verlag der Wissenschaften
Frankfurt am Main 2008
Alle Rechte vorbehalten.

Das Werk einschließlich aller seiner Teile ist urheberrechtlich
geschützt. Jede Verwertung außerhalb der engen Grenzen des
Urheberrechtsgesetzes ist ohne Zustimmung des Verlages
unzulässig und strafbar. Das gilt insbesondere für
Vervielfältigungen, Übersetzungen, Mikroverfilmungen und die
Einspeicherung und Verarbeitung in elektronischen Systemen.

Printed in Germany 1 2 3 4 5   7

www.peterlang.de

Danksagung

Mein Dank gilt Prof. Dr. Oscar W. Gabriel, der nicht nur meine Magisterarbeit professionell betreut hat, sondern auch die Möglichkeit ihrer Veröffentlichung in der Reihe „Empirische und methodologische Beiträge zur Sozialwissenschaft" angeregt hat. Für die Hinweise bei der Umarbeitung der Magisterarbeit zu einem fertigen Manuskript möchte ich mich außerdem beim Herausgeberteam Dr. Katja Neller, Junprof. Dr. Jürgen Maier und Dr. Harald Schoen bedanken.

Mein besonderer Dank gilt Karlheinz Krombholz, der die mühevolle Aufgabe des Korrekturlesens übernahm, sowie Jochen Götz, der mir nicht nur im Kampf mit dem Textverarbeitungsprogramm stets zur Seite stand, sondern auch meine Phasen der Selbstzweifel stoisch erduldete.

Inhaltsverzeichnis

Abbildungsverzeichnis IX
Tabellenverzeichnis IX
1 Einleitung 1
  1.1 Forschungsfragen und Vorgehen 3
  1.2 Die Situation Mittelosteuropas und Probleme der Konsolidierung 7
  1.3 Die Bedeutung von Vertrauen in parteienstaatliche Institutionen 8
2 Theoretischer Rahmen 11
  2.1 Das Vertrauensphänomen: Begriff und Funktion 11
  2.2 Der Begriff der Institution 12
  2.3 Vertrauen in politische Institutionen: Begriffsdefinition 13
  2.4 Institutionenvertrauen als Teildimension politischer Unterstützung 14
  2.5 Verortung des Institutionenvertrauens 17
    2.5.1 Eastons Konzept politischer Unterstützung 17
    2.5.2 Unklarheiten in Eastons Konzept und Weiterentwicklungen 19
  2.6 Zwei theoretische Traditionen 21
    2.6.1 Ansätze des Kulturalismus 23
      2.6.1.1 Systemstabilität nach Almond und Verba 24
      2.6.1.2 Sozialisationsansätze 24
      2.6.1.2.1 Politische Sozialisation im klassischen Kulturalismus 25
      2.6.1.2.2 Ablauf und Agenten politischer Sozialisation 26
      2.6.1.2.3 Der Sozialkapitalansatz und politisches Vertrauen 28
      2.6.1.3 Zusammenfassung 30
    2.6.2 Vertrauen aus der Perspektive institutionalistischer Ansätze 30
      2.6.2.1 Der akteurszentrierte Institutionalismus und Vertrauen 30
      2.6.2.1.1 Vertreter des akteurszentrierten Institutionalismus 31
      2.6.2.1.2 Grenzen rationaler Modelle in Bezug auf Vertrauen 33
      2.6.2.2 Der Begriff der Institution im Neoinstitutionalismus 34
      2.6.2.3 Vertrauenskonzepte im Neoinstitutionalismus 35
      2.6.2.4 Zusammenfassung 36
3 Zusammenführung 37
  3.1 Konzeptualisierung des Vertrauenskonstruktes 38
    3.1.1 Die Logik der Mehrdimensionalität 39
    3.1.2 Vertrauen als Beziehungsvariable 41
  3.2 Quellen des politischen Vertrauens 43
  3.3 Gegenseitige Beeinflussung von Kultur und Performanz 44
    3.3.1 Woher kommen die Performanzkriterien? 44
    3.3.2 Woher kommen die Wertvorstellungen? 44
4 Empirische Analysen 49
  4.1 Die Daten 49
  4.2 Strukturelle Annahmen 50
  4.3 Der kulturalistische Ansatz 51
    4.3.1 Hypothesen des klassischen Kulturalismus 51
    4.3.2 Empirische Ergebnisse im Hinblick auf den Kulturansatz 56
      4.3.2.1 Die Struktur des Institutionenvertrauens in Mitteleuropa 56
      4.3.2.2 Disposition und Generalisierung 58
      4.3.2.3 Der Sozialkapitalansatz 60
      4.3.2.4 Das Kongruenzpostulat 65

4.3.2.5	Die Sozialisationsthese	67
4.4	Der Performanzansatz	67
4.4.1	Analytische Performanzkonzeptionen	68
4.4.2	Hypothesen auf der Performanzebene	71
4.4.3	Empirische Ergebnisse im Hinblick auf den Performanzansatz	72
4.5	Kulturalistische und institutionalistische Determinanten im Gesamtmodell	77
4.6	Diskussion und Schlussfolgerungen	79
5	Zusammenfassung und Ausblick	87
5.1	Das Forschungsproblem	87
5.2	Definition und Struktur des Institutionenvertrauens	87
5.3	Kulturalismus und Institutionalismus	88
5.4	Anknüpfungspunkte zwischen Kulturalismus und Institutionalismus	88
5.5	Methodisches Vorgehen und empirische Ergebnisse	90
5.6	Theoretische und praxisorientierte Schlussfolgerungen	91
5.7	Defizite und Grenzen dieser Arbeit sowie weiterführende Anregungen	94
6	Anhang	97
7	Literatur	105

Abbildungsverzeichnis

Abbildung 1: Kategorien der diffusen Unterstützung 18

Abbildung 2: Ebenen des politischen Systems nach Fuchs 20

Abbildung 3: Kontinuum politischer Unterstützungsmotivation, Analyseebenen und -objekte des politischen Systems 22

Abbildung 4: Die Generalisierung interpersonalen Vertrauens 60

Abbildung 5: Kausalmodell mit Rückkopplungseffekten 85

Tabellenverzeichnis

Tabelle 1: Kulturalistische Faktoren im Hinblick auf politisches Vertrauen 59

Tabelle 2: Anteile der Mitgliedschaften in Vereinen und Verbänden in Mitteleuropa 62

Tabelle 3: Anteile toleranter Einstellungen in Mitteleuropa 62

Tabelle 4: Anteile sozialen Vertrauens in Mitteleuropa 63

Tabelle 5: Determinanten des Sozialkapitalansatzes 64

Tabelle 6: Kulturelle Determinanten des Vertrauens in parteienstaatliche Institutionen 65

Tabelle 7: Faktoren des Performanzmodells im Hinblick auf politisches Vertrauen 72

Tabelle 8: Institutionelle Determinanten des Vertrauens in parteienstaatliche Institutionen 73

Tabelle 9: Mittelwerte kulturalistischer und institutionalistischer Determinanten 77

Tabelle 10: Gesamtmodell: Determinanten des Vertrauens in parteipolitische Institutionen 78

1 Einleitung

Mit dem Zusammenbruch der kommunistischen Regime und der Einführung demokratischer Strukturen in den Ländern Mittel- und Osteuropas rückte die klassische Forschungsfrage nach der Stabilität politischer Systeme wieder in den Vordergrund. Wurde der Umbruch zunächst noch als „weltweiter Sieg der westlichen liberalen Demokratien gefeiert" (Göhler/Wiesenthal 1999:6) und von manchen sogar das „Ende der Geschichte" (Fukuyama 1989) ausgerufen, zeigten sich doch bald Schwächen in den teleologischen Konzepten der Transformationsforschung. Die wirtschaftlichen, sozialen und politischen Kosten der Umwandlung machten deutlich, dass Demokratien keine natürliche Tendenz aufweisen „ihre eigenen Prinzipien über kurz oder lang voll zur Geltung zu bringen und sich gegen »Kinderkrankheiten« allmählich zu immunisieren, um dann fortan ihren normativen Kriterien vollauf zu genügen" (Offe 2003a:230). Zwar haben die etablierten liberalen Demokratien der westeuropäischen und nordamerikanischen Länder für die ehemals sozialistisch regierten Gesellschaften Vorbildcharakter (vgl. Fuchs 1997a:81). Doch während die westlichen Industrienationen verschiedene Spielarten und Varianzmöglichkeiten erörtern und die Staatsform Demokratie „an sich" nicht in Frage stellen, kämpfen die jungen Demokratien Mittelosteuropas um ihr Überleben (vgl. Mishler/Rose 1999:81). Die Idee der Demokratie ist für die Bevölkerung nur eine Option und solange große Teile der Bevölkerung nicht demokratisch sozialisiert sind und wirtschaftliche Erfolge auf sich warten lassen, bleibt sie gefährdet. Bis heute scheint die Existenz der Demokratie selbst dort, wo die Legitimitätsdefizite der „alten" Systeme offensichtlich schienen, nicht auf Dauer gesichert.

In Anlehnung an Easton[1] definiert Fuchs (1989:7): „Ein Regime ist [...] dann persistent, wenn es seine zentralen Strukturelemente erhält und durch Wandlungen peripherer Strukturelemente auf sich verändernde Umweltbedingungen reagieren kann". Die Erfahrung der Weimarer Republik hat gezeigt, dass die Einführung demokratischer Institutionen und ökonomischer Fortschritt allein nicht ausreichen, um das langfristige Bestehen neuer demokratischer Systeme zu gewährleisten (vgl. Gabriel 1994:100). War die Analyse von Almond und Verba noch „a first effort at treating the phenomena of individual political orientation in such a way as to relate them systematically to the phenomena of political structure" (Almond/Verba 1972:32), so gilt es heute als allgemein anerkannte Prämisse, dass Einstellungen gegenüber politischen Objekten eine zentrale Bedeutung für den Bestand und Wandel politischer Systeme haben. In der Tradition von Gabriel Almond und Sidney Verba geht die politische Kulturforschung davon aus, dass die politische Struktur mit der politischen Kultur in einem Kongruenzverhältnis zueinander stehen muss, um Chancen auf dauerhaften Bestand zu haben. Mit der Einführung demokratischer Strukturen, also der Gewährleistung von Bürger- und Partizipationsrechten sowie politischen Wettbewerbs ist der Weg zu einer stabilen Demokratie damit noch nicht beendet. Es muss eine Phase der Konsolidierung folgen, in welcher die Bevölkerung eine wertgebundene Akzeptanz entwickelt. Diamond zufolge ist ein politisches System konsolidiert, wenn einerseits seine Normen und Prinzipien anerkannt und internalisiert und diese andererseits als routinierte Handlungen institutionalisiert sind. Sowohl Eliten als auch inter-

---

[1] Um die Assoziation statischen Beharrens zu vermeiden verwendet Easton den Begriff „persistence".

mediäre Gruppen und die Bevölkerung müssen dabei glauben, dass *ihr* System es wert sei, verteidigt zu werden (vgl. Diamond 1999:65-68). Erst dann ist die Demokratie „the only game in town" (Almond/Verba/Powell 1996:179)².

Die innere Bindung an ein politisches System entsteht durch Wertvermittlung während der Sozialisation und praktische politische Erfahrungen. Die Bürger Mittelosteuropas wurden zum großen Teil im Staatskommunismus sozialisiert, die politischen Kulturen dieser Länder werden daher durch die Hinterlassenschaften kommunistischer Herrschaft bestimmt³. Bezugnehmend auf Eastons Modell politischer Unterstützung kann ein politisches System nicht ohne ein bestimmtes Maß an Unterstützung bestehen, daher gilt es, diese zu generieren (vgl. Easton 1965:211). Politische Unterstützung wird dabei als positive affektive Einstellung verstanden "by which a person orients himself to an object" (Easton 1975:436)⁴.

Die Erfolgsbedingungen junger demokratischer Institutionen hängen demnach unweigerlich davon ab, ob sie in der Bevölkerung Unterstützung finden oder nicht. Vor allem eine Teildimension politischer Unterstützung⁵, das politische Vertrauen, spielt hier eine große Rolle, denn „weitverbreitete und dauerhafte Zweifel an der Vertrauenswürdigkeit der politischen Ordnung und der sie tragenden Institutionen [sind, Anm. d. Verf.] mit der Idee der Demokratie unvereinbar" (Gabriel 1993:3). Nur ein „Vertrauensvorschuss" verleiht den Entscheidungsträgern die nötige Handlungsfreiheit, notwendige Transformationen vorzunehmen ohne dabei gleich „abgestraft" zu werden⁶. Politisches Vertrauen erhöht die Bereitschaft der Bürger, Gesetze freiwillig zu befolgen und benötigte Ressourcen, beispielsweise in Form von Steuern, abzugeben. Die meisten Sozialwissenschaftler stimmen darin überein, dass auch in

---

² Den „gesamten Zeitraum, der zwischen dem Ende des „alten" und der Konsolidierung des „neuen" politischen Regimes liegt" (Kaase 2002:601) wird Transition genannt. Kulturelle Ansätze teilen den Prozess der Transition in drei Phasen, die Liberalisierungsphase, die Demokratisierungsphase und schließlich die Konsolidierungsphase. Während der Liberalisierungsphase findet eine gewisse Öffnung des Systems sowie eine Erweiterung persönlicher Freiheitsrechte statt, ohne dass sich dabei die prinzipiellen Strukturen oder Machtverhältnisse verändern. Die Phase der institutionellen Neuordnung wird Demokratisierung genannt. Sie umfasst die Gewährleistung von Bürger- und Partizipationsrechten, Einrichtung demokratischer Institutionen, wie Parteiwettbewerb und freie, geheime Parlamentswahlen. Die letzte Phase ist die der Konsolidierung, in welcher sich eine wertgebundene Akzeptanz der Bevölkerung und der Eliten entwickelt (vgl. ebd. 601f.). Zur Transformationsforschung siehe u.a. Diamond (1999); Huntington (1991); Karl/Schmitter (1991); Linz/Stepan (1996); Lipset 1981; Merkel (1999); Munck (2001); O'Donnell (1996, 1998).
³ Dabei wird hier nicht postuliert, dass die Bürger in ehemals sozialistisch regierten Ländern allesamt kommunistisch seien, oftmals standen sie dem politischen System sogar eher zynisch gegenüber. Es soll lediglich festgehalten werden, dass die alten Strukturen im Denken und Verhalten der Menschen eingeschrieben sind.
⁴ Easton unterscheidet zwischen manifester Unterstützung („overt support") und latenter Unterstützung („covert support"). Unter manifester Unterstützung werden unterstützende Handlungen, wie das Zahlen von Steuern, die Beteiligung an Wahlen oder das Ableisten des Wehr-/Zivildienstes verstanden (vgl. Gabriel 2002:478). Latente und manifeste Unterstützung stehen in einem positiven Zusammenhang. Im Rahmen dieser Arbeit steht die latente Unterstützung als Einstellung im Vordergrund.
⁵ Das politische Vertrauen wird in Anlehnung an Easton als Teildimension diffuser politischer Unterstützung konzeptualisiert (vgl. Easton 1965, 1975; Miller 1974a/b; Citrin 1974; Barber 1984; Gabriel 1993; Walz 1996).
⁶ Funktionale Äquivalente für Vertrauen, wie Zwangsgewalt, können in einem demokratischen Staat nur bedingt eingesetzt werden.

etablierten Demokratien den zentralen politischen Institutionen einer repräsentativen Demokratie ein gewisses Maß an Vertrauen entgegengebracht werden muss (vgl. Fuchs/Gabriel/Völkl 2002:427). Vor allem die zentralstaatlichen Strukturen „Regierung" und „Parlament" sind in einem demokratischen System vom Vertrauen derjenigen abhängig, welche sie vertreten. Als „decision-making institutions" (Deinert 1997:91) repräsentieren sie das politische System und werden im Allgemeinen für die politischen und wirtschaftlichen Verhältnisse in einem Land verantwortlich gemacht (vgl. Gabriel 1993:10). Dabei hängt ihre Bewertung davon ab, ob sie die ihnen übertragenen Aufgaben erfüllen (vgl. Gabriel 2005:497). Vertrauen in die Regierung und das Parlament steigert deren Legitimität[7] und Effektivität.

In den mittelosteuropäischen Jungdemokratien, deren Verhältnisse zum Teil als chaotisch zu bezeichnen sind und in denen viel Unsicherheit herrscht, ist daher ein Mindestmaß an Vertrauen zu den entscheidenden politischen Institutionen besonders wichtig. Misstrauen oder gar offenem Widerstand könnten die wenig verwurzelten Regierungen kaum standhalten. Ein anschauliches Beispiel lieferte die sogenannte „Fernsehkrise" um die Jahreswende 2000/2001, als sich bei der Auseinandersetzung um den Intendanten des Tschechischen Fernsehens die Frustration der Bürger über das Machtkartell der beiden großen Parteien und deren rücksichtslose Verwirklichung ihrer Partikularinteressen in einer großen Protestveranstaltung von etwa hunderttausend Menschen auf dem Prager Wenzelsplatz entlud.

1.1 Forschungsfragen und Vorgehen

Im Gegensatz zu den etablierten Demokratien fehlt es den jungen Demokratien Mittelosteuropas mit hoher Wahrscheinlichkeit an diffuser Unterstützung im Sinne einer tiefen inneren Systembindung[8]. Ihre zentralen Entscheidungsinstitutionen sind daher besonders auf politisches Vertrauen als „central indicator of the underlying feeling of general public about its polity" (Newton/Norris 2000:53) angewiesen. Ohne ein Minimum an Vertrauen in Regierung und Parlament würden die Menschen die schwierigen und kostenintensiven Umgestaltungsprozesse in ihren Ländern kaum mittragen (vgl. Pickel 1997:369).

Die entscheidende Frage lautet also:

Wie schnell und auf welche Weise kann sich das Vertrauen in entscheidungspolitische Institutionen der Demokratie im postsozialistischen Kontext herausbilden?

---

[7] Legitimität besteht, wenn die Bürger glauben, dass die Regierung rechtmäßig an der Macht ist und aufgrund dessen Gehorsam verlangen kann (vgl. Almond/Powell/Mundt 1996:44). Im Rechtsstaat wird Legitimität als Legalität begründet, welche durch die Formalitäten die materiellen und prozeduralen Elemente von Herrschaft sichert (vgl. Kalthoff/Wagener 2004:12; Weber 1985)

[8] Es ist leicht nachvollziehbar, dass sich in den autoritären Systemen keine in der Psyche des Einzelnen tief verankerte Bindung für demokratische Systeme entwickelt hat. Woher sollte eine solche auch kommen? Die Generierung politischen Vertrauens kommt jedoch unter Umständen ohne eine tiefere Bindung aus. Dieser Sachverhalt wird weiter unten genauer analysiert.

Um dieser Frage näher zu kommen, muss geklärt werden, worum es sich bei dem Phänomen „Vertrauen in politische Institutionen" eigentlich handelt und von welchen Determinanten es beeinflusst wird. Zwei unterschiedliche sozialwissenschaftliche Ansätze, der Kulturalismus auf der einen Seite und der Institutionalismus auf der anderen, beschäftigen sich mit der Frage, wie das Vertrauen in die jungen Strukturen aufgebaut beziehungsweise erhöht werden kann (vgl. Rohrschneider 1999:31).

Der politische Kulturansatz geht davon aus, dass die Ursprünge des Institutionenvertrauens in der außerpolitischen Sphäre zu suchen sind. Dabei werden drei unterschiedliche Argumentationsstränge verfolgt. In Anlehnung an psychologische Ansätze konzeptualisiert der erste Strang Vertrauen als grundlegende Charaktereigenschaft des Individuums, die während der Kindheit erworben wird. Der Einzelne entwickelt früh eine stabile Neigung, seiner Umwelt zu vertrauen oder nicht. Diese erworbene Disposition führt dazu, dass interpersonales Vertrauen im unmittelbaren (primären) Lebensumfeld (thick trust) auf unbekannte Personen (thin trust), aber auch auf Institutionen sozialer und politischer Art erweitert wird. Durch Generalisierung wird also politisches Vertrauen möglich. Der zweite Argumentationsansatz geht in Anlehnung an Almond und Verba (1965) beziehungsweise Easton (1975) davon aus, dass ein politisches System dann auf Unterstützung hoffen kann, wenn Individuen jene politischen Wertvorstellungen vertreten, die den existierenden Institutionen zugrunde liegen, da sie sich dann mit ihnen identifizieren können. Dabei wird in Anlehnung an Inglehart konstatiert, dass Wertvorstellungen vor allem während der adoleszenten Sozialisationsphase erworben werden und dann relativ stabil bleiben[9]. Über sogenannte Sozialisationsagenten werden tiefsitzende und langanhaltende Wertorientierungen vermittelt. Institutionenvertrauen wird möglich, wenn die existierenden Institutionen als Verkörperung dieser wahrgenommen werden. Der dritte Argumentationsstrang vertritt wie der erste die These, dass Vertrauen durch soziale Interaktion erlernt und dann auf politische Objekte projiziert wird. Er geht jedoch davon aus, dass diese Eigenschaft auch im Erwachsenenalter erworben werden kann. Durch soziale Kooperation, besonders in Freizeitvereinigungen, lernen Menschen einander zu vertrauen[10].

Institutionalistische Ansätze hingegen verneinen die Annahme, dass entscheidende Einflüsse „prä-politisch" sind. Ihrer Ansicht nach wird die Bedeutung von Wertvorstellungen überbewertet. Vertrauen in politische Institutionen ist aus dieser Perspektive hauptsächlich auf Qualitätsmerkmale der Institutionen selbst zurückzuführen. Wahrgenommener Erfolg und ihr Charakter haben einen entscheidenden Einfluss darauf, ob die Bürger politisches Vertrauen schenken oder nicht. Nur, wenn Regierung und Parlament zufriedenstellende Performanzen erzeugen und dies auch auf akzeptable Weise tun, wird Vertrauen möglich[11]. Auch im Institutionalismus existieren

---

[9] Maag (1991) nennt es die Fixationsthese.
[10] Zum Kulturalismus vgl. u.a. Almond/Verba 1963; Foley/Edwards 1999; Gabriel 1993, 1999a, 2002, 2005; Gabriel et al. 2002, Inglehart 1977, 1997; Jackman/Miller 1996; Levi 1996; Putnam 1993; Uslaner 2003.
[11] In der Literatur wird ein bisher nicht entschiedener Diskurs über die Frage geführt, ob die Bürger die Outputs oder die Outcomes einer Regierung beurteilen. Gesellschaftliche Umstände sind oftmals so komplex, dass die Politik nicht voraussehen kann, welchen Einflüssen Entscheidungen bei ihrer Implementierung ausgesetzt sind und zu welchen Folgen Outputs führen können. Manche Autoren sind

unterschiedliche Argumentationsmuster. So geht der dominierende, rationalistische Ansatz davon aus, dass Vertrauen eine rational-überlegte Reaktion auf Merkmale der Situation ist, in welcher sich das Individuum befindet (vgl. Rohrschneider 1999:167). Es wird unterstellt, Wertmaßstäbe spielten kaum eine Rolle, da sie von der sozioökonomischen Situation des Einzelnen abhingen. Der rationalistische Ansatz behauptet, Vertrauen in Institutionen sei gar nicht möglich, denn Vertrauen basiere auf Wissen über die Motivation des anderen und Institutionen hätten keine eigenen Motive. Neoinstitutionalistische Ansätze hingegen sehen auch das Normative an der Politik. Danach ist politisches Vertrauen genau dann möglich, wenn politische Institutionen sowohl ihre Regulierungs- (Ordnung), als auch ihre Integrationsfunktion (Orientierung) glaubwürdig erfüllen können. Möglich wird dies durch eine handlungsanleitende und orientierungsstiftende Leitidee, die letztlich auf Wertvorstellungen beruht. Die daraus abgeleiteten Anforderungen an Regierung und Parlament sollten mittelfristig erfüllt werden, damit Vertrauen nicht wieder entzogen wird[12]. Dann können auch demokratische Institutionen in einer nichtdemokratischen politischen Kultur bestehen (vgl. Przeworski 1991).

Die Forschungsfrage muss also auf folgende Einzelfragen heruntergebrochen werden:

(1) Was ist Institutionenvertrauen?
(2) Wo sind die Institutionen im politischen System zu verorten?
(3) Welchen Platz nimmt das Institutionenvertrauen in der politischen Kultur ein?
(4) Welcher der beiden theoretischen Ansätze leistet im Hinblick auf das Institutionenvertrauen einen größeren Erklärungsbeitrag?
(5) Sind diese beiden Theorieansätze wirklich so gegensätzlich oder lassen sie sich miteinander verknüpfen? Falls ja, wie?
(6) Welche Rückschlüsse lassen sich im Hinblick auf Stabilitäts- und Etablierungschancen der jungen Demokratien ziehen?

---

daher der Meinung, die Bürger stellten diese Tatsache bei ihrer Beurteilung in Rechnung und machten nicht den Fehler „to give governments credit (or blame) for matters beyond their control" (Putnam 1993:65). Andere hingegen vertreten die Ansicht, die Bürger hätten eher die Perspektive, es gehöre zu den Aufgaben der politischen Elite, potentielle Folgen abzuschätzen. Politische Akteure hätten eine Verantwortung übernommen und dazu gehöre auch die Gewährleistung, bestimmte Ziele zu erreichen. Die Bürger beurteilten daher die Outcomes des politischen Prozesses. In Bezug auf postsozialistische Länder scheint der zweite Standpunkt plausibler zu sein. Im Sozialismus war der Aufgabenbereich des Staates sehr weit gefasst, dies dürfte noch nachwirken. So waren 1990-92 87,9 % der Meinung, der Staat müsse jedem Arbeitssuchenden einen Job besorgen und 96,3 % der Befragten vertraten die Ansicht, der Staat wäre für die Gesundheitsversorgung des einzelnen verantwortlich. Letztlich kann diese Frage hier jedoch nicht entschieden werden und wenn im Folgenden von Performanz die Rede ist, so sind allgemein „die bewerteten Ergebnisse der politischen Prozesse" (Fuchs 1997:2) gemeint.

[12] Zum rationalistischen Institutionalismus siehe u.a. Shepsle 1995; Kern 1990; Lehner 1990; Coleman 1986, 1988, 1990; Hardin 1998, 1999, 2002. Zum Neoinstitutionalismus siehe u.a. Bußhoff 1990; Göhler 1989, 1990, 1994; Lepsius 1995; Rehberg 1990, 1994, 1997; Schmalz-Bruns 1990; Wessels 1994; Zintl 1990, 1999.

Um die einzelnen Fragen beantworten zu können, werden zunächst die besonderen Schwierigkeiten kurz dargestellt, die mittelosteuropäische Länder im Hinblick auf eine Etablierung ihrer Demokratien bewältigen müssen. Der Fokus wird dabei auf jenen vier Staaten liegen, die sich 1991 im ungarischen Visegrád zu einer gemeinsamen Freihandelszone entschlossen[13]. Mehrere Gründe rechtfertigen die Zusammenfassung dieser Länder zu einer Gruppe: Bei Polen, Ungarn, der tschechischen Republik und der Slowakei handelt es sich um alte Industrieländer, die selbst im „real existierenden Sozialismus" im Rahmen des Rats für gegenseitige Wirtschaftshilfe (RWG bzw. COMECON) für die Herstellung hochwertiger Industriegüter bestimmt waren. Im Entwicklungsstand zeigen diese Länder auch politische Gemeinsamkeiten: Der Freedom House Index bewertete 1998 die Tschechische Republik, Ungarn und Polen als politisch ebenso frei wie Deutschland oder Frankreich (vgl. Mishler/Rose 2001:47). Entscheidend ist auch die Tatsache, dass in diesen Ländern ins Amt gekommene frühere Kommunisten - ganz im Gegenteil zu anderen ehemaligen Ostblockstaaten - die demokratischen Spielregeln weitgehend akzeptieren (vgl. ebd. 29) und daher ein Steckenbleiben im „'grey zone' between open autocracy and liberal democracy" (Croissant/Merkel 2004:3) weniger wahrscheinlich ist. Die vier Staaten hielten und halten auch trotz aller politischen wie wirtschaftlichen Probleme unbeirrbar an der Westintegration fest, wie ihr Beitritt am 1. Mai 2004 in die Europäische Union verdeutlicht[14]. Weitere Gemeinsamkeiten sind ihre geopolitischen Lage, ihre Geschichte und nicht zuletzt die Tatsache, dass ihnen die kommunistische Herrschaft auferlegt und von einer externen Armee[15] aufrecht erhalten wurde (vgl. Mishler/Rose 1997:427).

Der theoretische Rahmen beginnt mit der Konzeptualisierung des Vertrauensphänomens. Da der kulturalistische Ansatz die Ansicht vertritt, dass „whatever it means to trust an institution is somehow scaled up from the domain of socially thick, face-to face relations" (Warren 1999:348) werden zunächst grundlegende Annahmen zum Vertrauensphänomen vorgestellt (Kapitel 2.1) und der Institutionenbegriff eingeführt (Kapitel 2.2), um dann der Frage nachzugehen, worum es sich bei dem Phänomen des Institutionenvertrauens handelt (Kapitel 2.4) und wo es im politischen System zu verorten ist (Kapitel 2.5). Im Anschluss daran werden die beiden sozialwissenschaftlichen Ansätze und deren Annahmen im Hinblick auf das Institutionenvertrauen diskutiert (Kapitel 2.6). Im darauffolgenden Block wird dann versucht, die grundlegenden Annahmen dieser beiden Ansätze miteinander zu verknüpfen (Kapitel 3) und zwar hinsichtlich des Vertrauensphänomens selbst (Kapitel 3.1) und der unterschiedlichen Determinanten politischen Vertrauens (Kapitel 3.2), um dann einen Versuch der Integration kulturalistischer und institutionalistischer Ansätze zu wagen (Kapitel 3.3).

---

[13] Zwar blieb diese bisher ohne große praktische Ergebnisse, doch zeigt es, dass sich die Staaten bestimmter Gemeinsamkeiten bewusst sind, die es rechtfertigen, sie auch heute als Visegrád-Staaten zu bezeichnen (vgl. Wehling 1997:145).
[14] Nicht zuletzt ihre enge Verbindung und Verbundenheit zu Deutschland macht auch den Stand der Demokratisierung und Konsolidierung der Visegrád-Staaten besonders interessant.
[15] Zu nennen sind hier vor allem der ungarische Volksaufstand von 1956, der mit Hilfe sowjetischer Truppen blutig niedergeschlagen wurde und der Prager Frühling 1968, dem Truppen des Warschauer Paktes ebenfalls ein gewaltsames Ende setzten (vgl. Reinprecht 1996:74 f.).

Im empirischen Teil werden aus den theoretischen Annahmen prüfbare Hypothesen abgeleitet (Kapitel 4.3.1 bzw. 4.4.2) und geprüft (Kapitel 4.3.2 bzw. 4.4.3). Dabei werden die beiden Modelle zunächst getrennt auf ihre Erklärungskraft getestet (Kapitel 4.3.2 bzw. 4.4.3), um dann in ein integriertes Modells einzugehen (Kapitel 4.5). Im Anschluss an die empirischen Ergebnisse werden die daraus gezogenen Schlussfolgerungen diskutiert (Kapitel 4.6). Zum Schluss werden die wichtigsten Punkte noch einmal zusammengefasst und ein Ausblick auf die Zukunft der Visegrád-Staaten gegeben (Kapitel 5).

1.2 Die Situation Mittelosteuropas und Probleme der Konsolidierung

Der Zusammenbruch jener unhaltbar gewordenen Herrschaftsstrukturen Mittelosteuropas, die große Teile der Bevölkerung unterdrückt und gemaßregelt hatten, führte zwar dazu, dass die liberale Demokratie und die Marktwirtschaft den Kampf der Systemformen für sich entschieden hatten, ihr abrupter Kollaps ließ jedoch keine sukzessive, kontinuierliche Entwicklung der Demokratie zu. In den Ländern der Visegrád-Gruppe - Polen, Tschechien, Slowakei und Ungarn - wurde in relativ kurzer Zeit eine institutionelle Basis für Pluralismus, Rechtsstaatlichkeit sowie Minderheitenschutz geschaffen. Die Einreihung exkommunistischer Gruppierungen in die Reformbemühungen sowie die Schwäche systemfeindlicher Kräfte ermöglichte eine mehrheitsfähige transformationsbejahende Ausrichtung der politischen Kräfte. Allein in der Slowakei kam es durch die charismatische Führungsfigur Vladimír Mečiar zu Stockungen der Demokratisierung, die jedoch 1998 aufgelöst werden konnten (vgl. Lang 2001:13). Auf ihrem Weg in die Stabilität sieht sich diese Region dennoch gleich mehrfach mit grundsätzlichen Problemen und Hindernissen konfrontiert: Neben der politischen Transformation finden gleichzeitig wirtschaftliche und kulturelle Wandlungsprozesse statt. So führten Liberalisierungs- und Privatisierungsmaßnahmen zu Preisschocks und drastischen Produktionseinbrüchen, durch die Umstrukturierung der Außenhandelsbeziehungen stellte sich makroökonomisch jedoch bald wirtschaftliches Wachstum ein. Nach der Anpassungsphase erlebte nur die tschechische Wirtschaft 1997/1998 eine zweite Krise, die nach Ansicht von Wirtschaftsexperten jedoch hausgemacht war (vgl. Kutz 2001:28). Auf der Mikroebene wird der Transformationsprozess jedoch von „zunehmender Ungleichheit und prekären Verteilungslagen" (Offe 2003:232) begleitet. So fühlten sich Ende der neunziger Jahre 30 Prozent der Polen arm und „die Hälfte gab an, aufgrund materieller Unzulänglichkeiten in den Lebenschancen eingeschränkt zu sein" (Lang 2001:19). Auch soziale Prozesse, wie die Neugestaltung des Renten- und Gesundheitssystems oder der Abbau der Landwirtschaft in Polen zogen viel Unzufriedenheit der Bürger nach sich (vgl. ebd. 13). Ein zentrales Problem besteht darin, dass all diese Prozesse nicht nebeneinander ablaufen oder sich einfach aufaddieren, sondern zeitgleich stattfinden und in einem interdependenten Zusammenhang stehen, was die Komplexität der Situation unheimlich ansteigen lässt. Merkel nennt dieses Phänomen das „Dilemma der Gleichzeitigkeit" (vgl. Merkel 1999:377f.). Diese Situation wird von weiteren Risiken begleitet: Jede junge Demokratie lernt durch trial-and-error und ohne Erfahrungen mit der demokratischen Regierungsform ist die Wahrscheinlichkeit in Zeiten großer Unsicherheit Fehler zu machen, die sich dann pfadabhängig zu festen Handlungsstrukturen verfestigen und später kaum noch zu ändern sind, sehr groß (vgl. Geddes 1995:270; Mishler/Rose 2001:32). Auch die Tatsache, dass die meisten Menschen die längste Zeit ihres bisherigen Lebens unter einem autoritären Regime gelebt haben und ihnen aufgrund dessen eine durch Wertverpflichtung und Identifikation tiefgreifende Bindung zum demokratischen System fehlt, hat zur Folge, dass kurzfristige Faktoren schnell eine hohe Bedeutsamkeit entfalten können. Die besondere Brisanz der Situation Mittelosteuropas ergibt sich also aus der Spannung zwischen langfristigen Problemdimensionen einerseits und der Notwendigkeit andererseits, ein bewegliches Gleichgewicht zu halten. Anders ausgedrückt: die Bewältigung wirtschaftlicher Krisen, der Umgang mit den Belastungen des früheren Regimes, der Verbleib der alten und Rekrutierung der neuen Eliten und die nur langsam entstehende demokratische Kultur müssen vorangetrieben werden; dabei muss der Interessenpluralismus gewährleistet und gleichzeitig die Autonomie der jungen Regierungen sichergestellt werden. Um diesen Spagat zwischen effektivem Handeln einerseits und die Schaffung von Legitimation andererseits zu ermöglichen (vgl. Kaase 2002:605), benötigen die jungen Strukturen politische Unterstützung: „Popular trust in social and political institutions is vital to the consolidation of democracy" (Mishler/Rose 1997:418).

1.3 Die Bedeutung von Vertrauen in parteienstaatliche Institutionen

Regierung und Parlament haben die zentrale Aufgabe, gesellschaftliche Problemlagen und Konflikte zu identifizieren, sie zu kanalisieren, gebündelt in den politischen Willensprozess einzubringen und dann mittels gesamtgesellschaftlich verbindlichen Entscheidungen zu regulieren (vgl. Gabriel 2005:499; Patzelt 1997:125, 183; Rudzio 1996:213). Dabei sind die jeweiligen Amtsinhaber durch das Repräsentationsprinzip, in Form periodischer freier Wahlen, an die Akzeptanz durch die Regierten gebunden (vgl. Patzelt 1997:183). Tyler konnte empirisch nachweisen, dass die Einschätzung der Vertrauenswürdigkeit sozialer wie politischer Autoritäten eine zentrale Komponente für die Bereitschaft darstellt, deren Entscheidungen zu akzeptieren und Gefühle der Gehorsamsverpflichtung zu aktivieren (vgl. Tyler 1998:274 f., 285). Der Handlungsspielraum der Amtsinhaber wird durch Vertrauen erweitert, was im positiven Fall nicht nur die Effektivität der Regierungsarbeit steigert, sondern auch die Erprobung von Innovationen ermöglicht (vgl. Offe 2001:257 f.; Warren 2001:2). Da jedoch „zu nahezu jeder politischen Entscheidung mehrere Alternativen existieren, die jeweils Befürworter und Gegner finden" (Gabriel 1999a:200; Warren 2001:1), kommt es zwangsläufig zu Enttäuschungen. In der hoch kontingenten Situation Mitteleuropas[16] könnten kurzfristige Geschehnisse so großes Gewicht erhalten, dass die Bürger eine Bereitschaft zu Verfassungsänderungen und damit zu einer Umgestaltung der Regierungsform entwickelten (vgl. Fuchs/Roller/Wessels 1997:4). Die jungen Demokratien brauchen daher eine gewisse Bindung an die Strukturen. Sie benötigen „Vertrauen in die zur Lösung politischer Probleme eingesetzten Verfahren" (Gabriel 1999:204) sowie den Glauben daran, dass „sich alle am politischen Prozess beteiligten Akteure an

---

[16] Die Visegrád-Staaten, große Teile Polens eingeschlossen, gehörten zum ehemaligen Habsburgerreich (vgl. Wehling 1991:145). In seiner Kulturkreistheorie ordnet Huntington diese Länder dem westlichen Kulturkreis zu. Europa, so Huntington, hört an der Grenze des westlichen Christentums auf. Während die Länder Mitteleuropas einst Teil des christlichen Abendlandes waren, benutzt er die Bezeichnung „Osteuropa" für die Regionen des orthodoxen Christentums und des Islam, die zu einer anderen historisch-kulturellen Wertegemeinschaften gehören (vgl. Huntington 1996:252ff). Im Folgenden wird diese geographische Einteilung beibehalten.

die vereinbarten Regeln halten" (ebd.). Kollektiv bindende Entscheidungen haben Auswirkungen auf die Lebensbedingungen der Bürger, daher hängen Legitimität und politisches Vertrauen eng mit Loyalität und der Folgebereitschaft der Bürger zur Einhaltung gesetzlicher Normen sowie der Bereitwilligkeit, auch Entscheidungen zu akzeptieren, die den eigenen Interessen entgegenstehen oder als unangemessen erscheinen zusammen (vgl. Almond/Verba 1963; Eckl 2000; Gabriel 1993, 1999; Gamson 1968; Levi 1998; Listhaug/Wiberg 1995; Mishler/Rose 1997, 1999, 2001; Tyler 1998; Levi 1998; Nye 1997:4).

Im Zeitalter der Globalisierung, Fragmentierung und Mobilität müssen die Visegrád-Staaten neben ihren Transitionsproblemen eine Vielzahl weiterer Komplexitäten und Unsicherheiten handhaben[17]. Dazu brauchen die Regierungen alle zur Verfügung stehenden Ressourcen. Zwangsmaßnahmen würden diese unnötig binden[18] (vgl. Misztal 1996:245).

Das politische Vertrauen jedoch hilft, kostspielige Überwachungen und Kontrollen sowie Reserven für „böse Überraschungen" (Offe 2001:243) einzusparen. Eine breite Vertrauensbasis schafft eine Schleife positiver Rückkopplung (vgl. Mishler/Rose 1997:419) und wirkt sich so indirekt positiv auf die Systemunterstützung aus.

---

[17] Beispielsweise bei der Koordination transnationaler Problemlagen, wie transnationaler Terrorismus, Verbreitung von Waffen, Umweltschutz etc.
[18] und wären weniger erfolgreich, denn „ [...] the legal system has [...] a limited ability to compel people to obey the law" (Tyler 1998:272) und "threats of punishment have little effect on law enforcement" (ebd.; vgl. auch Almond/Verba 1972; Mishler/Rose 1997).

2 Theoretischer Rahmen

Der theoretische Rahmen dient der Bestimmung, Abgrenzung und Darstellung verwendeter Begriffe, Annahmen und Konzepte. Zunächst sollen grundlegende Merkmale der Begrifflichkeiten „Vertrauen" und „Institution" geklärt werden, um dann die beiden großen Theorietraditionen im Hinblick auf das Institutionenvertrauen darzustellen.

2.1 Das Vertrauensphänomen: Begriff und Funktion

Wissenschaftliche Konzepte „unterliegen konjunkturellen Schwankungen" (Fuchs/Gabriel/Völkl 2002:427). Lange Zeit haben Theologie, Psychologie und Philosophie das Thema mit dem „elementaren Tatbestand des sozialen Lebens" (Luhmann 2000:1) dominiert. In den letzten Jahrzehnten jedoch durchlief der Begriff des Vertrauens eine bemerkenswerte Karriere (vgl. Freitag/Bühlmann 2004:4) und spätestens seit Beginn der 1990er Jahre genießt das Vertrauenskonzept auch in den Disziplinen der Pädagogik, Soziologie, Politikwissenschaft und Ökonomie Hochkonjunktur (vgl. Endress 2002:6).

Doch trotz Etablierung des Forschungsgegenstandes und deutlicher Zunahme an sozialwissenschaftlicher Literatur konnte noch keine Klärung aller Facetten des Konzeptes „Vertrauen" errungen werden (vgl. Schäfer 2004:1). Trotz aller Unterschiede lassen sich jedoch einige Kernelemente des Vertrauensphänomens identifizieren, die sich in allen Ansätzen wiederfinden.

So lässt sich Vertrauen grundsätzlich als soziale Einstellung begreifen. Einstellungen bilden sich im Vergleich zu Meinungen eher langsam, sind jedoch nicht so stabil und allgemein, wie Werthaltungen (vgl. Greiffenhagen/Greiffenhagen 2002a:387)[19].

Barbara Misztal definiert Vertrauen folgendermaßen:

> „To trust is to believe that somebody's intended action will be appropriate from our point of view" (Misztal 1996:24) und „Trust can be said to be based on the belief that the person, who has a degree of freedom to disappoint our expectations, will meet an obligation under all circumstances over which [... he or she has, Anm. d. Verf.] control" (Misztal 1996:24).

Diese Definition impliziert einige Attribute des Vertrauensphänomens. Vertrauen hat eine zeitliche Dimension und richtet sich immer auf zukünftiges, kontingentes Handeln bzw. Unterlassen anderer. Der Anreiz zur Vertrauensvergabe liegt in einem subjektiv erwarteten Gewinn, beispielsweise in der Einsparung an Kontroll- und Reservekosten. Die Hauptfunktion des sozialen Mechanismus „Vertrauen" liegt jedoch in der Sicherstellung von Erlebnis- und Handlungsfähigkeit unter Risiko in einer überkomplexen Welt durch die Überwindung von Informationsdefiziten und dem Zeitproblem (vgl. Endress 2000:34; Luhmann 2000:5). Das Risiko der Vertrauensvergabe besteht darin, dass die Einhaltung einer (moralischen) Verpflichtung des (potentiellen) Kooperationspartners nicht einklagbar ist. Aufgrund dieser Macht des anderen stellt die Wahl der Vertrauensvergabe ein Optimierungsproblem dar, denn zu leicht-

---

[19] Meinungen, Einstellungen und Werthaltungen sind Orientierungen. Eine Orientierung ist eine „durch Erfahrung organisierte geistige Haltung, die die Reaktion einer Person auf Objekte oder Situationen aller Art beeinflußt" (Gabriel 1994:97).

fertig entgegengebrachtes Vertrauen kann hohe Kosten verursachen[20] (vgl. Offe 2001:253). Der Vertrauende versucht, die Vertrauenswürdigkeit des Treuhänders abzuschätzen. Anhaltspunkte dafür können verschiedenster Art sein: physische Erscheinung, persönliche Charakteristika, die Art der Beziehung zwischen den Kooperationspartnern, Informationen und Wissen über das Verhalten des Treuhänders in der Vergangenheit, dessen Reputation und aktuelle Lage, Situationsmerkmale, Reziprozitätsnormen und Selbstverpflichtung, soziale Netzwerke, Sanktionierungsmöglichkeiten im Falle der Defektion usw. Dabei ist Vertrauen normativ weder gut noch schlecht, vorsichtige Skepsis oder begründetes Misstrauen sind ebenso bedeutend und haben eine wichtige Schutzfunktion[21].

Im Zusammenhang der Moderne wird jedoch ein Problem offensichtlich, das bereits im sozialen Kontext immer mehr an Bedeutung gewinnt: Moderne Gesellschaften sind sehr komplex, vielfältige Lebensstile erweitern einerseits individuelle Wahlmöglichkeiten, wachsende Interdependenzen und Kontingenzen steigern jedoch individuelle Unsicherheiten und Verwundbarkeiten (vgl. Luhmann 2000; Newton 1999; Offe 1999; Warren 2001). Während also das interpersonale Vertrauen nur eine begrenzte Reichweite hat (Offe 1999:55), ist das Individuum der Moderne permanent dazu gezwungen, gegenwärtige Entscheidungen zu treffen, die mit dem zukünftigen Handeln von Fremden zusammenhängen (vgl. Fuchs/Gabriel/Völkl 2002:428). Doch das Individuum hat zunächst keinen Grund, Fremden zu vertrauen (vgl. Offe 2001:261ff.). Wie kommt man vom Vertrauen in bekannte Personen im Rahmen der Vertrautheit der eigenen Lebenswelt (vgl. Luhmann 2000:23) zu Formen des Vertrauens, die „less-intensive but more extensive" (Stolle 2002:399) sind und sich auf unbekannte Personen oder politische Institutionen beziehen können? Hängen die verschiedenen Vertrauensformen überhaupt miteinander zusammen? Zu diesem Problem haben verschiedene Autoren unterschiedliche Antworten entwickelt, die im Rahmen der theoretischen Ansätze dargestellt werden sollen. Zuvor müssen jedoch der Begriff der Institution geklärt und das Institutionenvertrauen definiert werden.

2.2 Der Begriff der Institution

Innerhalb der Politikwissenschaften hat die Beschäftigung mit den politischen Institutionen seit geraumer Zeit wieder Konjunktur und wie beim Vertrauensphänomen

---

[20] Dieses Optimierungsproblem bewegt sich zwischen blindem Vertrauen und zwanghaftem Misstrauen. Bereits Georg Simmel (1858-1919) hat festgestellt, dass der „völlig Wissende nicht zu vertrauen" brauche und der „völlig Nichtwissende vernünftigerweise nicht einmal vertrauen" könne (Simmel 1989:393). Innerhalb der Vertrauensforschung herrscht Uneinigkeit, ob Vertrauen und Misstrauen auf einer Dimension liegen. Die Beantwortung dieser Frage ist nicht ohne Konsequenzen: während Nichtvertrauen und Nichtmisstrauen relativ emotionslose psychologische Zustände sind, befinden sich Vertrauen und Misstrauen auf einer affektiven Ebene. Praktisch ist es von Bedeutung, ob vertrauensfördernde Maßnahmen am Nichtvertrauen ansetzen, oder ob zunächst Misstrauen beseitigt werden muss, bevor Vertrauen aufgebaut werden kann (vgl. Schweer 2003:22). Bei einer zweidimensionalen Konzeption muss man davon ausgehen, dass Informationen und Signale von Bürgern, die Misstrauen empfinden, anders gefiltert und verarbeitet werden, als von Bürgern, dehnen lediglich das Vertrauen fehlt. Nach Schweer (2003) deuten jüngste empirische Analysen auf eine solche Zweidimensionalität hin (vgl. ebd.; siehe auch Schaal 2002).
[21] Vertrauen oder Misstrauen zu bewerten und ihnen eine normative Konnotation zu verleihen, würde sie ihrer Funktionen berauben.

können auch hier Umwälzungen in Mittel- und Osteuropa sowie die Demokratisierungsprozesse als Auslöser identifiziert werden (Becker 2003:2; Lepsius 1995:393; Jansen 2000:4). Wandlungen in allen Bereichen stellen die politischen Institutionen vor besondere Anforderungen. Wenn es um die Bestimmung des Institutionenbegriffs geht, erkennt man auch hier bald, dass das theoretische Verständnis amorph ist und kontrovers diskutiert wird (vgl. Lepsius 1995:393f.). Nach Lepsius ergibt sich der analytische Gehalt

„des Institutionenbegriffs [...] aus einer konkreten Problemstellung. Nicht die Frage: Was sind Institutionen?, sondern die Frage: Welches Problem soll bearbeitet werden? eröffnet den Zugang für eine Institutionenanalyse" (Lepsius 1995:394).

Aus wirtschaftswissenschaftlicher Perspektive sind Institutionen „Verhaltensregularitäten" (Kalthoff/Wagener 2004:5) und als solche feste Gefüge, die vielfach Ergebnis einer zweckorientierten, wenigstens aber bewussten Gestaltung sind. Das institutionelle Design eines politischen Systems ist demnach das Ergebnis rationaler Überlegungen (vgl. Orren/Skowronek 1995; Shepsle 1995), die entweder hierarchisch oder in einem Prozess kollektiver Einigung geschaffen wurden (vgl. Jepperson 1991; Scharpf 1997). Der Neoinstitutionalismus hingegen bezweifelt die absichtsvolle Gestaltung und Veränderung von Institutionen (vgl. Jansen 2000:4, zitiert nach March/ Olsen 1989; Olsen 1993; DiMaggio/Powell 1991:10). Denn hier stellt sich ein Aggregationsproblem: welche Entscheidungsverfahren sind als gerecht und wünschenswert zu bewerten? Analog zu der Annahme, dass Sozialisation ein Vermittlungsprozess zwischen Kultur und Individuum ist, werden Institutionalisierungsprozesse vielmehr als Vermittlungsprozess zwischen einer Gesellschaft und ihrer Kultur betrachtet (vgl. Lepsius 1995:394). Ein weitere Erkenntnis des Neoinstitutionalismus ist, dass Institutionen nicht nur restriktiv sind, sondern auch Handlungsmöglichkeiten eröffnen und sogar Akteurseinstellungen mitbestimmen (vgl. Jansen 2000). Im Anschluss an diese Erkenntnisse definiert Gerhard Göhler:

„Soziale Institutionen sind relativ auf Dauer gestellte, durch Internalisierung verfestigte Verhaltensmuster und Sinngebilde mit regulierender und orientierender Funktion. [...] Sie sind soweit verinnerlicht, dass die Adressaten ihre Erwartungshaltung, bewusst oder unbewusst, auf den in ihnen festgehaltenen und von ihnen ausgedrückten Sinn ausrichten. Institutionen sind prinzipiell überpersönlich und strukturieren menschliches Verhalten; sie üben insoweit eine Ordnungsfunktion aus. [...] In diesem Kontext sind politische Institutionen Regelsysteme der Herstellung und Durchführung verbindlicher, gesamtgesellschaftlich relevanter Entscheidungen. Die regulierende soziale Funktion von Institutionen meint politisch die Umsetzung von Interessen in Entscheidungen und deren Ausfüllung, bezogen auf ein soziales Ganzes und versehen mit Verbindlichkeit; relative Dauer und Internalisierung bedeuten in politischen Institutionen ein Mindestmaß an tatsächlicher Macht, rechtlicher Normierung und Akzeptanz durch die Betroffenen. Dies verlangt auch ein Mindestmaß an gesellschaftlichen Ordnungsvorstellungen und [...] Partizipationsmöglichkeiten" (Göhler 1994:22).

2.3 Vertrauen in politische Institutionen: Begriffsdefinition

Politisches Vertrauen unterscheidet sich von sozialem Vertrauen durch seinen Bezug auf Objekte politischer Art. Gamson (1968) definiert politisches Vertrauen als

„[...] the probability [...] that the political system (or some part of it) will produce preferred outcomes even if left untended. In other words, it is the probability of getting preferred outcomes without the group doing anything to bring them about" (Gamson 1968:54).

Vertrauende Bürger glauben also daran, dass ihre Interessen gewahrt bleiben, selbst wenn man die Autoritäten und deren Tun nicht ständig überprüft (vgl. Easton 1975:447). Da sich Bürger moderner Demokratien aus praktischen Gründen nicht selbst regieren können, übertragen sie das Recht und die Macht allgemein verbindlicher Wertallokation auf politische Institutionen und stellen im Gegenzug bestimmte normative Erwartungen an das politische System. Werden diese Erwartungen aus der Sicht der Bürger erfüllt, war ihr Vertrauensvorschuss gerechtfertigt. Politisches Vertrauen reflektiert demnach eine Einschätzung, ob das Handeln oder Ergebnisse des Handelns politischer Objekte mit an diese gerichteten Erwartungen im Einklang stehen (vgl. Miller/Listhaug 1990:358). Zusammenfassend definiert Walz (1997) das politische Vertrauen als

> „einseitige, seitens der Vertrauenssubjekte mit Risiko behaftete Übertragung von Kontrolle über Ressourcen, Handlungen und Ereignisse auf Vertrauensobjekte. Diese Übertragung geschieht nicht um ihrer selbst Willen, sondern ist untrennbar verbunden mit bestimmten (generalisierten) Erwartungen an die Vertrauenssubjekte, daß sie die ihnen übertragenen Aufgaben anhand bestimmter Kriterien (z.B. ehrlich, kompetent, gemeinwohlorientiert, verantwortungsbewußt usw.) – ohne individuelle Mitwirkung der Gesellschaftsmitglieder – erfüllen, wobei sich erst in der Zukunft zeigt, ob das Vertrauen gerechtfertigt war" (Walz 1997:150)[22].

Fehlendes Institutionenvertrauen bedeutet jedoch nicht automatisch auch ein Fehlen an Legitimität (vgl. Rohrschneider 1999:208). So kann man erhebliche Zweifel daran haben, dass die Herrschenden das Richtige tun, ohne ihnen das Recht auf Herrschaft abzusprechen. Umgekehrt dürfte es jedoch schwierig sein, Vertrauen in Institutionen zu generieren, deren grundsätzliche Rechtmäßigkeit angezweifelt wird. Vertrauen basiert demnach auf Legitimität (vgl. Westle 1989:71).

2.4 Institutionenvertrauen als Teildimension politischer Unterstützung

Im Gesamtzusammenhang der Theorie politischer Unterstützung nimmt das Institutionenvertrauen einen eigenen Stellenwert ein. Da nicht alle Politikwissenschaftler diese Auffassung teilen, bedarf sie einer Erläuterung[23].

Den Ausgangspunkt dieser Debatte nahm die sogenannte Miller-Citrin-Kontroverse (vgl. Miller 1974a, 1974b; Citrin 1974). Seit Ende der 1960er wurde in den Vereinigten Staaten ein Rückgang des politischen Vertrauens beobachtet und die zentrale Frage war, ob diese Entwicklung lediglich die politischen Amtsinhaber betraf oder eine Herausforderung für das ganze Regime darstellte:

> „The so-called Miller-Citrin debate (1974) centered on two issues: (1) Whether the drop in trust recorded of the American National Election Studies (ANES) signified a growing rejection of the political *regime*, in Eastons's (1965b) sense of the term (Miller), or just more dissatisfaction with *incumbent* authorities (Citrin); and (2) Whether the main sources of rising mistrust was dissapproval of the *policies* of *both* main parties (Miller) or unhappi-

---

[22] Ergänzt werden muss noch, dass Vertrauen nicht der Akt der Kontrollübertragung, sondern die zugrundeliegende Einstellung ist.
[23] „Die Frage, ob die Menschen überhaupt eine Vertrauensbeziehung zu politischen Institutionen entwickeln können oder ob politisches Vertrauen nicht ausschließlich für das Verhältnis zwischen Personen typisch ist, wird in der Literatur kontrovers diskutiert" (Gabriel 2005:498).

ness with the *performance* of the sitting national administration (Citrin)" (Citrin/Luks 2001:10).

Bezieht sich der Vertrauensverlust lediglich auf die politischen Autoritäten, so hat dies kurz- und mittelfristig kaum Auswirkungen auf die Systemstabilität insgesamt. In einem Mehrparteiensystem ist sogar zu erwarten, dass unterschiedliche, im Idealfall wechselnde, Gruppen häufig unzufrieden mit den politischen Autoritäten und deren vertretene Politik sind. Sie reagieren darauf, indem sie bei der nächsten Wahl andere Autoritäten wählen. Dies ist jedoch noch kein Zeichen für schwindende Unterstützung der politischen Strukturen als solche. Wenn ein Europäer oder US-Amerikaner sagt, er habe kein Vertrauen zu der Regierung, dann meint er noch lange nicht, dass er das demokratische Ordnungsmodell ablehnt und fundamentale Reformen befürwortet (vgl. Dalton 1999:59; Hibbing/Theiss-Morse 1995). In postkommunistischen Gesellschaften hingegen präferierte 1994 circa ein Viertel aller Bürger die Amtsenthebung des Parlaments und noch mehr glaubten, es könne wirklich geschehen (vgl. Mishler/Rose 1994). Die Wahrnehmung der Institution steht also (noch) in einem engen Zusammenhang mit der Wahrnehmung der Autoritäten. Wäre das Institutionenvertrauen jedoch eine reine Form spezifischer beziehungsweise instrumenteller Unterstützung und bezöge sich auf angebbare Personen und deren spezifische Leistungen, hielte sie keiner Enttäuschung stand. Mit jedem Regierungswechsel müsste Vertrauen mühevoll neu aufgebaut werden.

Wahrscheinlicher ist daher, dass Repräsentanten zunächst von ihrer Rolle profitieren, also einen „Vertrauensvorschuss" genießen, den sie allerdings durch falsches Handeln verlieren können (vgl. Gabriel 2005:498). Diese Sichtweise wird heute mehrheitlich vertreten. Manche Autoren sind dennoch der Ansicht, Vertrauen in Institutionen sei nicht möglich. So argumentiert Hardin, Institutionenvertrauen könne es nicht geben, da der einzelne Bürger nicht über genügend Informationen verfüge, um die Vertrauenswürdigkeit politischer Institutionen ausreichend einschätzen zu können (Kapitel 2.6.2.1.1). Cohen (1999) ist ebenfalls der Auffassung, dass Vertrauen sich stets auf Personen richtet. Gegenüber politischen Institutionen hege man höchstens Erwartungen. Oscar W. Gabriel setzt diesen Positionen entgegen, dass Menschen im Alltag ständig Personen und Institutionen Vertrauen entgegenbringen müssen, die sie nicht kennen. Ein gutes Beispiel dafür ist das Vertrauen zur Polizei oder zu Gerichten. Menschen können unmöglich alle Polizisten oder Juristen kennen und diese Institutionen könnten ihre Aufgaben nicht erfüllen, wenn die Bürger nur *den* Polizisten trauten, die sie persönlich kennen und mit denen sie gute Erfahrungen gemacht haben (vgl. Gabriel 2005:498). Göhler führt aus, dass Institutionen dem Bürger zwar in Form von Akteuren gegenüberstehen, diese Vertrauensbeziehungen sich jedoch grundsätzlich von einer persönlichen face-to-face-Beziehung unterscheiden, da Institutionen „eine, von den jeweiligen Akteuren unabhängige, weil langfristig entwickelte Eigenlogik" (Göhler 2002:226) besitzen und Akteure einer Institution „nicht nach Gutdünken, sondern im Rahmen der institutionellen Vorgaben" (ebd.) handeln. Auf diese „spezifischen Mechanismen" (ebd.) richte sich das Vertrauen. Jäckel erinnert daran, dass es zu den Funktionen von formalisierten Entscheidungsprozessen gehört, politische „Macht zu domestizieren und zu kontrollieren [...]. Durch den Einbau institutioneller Missbrauchssicherungen wird der Bürger, ihre Verlässlichkeit vorausgesetzt, aus der Misslichkeit befreit, sich in puncto Tugendhaftigkeit und Charakterstärke seiner Führungselite übermäßig zu sorgen" (Jäckel 1990:33)[24]. Harré kommt zu dem Ergebnis, dass das Vertrauen zu Institutionen eine Unterart von Vertrauensbeziehungen zwischen Personen ist, da Institutionen ebenfalls Subjekte moralischer Forderungen sind und über interne Regelungen der Disziplinierung verfügen (vgl. Harré 1999:260).

Doch es gibt auch empirische Hinweise. Lipset und Schneider haben 1983 Resultate mehrerer Umfragen analysiert und kamen zu dem Ergebnis, dass

> „Americans hold their political and economic institutions in high esteem [...]. Americans tend to separate the basic legitimacy of the institutional order from the question of confidence in particular leaders. The public is predisposed to turn against their leaders when things go wrong [...] but they [...] are well aware of the positive and indespensable contributions these institutions make to the society as a whole and to their own lives [...] critisism are usually levelled at the behavior of power-holders and not at the underlying structure and functions of the institutions themselves" (Lipset/Schneider 1983:5 f.)

Die Bürger sind also durchaus in der Lage, zwischen unterschiedlichen Unterstützungsobjekten des politischen Systems zu unterscheiden und tun dies auch. Dafür sprechen auch andere empirische Ergebnisse. So hat Klingemann (1999) faktoranalytisch nachgewiesen, dass die Individuen in ihrer politischen Unterstützung zwischen der politischen Gemeinschaft, der Demokratie als Regierungsform und der Bewertung der gegenwärtigen Performanz des Regimes unterscheiden (vgl. Klingemann 1999:37, 48).

Als Ergebnis kann also festgehalten werden, dass das Institutionenvertrauen eine selbständige Dimension darstellt, die auf einer anderen Grundlage basiert, als Vertrauen in Personen. Zwar sind Personen für Institutionen konstitutiv und deren individuell-subjektiv rationales Handeln identifizierbar, aber die Zweck- bzw. Prozessrationalität von Institutionen ist nicht auf die Rationalität des Menschen reduzierbar (vgl. Bußhoff 1990:326). Institutionenvertrauen richtet sich vielmehr auf die institutionelle Funktionslogik, wodurch „bestimmte Handlungsergebnisse mit einer mehr oder weniger großen Sicherheit erwartbar werden" (Fuchs/Gabriel/Völkl 2002:446). Dabei wird nicht ausgeschlossen, dass Individuen ihre eigenen Interessen verfolgen, sie tun dies jedoch *im Rahmen* struktureller Bedingungen (vgl. Levi 1998:92).

In Bezug auf Mitteleuropa ist aufgrund der geringen Erfahrungswerte mit den neuen Strukturen zu erwarten, dass die Wahrnehmung personaler Attribute eine starke Wirkung auf die Beurteilung der Institutionen entfaltet, dennoch bleibt das Institutionenvertrauen eine eigene Dimension. Allerdings besteht hier schneller die Gefahr, dass Enttäuschungen sich nach wiederholtem Male auf die Einstellungen zu den Institutionen niederschlagen.

---

[24] Sztompka macht darauf aufmerksam, dass mit dem Vertrauen in demokratische Systeme zwei Paradoxien verbunden sind: ob Vertrauen entsteht, hängt davon ab, ob Misstrauen in Form von Kontroll- und Sanktionsmöglichkeiten institutionalisiert sind, denen man vertraut (erstes Paradoxon). Dabei dürfen diese Mechanismen jedoch nicht ausgeschöpft werden (zweites Paradoxon). Sporadische Enthüllungen und Bestrafungen erhalten das Vertrauen ins Kontrollsystem, da sie als Beleg dafür gelten, dass strukturelle Mechanismen funktionieren. Kommt dies jedoch zu häufig vor, wird Vertrauen unterminiert (vgl. Sztompka 2003:16 f).

2.5 Verortung des Institutionenvertrauens

Wo sind die politischen Institutionen im politischen System zu verorten? Und wo im politischen Unterstützungskonzept ist das politische Vertrauen in die Entscheidungsinstitutionen als Teildimension zu verorten? Um diese Fragen zu beantworten, muss ein wenig weiter ausgeholt werden. Seit dem Erscheinen des bahnbrechenden Werkes „A Systems Analysis of Political Life" 1965 dominierte das Konzept der politischen Unterstützung von David Easton jahrzehntelang die Einstellungsforschung. Easton bildet damit auch *die* Grundlage für die Argumentation politischer Kulturforschung. Dennoch möchte ich Easton bereits an dieser Stelle einführen, denn die Arbeit Eastons ist nicht nur eine Theorie politischer Unterstützung. Sie ist zunächst einmal eine Systemtheorie und als solche ein Modell, das sowohl mit kulturalistischer, als auch mit institutionalistischer Theorie „gefüllt" werden kann, um plausible Zusammenhänge darzustellen. Genau dies soll hier gemacht werden. Die Systemtheorie Eastons bildet zum einen die Grundlage für die Einteilung des politischen Systems in unterschiedliche Ebenen. Zum anderen wird dieses Ebenenmodell später dazu benutzt, sowohl kulturalistische, als auch institutionalistische Annahmen zu veranschaulichen und teilweise in einem gemeinsamen Modell miteinander zu integrieren. Auch das Unterstützungskonzept Eastons ist für die Verortung des Institutionenvertrauens von Bedeutung und soll daher ebenfalls bereits an dieser Stelle eingeführt werden. Dabei wird im Gedächtnis behalten, dass es auch eine wichtige Grundlage des Kulturalismus darstellt.

2.5.1 Eastons Konzept politischer Unterstützung

Eastons systemtheoretischer Ausgangspunkt ist die Funktionsbestimmung: primäre Funktion eines politischen Systems ist die autoritative Werteallokation. Das politische System wird als „diejenigen Strukturen und Prozesse identifiziert, durch die Forderungen (demands) aus der Gesellschaft in bindende Entscheidungen für die Gesellschaft transformiert werden" (Fuchs 1989:13). Für diesen Transformationsprozess braucht es dazu ein bestimmtes Maß an Unterstützung, welches es zu generieren gilt (vgl. Easton 1965:211). Unterstützung wird als affektive Einstellung verstanden "by which a person orients himself to an object either favorably or unfavorably, positively or negatively" (Easton 1975:436). Easton differenziert politische Unterstützung in zwei Unterstützungsdimensionen, die Objektebene und den Outputbezug. Bezüglich der Objektebene unterscheidet Easton drei Objektklassen der Unterstützung: die politische Gemeinschaft, das Regime und die politischen Autoritäten. Die politische Gemeinschaft ist eine Personengruppe „bound together by a political division of labor" (Easton 1965, zitiert nach Fuchs 1989:15) und fungiert als Einheit, auf die sich das Zugehörigkeitsgefühl und Loyalität der Bürger beziehen. Das politische Regime ist - untergliedert in Werte, Normen und Strukturen - definiert als die grundlegenden Spielregeln oder Verhaltenserwartungen, durch die eine Aufteilung der politischen Macht erfolgt (vgl. Deinert 1997:75). Mit den politischen Autoritäten meint Easton die gewählten oder ernannten Inhaber bestimmter politischer Rollen.

Bezüglich des Outputbezugs unterscheidet Easton zwei Typen politischer Unterstützung: die spezifische und die diffuse Unterstützung. Spezifische Unterstützung ist eher kurzfristiger Natur und bezieht sich auf die Zufriedenheit mit den Leistungen politischer Herrschaftsträger beziehungsweise mit dem Output, welche diese Autoritäten produzieren[25] (vgl. Easton 1975:437). Ein politisches System kann jedoch mit spezifischer Unterstützung allein nicht dauerhaft existieren. Aufgrund begrenzter Kapazitäten des politischen Systems sind Enttäuschungen und damit Verlust an spezifischer Unterstützung unvermeidbar (vgl. Fuchs 1989:14). Das System benötigt daher ein ausreichendes Maß an sogenannter langlebiger diffuser Unterstützung, bei der es aus einer tiefsitzenden emotionalen Bindung heraus unterstützt wird (Easton 1975:446). Die diffuse Unterstützung stellt als "generalized attachment" eine Art „Unterstützungsvorschuss" dar, der allen drei Objektklassen entgegengebracht wird und von den Herrschaftsträgern nicht überstrapaziert werden darf. Die spezifische Unterstützung kann umgekehrt die diffuse Unterstützung durch langfristig wahrgenommene Leistungen beeinflussen.

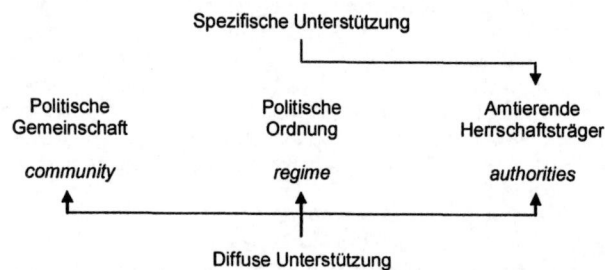

Abbildung 1: Kategorien der diffusen Unterstützung; Quelle: Eckl (2000:33).

Easton unterscheidet zwei Dimensionen diffuser Unterstützung: Legitimität und Vertrauen. Legitimität definiert er als „the conviction that it is right and proper [...] to accept and obey the authorities and to abide by the requirements of the regime" (Easton 1975:451). Vertrauen kommt durch Generalisierung zustande. Wenn eine Serie aufeinanderfolgender Outputs als zufriedenstellend bewertet wird, dann extrapolieren die Bürger diese Erfahrungen auf die Zukunft und entwickeln den pauschalen Glauben daran, dass ihre Interessen auch ohne laufende Kontrollen politische Berücksichtigung finden.

> „For the regime, such trust would reveal itself as symbolic satisfaction with the processes by which the country is run. [...] it may not be the results of authoritative actions that count so much as the processes which lead to such results" (ebd. 447).

Easton misst hier also den Institutionen größere Bedeutung bei als den Herrschaftsträgern. Dabei bezieht sich Easton nicht explizit auf politische (Entscheidungs-) Institutionen als Objekte politischen Vertrauens, doch er unterscheidet zwischen den im

---

[25] Die Outcomes als empirische Konsequenzen der Outputs werden nicht berücksichtigt.

obigen Zitat genannten Prozessen sowie „political authorities and the regime" (Easton 1975:435).

2.5.2 Unklarheiten in Eastons Konzept und Weiterentwicklungen

Easton unterscheidet spezifische von diffuser Unterstützung, indem er bezüglich des Vertrauens eine generalisierte Form der Outputbezogenheit festlegt (vgl. Easton 1975:444). Vertrauen beruht damit letztlich auch auf einer Output-Zufriedenheit. Andererseits führt Easton aus, dass Unzufriedenheit mit den Herrschaftsträgern kumulativ wirken und sukzessiv zu Misstrauen gegenüber den Rollen führen kann. Die Rolle als solche verliert ihre moralische Rechtfertigung und es kann passieren, dass man Autoritäten nicht mehr vertraut, gerade weil sie diese Rolle inne haben (vgl. ebd. 449). Dann wieder betont Easton die Outputunabhängigkeit diffuser Unterstützung (vgl. Fuchs 1989:19), so dass letztlich unklar bleibt, was hier genau gemeint ist. Auch hinsichtlich der Objekte politischer Unterstützung stellt sich in Eastons Konzept eine Abgrenzungsproblematik dar: „Authorities include, of course, all public officials [...] as well as the institutions, such as legislatures or courts, of which they are part" (Easton 1975:438). Die politische Ordnung konstituiert sich bei Easton aber aus geregelten und stabilen Verhaltenserwartungen, die sich in grundlegende Werte, Normen und Strukturen gliedern (vgl. Fuchs 1989:15). Damit finden sich die Institutionen in der Definition der Autoritäten einerseits und der Definition der politischen Ordnung andererseits wieder. Obwohl Easton selbst die Unterscheidung zwischen Autoritätsrollen und ihren Inhabern betont, nimmt er keine klare Trennung zwischen Herrschaftsträgern, Strukturen und Werten vor; auch wird nicht deutlich, wann „authorities" als Personen und wann sie als Rollen zu verstehen sind (vgl. Westle 1989:73)[26]. Des Weiteren sind die „authorities" hinsichtlich ihrer Unterstützungsmotive doppelt zugeordnet. Spezifische Unterstützung bezieht sich ausschließlich auf die Autoritäten, während alle drei Objektklassen diffuse Unterstützung erfahren können[27] (vgl. Fuchs 1989:20).

Aufgrund der Probleme wurde Eastons Konzept mehrmals weiterentwickelt und es entstanden differenziertere Modelle hinsichtlich der Objekte politischer Unterstützung. So hat Dieter Fuchs (1989) ein Ebenenmodell des politischen Systems vorgelegt. Er unterscheidet drei Objektebenen, die nach ihrem Allgemeinheitsgrad geordnet sind: die Kulturebene, die Strukturebene und die Prozeß- oder Performanzebene. Das dahinterstehende Hierarchiekriterium ist ein unterstelltes Kontinuum von Idealität und Realität. Die oberste Ebene (Kulturebene) wird durch politische Werte gebildet. Es handelt sich dabei um Vorstellungen über die wünschenswerte Form der Herrschaftsordnung[28]. Die mittlere Strukturebene stellt das politische Regime, also die konkrete Ausformung der Herrschaftsstrukturen, welche auf der normativen Grundla-

---

[26] Inwiefern die Trennung zwischen Rollen und Rolleninhabern eine Rolle spielt, ist eine andere Frage. Es gibt jedoch empirische Hinweise darauf, dass die Beurteilung der Rolleninhaber auf die Beurteilung der Rollen Ausstrahlungseffekte entfalten (vgl. dazu Walter-Rogg 2005).
[27] Diese Hinweise auf Unklarheiten des Eastonschen Konzeptes sollen hier genügen. Genauere Ausführungen siehe Eckl (2000), Fuchs (1989) und Westle (1989).
[28] Die mehrheitlich akzeptierte Definition von Werten ist die von Kluckhohn (1951) als Vorstellungen über das gesellschaftlich Wünschenswerte. Normen werden von Werten dadurch abgegrenzt, dass sie kontextbezogene Verhaltenserwartungen formulieren und Verpflichtungscharakter haben. Normen leiten sich aus Wertvorstellungen ab, sind jedoch nicht so allgemein und stabil (vgl. Maag 1991:24).

ge der Kulturebene implementiert wurden (vgl. Fuchs 2002:340f.). In Abgrenzung an Easton wird der Regimebegriff auf Institutionen reduziert, da grundlegende Werte und Normen nicht der Systemstruktur, sondern der Systemkultur und damit einer anderen theoretischen Dimension angehören (vgl. Fuchs 1989:25). Die dritte Ebene (Prozeß- oder Performanzebene) wird durch die politischen Akteure und ihre Handlungen konstituiert (vgl. Fuchs 2002:341).

Ebenenmodell nach Fuchs

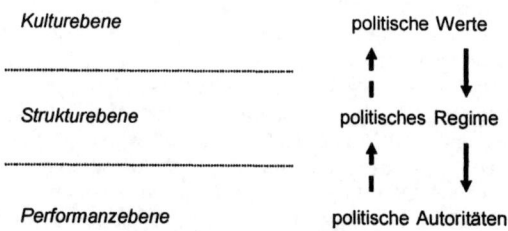

Abbildung 2; Quelle: Fuchs (1999:124).

Die Einstellung zur Strukturebene wird durch die beiden anderen Ebenen beeinflusst. Lehnen die Bürger die Demokratie als solche grundsätzlich ab, werden sie auch ihre Strukturen ablehnen. Muss die Bevölkerung andererseits über einen längeren Zeitraum hinweg Enttäuschungen hinsichtlich ihrer Outputerwartungen hinnehmen, kann sich das auf die Zufriedenheit mit dem demokratischen Regime niederschlagen (vgl. Fuchs/Roller/Wessels 1997:4). Hinzuzufügen wäre noch, dass politische Akteure ihr Handeln auch direkt auf Werte beziehen können. Dies wird besonders dann deutlich, wenn dabei formelle Regeln gebrochen werden. Umgekehrt haben Akteure, wenn auch in sehr geringem Maße, Einfluss auf Wertvorstellungen.

Regierung und Parlament sind nach diesem Modell dem politischen Regime zuzuordnen. Diese Einteilung erscheint jedoch als zu grob. Göhler unterscheidet zwischen politischen Institutionen, die in ihrer Wirkungsweise und ihrem Charakter von Personen grundsätzlich abgehoben sind und solchen, die unmittelbar mit den in ihnen handelnden Personen verbunden sind. Zum ersten Typ gehören Normensysteme oder die Verfassung, zum zweiten zählt er Parlament und Regierung (vgl. Göhler 1994:22ff). Auch nach Harré muss danach unterschieden werden, ob die untersuchte Institution hauptsächlich von Regeln oder von Entscheidungen der darin handelnden Akteure dominiert wird (vgl. Harré 1999:259).

Oscar W. Gabriel (1997) differenziert fünf Objekttypen und vier Bewertungsmodi: „Die Bürger, die Inhaber politischer Ämter im weitesten Sinne, die politischen Institutionen und Organisationen, die gesamte politische Ordnung oder das politische Regime und die Gemeinschaft" (Gabriel 1997:387). Mit Ausnahme der politischen Gemeinschaft können alle Unterstützungsobjekte des politischen Systems diffus, wertebezogen, prozessbezogen und leistungsbezogen bewertet werden (ebd:388). Des Weiteren unterscheidet Gabriel zwischen parteienstaatlichen und rechtsstaatlichen Institutionen. Während Regierung, Parlament und Parteien gesellschaftliche Konflikte identifizieren, sie in den politischen Prozess einbringen und allgemein verbindliche Entscheidungen fällen, haben Verwaltung, Gerichte und Polizei die Aufgabe, diese Entscheidungen in der Gesellschaft umzusetzen und ihre Einhaltung zu überwachen. Dabei handeln sie überparteilich und stehen damit außerhalb dieser Konflikte (vgl. Gabriel 1993,1999a:208 ff, 2005:499; siehe auch Pickel/Walz 1995; Walz 1996).

Russell J. Dalton unterscheidet, ebenfalls in Anlehnung an Easton, insgesamt fünf Ebenen politischer Unterstützung. Neben der politischen Gemeinschaft und den Autoritäten, unterteilt er das politische Regime in Prinzipien, Performanz und Institutionen (vgl. Dalton 1999:58). Analog zu Eastons Unterscheidung von diffuser und spezifischer Unterstützung unterscheidet Dalton zwischen affektiver Orientierung, die „involve an acceptance or identification with an entity" und damit „represent adherence to a set of values" (Dalton 1999:58) und instrumenteller Orientierung, die als Bewertung „reflect judgment about political phenomena" (ebd. 59). Mittels dieser Unterscheidungen erhält Dalton eine Typologie unterschiedlicher Objekte und Modi politischer Unterstützung. Allerdings fehlt dieser Typologie der kontinuierliche Übergang zwischen den unterschiedlichen Unterstützungsobjekten. Außerdem kann angezweifelt werden, ob spezifische Unterstützung und instrumentelle Orientierung deckungsgleich sind und ob Vertrauenswürdigkeit von Institutionen auf rein instrumenteller Basis beurteilt wird. Fuchs/Gabriel/Völkl (2002:443) haben in empirischen Analysen herausgefunden, dass in etablierten Demokratien das Institutionenvertrauen mit der Bewertung der Performanz wesentlich schwächer und inkonsistenter zusammenhängt als mit anderen Orientierungen[29]. Pippa Norris (1999:10ff) unterscheidet ebenfalls fünf Unterstützungsobjekte: politische Autoritäten, Institutionen, Regimeperformanz, Regimeprinzipien und die politische Gemeinschaft als allgemeinste Ebene. In dieser Reihenfolge nimmt die politische Unterstützung kontinuierlich an Diffusität zu, angefangen bei der spezifischen Unterstützung politischer Akteure bis hin zur diffusen Unterstützung der politischen Gemeinschaft in Form von grundlegender Verbundenheit mit der Nation. Wenn man die Objekte nach ihrer Allgemeinheit ordnet, steht die Regimeperformanz allerdings eher vor den Institutionen, da sie Auswirkungen von Handeln sind, die Institutionen jedoch zu den Strukturen gehören.

Zusammenfassend kann man also eine plausible Hierarchie der politischen Einstellungsobjekte nach dem Grad ihrer Abstraktheit aufstellen, in welcher die Institutionen sich zwischen den Handlungserwartungen einerseits und der Verfassung andererseits einordnen lassen. Mit abnehmendem Abstraktionsgrad der Unterstützungsobjekte gewinnt damit auch die Vorstellung darüber, warum man etwas unterstützt an Spezifizierung (siehe Abbildung 3).

2.6 Zwei theoretische Traditionen

Wenn die Einstellungen zu den politischen Institutionen einen Einfluss auf den Bestand und die Widerstandsfähigkeit eines politischen Systems haben und bei fehlender Unterstützung sogar die Gefahr besteht, dass die Bürger alternative Herrschaftssysteme in Erwägung ziehen, ist es für die jungen Demokratien Mittelosteuropas von

---

[29] Dies muss für die demokratischen Institutionen Mittelosteuropas freilich nicht gelten, da sie noch keine feste Verankerung in der Gesellschaft haben.

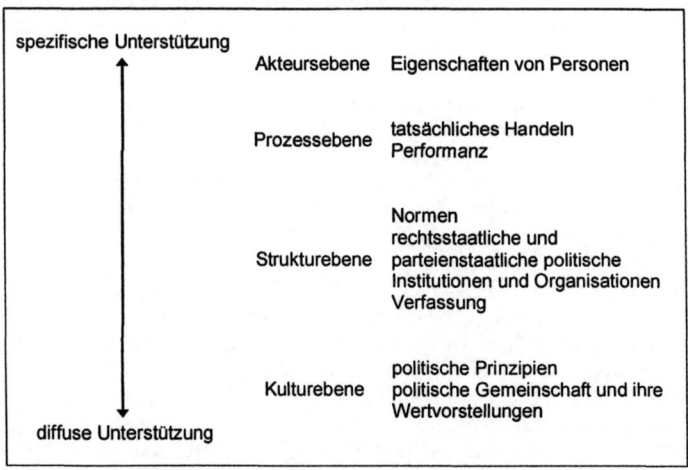

Abbildung 3; eigene Darstellung, in Anlehnung an Fuchs (1999a:155) und Norris (1999:10).

besonderer Bedeutung, aus welchen Quellen sich das Vertrauen in Regierung und Parlament speist und wie es generiert werden kann.

Im Folgenden sollen zwei Theoriestränge vorgestellt werden, die sich beide gleichermaßen mit der Frage beschäftigen, welche Determinanten dem Institutionenvertrauen zugrunde liegen und wie es aufgebaut werden kann. Aus ihren Annahmen leiten der kulturalistische Ansatz einerseits und der institutionalistische Ansatz andererseits unterschiedliche Schlussfolgerungen im Hinblick auf Leistungsfähigkeit und Persistenz der jungen post-kommunistischen Demokratien ab (vgl. Rohrschneider 1999:31; Mishler/Rose 2001:30).

In Anlehnung an Almond und Verba (1963), Easton (1965), Inglehart (1977), Putnam (1993), Luhmann (2000) sowie der kognitiven Lerntheorie gehen kulturalistische Ansätze davon aus, dass soziale wie politische Wertvorstellungen vor allem während der Adoleszenz, die als „formative Phase" gilt, erworben und verinnerlicht werden und Vertrauen durch Identifikationsmechanismen möglich wird.

In Sozialisationsprozessen, so eine weitere Annahme, lernen junge Menschen den sozialen Mechanismus des Vertrauens kennen (Luhmann 1999) und entwickeln eine Disposition, ihre soziale wie politische Umwelt - und damit auch ihr politisches System - eher positiv oder negativ wahrzunehmen und zu bewerten (vgl. Easton/Dennis 1969, zitiert nach Mishler/Rose 2002:6). Wenn dieser Ansatz Recht hat, ist ein Wandel von Wertvorstellungen nur durch einen Generationenwechsel oder Aktivität in Freizeitvereinigungen möglich. Das bedeutet, dass in post-kommunistischen Gesellschaften bisher nur wenig politisches Vertrauen generiert werden konnte, da die meisten Menschen im Staatskommunismus sozialisiert wurden und kaum Möglichkeiten zivilgesellschaftlicher Freizeitgestaltung hatten, weil offizielle soziale Institutionen mit dem Staat eng verbunden waren (vgl. Mishler/Rose 1997:430; siehe auch Kapitel 4.3.2.3). Es ist zu erwarten, dass die Bürger das demokratische Regime mit seinen Strukturen und Prozessen mehrheitlich ablehnen (vgl. Mishler/Rose 2002:7). Die Befangenheit gegenüber demokratischen Strukturen wird nur langsam einer zunehmenden Bejahung weichen und es wird Jahrzehnte dauern, die Mehrheit der Bevölkerung demokratisch zu sozialisieren und das notwendige Vertrauen aufzubauen (vgl. Mishler/Rose 2001:32; Rohrschneider 1999:211). Makroanalytische Ansätze gehen von einer kulturellen Determiniertheit und Pfadabhängigkeit grundlegender Sozialisationsmuster und politischen Vertrauens aus (vgl. Putnam 1993; Sztompka 2003a, 2003b; Fukuyama 1999). Da es Dekaden dauert, bis eine Kultur des Vertrauens geschaffen werden kann und Regierungen entsprechend effektiv handeln können und bis dahin eine Spannung zwischen den demokratischen Strukturen und der kommunistischen Hinterlassenschaft herrscht, werden post-kommunistische Gesellschaften als konfliktträchtig und labil charakterisiert (vgl. Rohrschneider 1999).

Eine solch deterministische Sichtweise lehnen die Institutionalisten ab. Sie sehen kaum einen Zusammenhang zwischen außerpolitischen Wertmaßstäben und der Unterstützung politischer Institutionen. Vielmehr werden qualitative Systemleistungen als stärkster Prädiktor der Strukturunterstützung betrachtet (vgl. ebd. 200). Für mikroanalytische Betrachtungen sind damit vor allem die individuellen Beurteilungen durch die Bürger von Bedeutung. Unabhängig von der Vergangenheit, so diese Sichtweise, beurteilen die Bürger politische und wirtschaftliche Leistungen der Regierungen, einschließlich der Bewertung einzelner Politiker[30] (vgl. Mishler/Rose 2002:6). Der Bürger fragt sich: „Was hat die Regierung für mich getan?" oder „Was wird sie in naher Zukunft für mich tun?". Institutionalistische Performanzansätze betonen also individuelle gegenwärtige beziehungsweise jüngste Erfahrungen (vgl. Mishler/Rose 2002:6). Wertewandel findet dabei beim Individuum statt (individuelle Konversion), das heißt, Individuen nehmen diejenigen Werte an, die ihren Interessen am besten entsprechen.

2.6.1 Ansätze des Kulturalismus

Die theoretischen Ansätze des Kulturalismus stehen in der Tradition der schottischen Philosophen Hume (1739), Smith (1759) und Ferguson (1767) (vgl. Campbell 2004:401 f.). Almond und Verba (1963) waren die Pioniere des Studiums westlicher Demokratien (vgl. ebd. 402). Sie argumentierten, dass die politische und kulturelle Sphäre miteinander im Zusammenhang stünden. Easton (1965) lieferte mit seinem Konzept politischer Unterstützung das nötige „Rüstzeug", um diese These zu erforschen. Erst 1993 legte Putnam ein Werk vor, in dem er soziale Netzwerke als Quellen politischen Vertrauens ausmacht.

---

[30] Besonders für Mitteleuropa kann angenommen werden, dass sich aufgrund begrenzter Erfahrungen noch keine generalisierte Haltung gegenüber den jungen Institutionen entwickelt hat und die Beurteilung von Personen einen relativ großen Einfluss auf das Institutionenvertrauen entfaltet. Doch auch im Anschluss an das vorherige Kapitel stünde beispielsweise die Einschätzung der politischen Autoritäten allgemein in einem engeren Zusammenhang mit dem Institutionenvertrauen, als politische Werte.

2.6.1.1 Systemstabilität nach Almond und Verba

Die politischen Erfahrungen der Weimarer Republik hatten gezeigt, dass demokratische Strukturen und ein hohes sozioökonomisches Niveau nicht ausreichen, um das Überleben einer Demokratie zu garantieren (vgl. Gabriel 1994:98). Politische Systeme, so die These Almonds und Verbas, haben langfristig nur dann eine günstige Voraussetzung für ihren Bestand, wenn das politische Regime und die politische Kultur einer Nation Kongruenz aufweisen. Zu demokratischen Strukturen „passt" folglich nur eine politische Kultur (Almond/Verba 1972), die sogenannte Staatsbürgerkultur[31].

In Anlehnung an Almond/Verba wird die politische Kultur einer Nation als spezifisches Verteilungsmuster individueller Orientierungen gegenüber politischen Objekten unter ihren Mitgliedern verstanden (vgl. ebd. 13)[32]. Die Mikro-Makro-Verbindung besteht darin, dass die politische Kultur ein Merkmal von Kollektiven, vornehmlich Staaten und Nationen, ist, während politische Einstellungen den Individuen zugeordnet werden[33] (vgl. Gabriel 1994:97).

Wichtig für die Stabilität des politischen Systems ist die Art der Verteilung der individuellen Orientierungen. Die demokratische Staatsbürgerkultur sollte nicht nur in der Gesellschaft vorherrschen, sondern auch in allen wichtigen gesellschaftlichen Teilgruppen anzutreffen sein (vgl. ebd.100). Die Stabilität kann zusätzlich durch den Grad der Homogenität gesteigert werden. Jede politische Kultur weist Heterogenität auf, doch je homogener sie ist, desto günstiger wirkt sich dies auf die Demokratie aus, wohingegen eine hohe Fragmentierung in unterschiedliche Subkulturen das Gesamtsystem destabilisieren kann (vgl. ebd).

2.6.1.2 Sozialisationsansätze

Sozialisationsforschung wird von zahlreichen Disziplinen betrieben: Anthropologie, Geschichtswissenschaften, Psychologie, Politikwissenschaften, Soziologie und Pädagogik (vgl. Greiffenhagen 2002b:408). Bisher liegt jedoch keine allgemeine Sozialisationstheorie vor. Bringt man die gegenwärtig verschiedenen Positionen mikrosozialer Ansätze auf einen gemeinsamen Nenner, so lässt sich Sozialisation als Lernprozess identifizieren, bei dem das Individuum sich mit Sachverhalten seiner Umgebung auseinandersetzt und dadurch in die Lage versetzt wird, sich in der Gesellschaft zurecht zu finden und Ziele zu verfolgen. Gegenwärtige Ansätze verweisen

---

[31] Über unterschiedliche Orientierungsmuster und Orientierungsobjekten entfalten Almond und Verba eine Typologie politischer Kulturen. Sie unterscheiden drei reine Typen politischer Kulturen, die parochiale politische Kultur, die Untertanenkultur und die partizipative Kultur. Die Staatsbürgerkultur (Civic Culture) ist hingegen ein Mischtyp, der nicht näher spezifiziert wird.

[32] Im Original: „[...] particular distribution of patterns of orientation toward political objects among the members of the nation" (Almond/Verba 1972:13).

[33] Die sozialpsychologische Perspektive Almonds und Verbas wurde dahingehend kritisiert, als sie die politische Kultur einer Nation mit der Summe individueller Einstellungen gleichsetzt (vgl. Patrick 1984). Pye argumentiert, dass eine Definition der politischen Kultur als Distribution oder Häufigkeit politischer Orientierungen in einer Nation einen typischen Mikro-Makro-Fehler beinhaltet: die Makroebene ist dann nicht mehr als eine Extrapolation der Mikroebene (vgl. Pye 1972:292). Die Datenlage, besonders der Umfrageforschung, lässt jedoch oft nur eine solche Sichtweise zu. Auch in der vorliegenden Arbeit werden Individualdaten genutzt, um die analytisch erarbeitenden Hypothesen empirisch zu testen. Aggregationslogiken wie Interdependenzen auf der Makroebene können hier leider auch nicht getestet werden.

damit auf zwei Sachverhalte: Erstens die Notwendigkeit sozialer Integration und zweitens die Notwendigkeit der selbständigen Lebensführung[34]. Damit ist klar: die nicht hinterfragte Faktizität der sozialen Verhältnisse, die in vielen Sozialisationstheorien angelegt ist, existiert so nicht. Sozialisation ist nicht die einfache Übernahme gesellschaftlicher Erwartungen, sondern ein Prozess der aktiven Aneignung von Umweltbedingungen durch den Menschen (vgl. Tillmann 1989:12). Das Individuum lernt Erwartungen und Anforderungen kennen und mit ihnen umgehen, es kann selbst aktiv auf soziale Verhältnisse Einfluss nehmen (vgl. Grundmann 2006:22; Braithwaite 1998a:47).

2.6.1.2.1 Politische Sozialisation im klassischen Kulturalismus

Nach Gabriel A. Almond, G. Bingham Powell und Robert Mundt ist *politische* Sozialisation "the part of this process that shapes political attitudes" (Almond/Powell/Mundt 1996:50). Da meiner Meinung nach aber politisches Wissen und politische Handlungskompetenzen ebenso dazu gehören, definiere ich in Anlehnung an Tillmann (1989) politische Sozialisation folgendermaßen: Die politische Sozialisation ist der Teilprozess der Entstehung und Entwicklung der Persönlichkeit, der sich in wechselseitiger Abhängigkeit mit der politisch relevanten Umwelt entwickelt[35].

In Anlehnung an die psychoanalytische Sozialisationstheorie geht die Mehrheit politischer Kulturforscher davon aus, dass der Mensch während seiner Kind- und Jugendphase relativ stabile Persönlichkeitsmerkmale - wie Wertvorstellungen - erwirbt, die einerseits nur schwer veränderbar sind und andererseits den Horizont für die Wahrnehmung und Verarbeitung nachfolgender Sozialisationseinflüsse bilden. Diese Perspektive soll im Folgenden „klassischer Kulturalismus" genannt werden. Die wohl bekannteste Arbeit ist die Wertewandeltheorie von Ronald Inglehart (1977). Als sich Ende der sechziger Jahre die sogenannte „Neue Linke" als außerparlamentarische Opposition formierte und vom Staat die Umsetzung von Werten forderte, welche sich nicht in den parteipolitischen Programmen fanden, lieferte die Cleavage-Theorie von Lipset und Rokkan keine befriedigende Erklärung für das Phänomen der „postindustriellen Revolution". In Anlehnung an die Bedürfnishierarchie Maslows und der Prämisse, dass Wertmaßstäbe kognitiv eindimensional bipolar geordnet sind, stellte Inglehart zwei Thesen auf. Die erste These lautet, dass Werthaltungen vor allem während der Adoleszenz erworben werden und ein Leben lang stabil bleiben (Sozialisationshypothese). Einzelne Alterskohorten durchleben während des Heranwachsens gleichartige historische und soziale Ereignisse sowie gesellschaftliche Bedingungen und diese gleichartigen Sozialisationsbedingungen führen bei einer ganzen

---

[34] Diese beiden Ausdrucksmodalitäten von Sozialisation – Kollektivbindung einerseits und Persönlichkeitsentwicklung andererseits – zieht sich durch die ganze Geschichte der Sozialisationstheorie. Die Bindung des Einzelnen ans Kollektiv prägte vor allem europäische Forschungen, während Auswirkungen von Sozialisation auf die Persönlichkeitsentwicklung vornehmlich von der empirischen Sozialforschung erforscht wurden (vgl. Grundmann 2006:19).
[35] In Anlehnung an Geulen und Hurrelmann definiert Tillmann Sozialisation als einen Prozess „der Entstehung und Entwicklung der Persönlichkeit in wechselseitiger Abhängigkeit von der gesellschaftlich vermittelten sozialen und materiellen Umwelt" (Tillmann 1989:10). Unter Persönlichkeit versteht Tillmann (1989) das spezifische Gefüge von Merkmalen, Eigenschaften, Einstellungen, Handlungskompetenzen, Wissen, Sprache, Werthaltungen, Gefühlen und Motivationen, welches den einzelnen Menschen kennzeichnet.

Generation zu ähnlichen Wertprägungen[36]. Die materialistische Werthaltung der Kriegsgeneration ist demnach verbunden mit dem Erleben materieller und physischer Unsicherheit während der Adoleszenz (Mangelhypothese). Die Nachkriegsgeneration hingegen ist in wirtschaftlicher und physischer Sicherheit aufgewachsen und hat daher während ihrer formativen Phase die nächste Bedürfnisstufe der postmaterialistischen Werthaltungen verinnerlicht[37]. Dalton (1986) modifizierte die Sozialisationsthese dahingehend, dass über die formativen Jahre hinaus zwar keine grundlegenden Änderungen von in dieser Zeit erworbenen Wertprioritäten stattfinden, über kumulative Lebenserfahrungen aber Modifikationen nicht ausgeschlossen sind.

2.6.1.2.2 Ablauf und Agenten politischer Sozialisation

Die Ontogenese[38] steht im Zentrum der Sozialisationsforschung. Allgemein wird zwischen „primärer" Sozialisation als frühe Phase innerhalb der Familie und nachfolgender „sekundärer" Sozialisation in Schule und Freundeskreis unterschieden. Für die Sozialisation im Erwachsenenalter wird manchmal auch der Begriff „tertiär" verwendet. Hier wirken vor allem der Arbeitsplatz und die Massenmedien.

Politische Sozialisation wird von einer Reihe Agenten und Institutionen erbracht, von denen manche, wie die Schule, auf eben diesen Zweck ausgerichtet sind (vgl. Almond/Powell/Mundt 1996:51). Die erste und wichtigste Sozialisationsstruktur im Leben ist die Familie. Ihr Einfluss ist stark und nachhaltend. Hier lernen Kinder Loyalität gegenüber dem politischen System. Andererseits findet indirekte politische Sozialisation statt, wenn vor-politische Orientierungen und Dispositionen, Einstellungen gegenüber Autoritäten, geformt werden (vgl. Steinkamp 2002:422). Eine frühe Einbeziehung in familiäre Entscheidungen beispielsweise kann die Wahrnehmung politischer Kompetenz steigern, während Erziehungsmuster zum Gehorsam gegenüber elterlichen Entscheidungen eine Prädisposition schafft, sich auch im politischen Bereich als Subjekt und nicht als aktives Mitglied zu sehen (vgl. Almond/Powell/Mundt 1996:51). Gesellschaftliche Strukturveränderungen wirken indirekt über familiale Lebensbedingungen und über elterliches Handeln auf Kinder und deren Persönlichkeitsentwicklung. Die genauen Zusammenhänge dieser Sozialisationsbedingungen sind allerdings noch weitgehend ungeklärt (vgl. Tillmann 1989:16).

Nach Almond und Verba (1972) hat die Bildung den stärksten Einfluss auf politische Einstellungen. Almond et al. (1996) betonen, dass gebildete Menschen aufmerksamer gegenüber Politik sind und sich ihrer Möglichkeiten, Einfluss auf die Regierung nehmen zu können, bewusster sind als weniger gebildete Menschen (Almond/Powell/Mundt 1996:52). Schulen vermitteln politisches Wissen und transportieren so auch Einstellungen und Werte. Indem sie beispielsweise die Bedeutung gemeinschaftsbildender Symbole lehren, können Lehrkörper Identität stiften und so

---

[36] Dieses Phänomen wird Kohorteneffekt genannt, im Gegensatz zum Lebenszykluseffekt, bei welchem davon ausgegangen wird, dass Werteerwerb und Werteveränderungen durch Faktoren bestimmt werden, die mit den unterschiedlichen Lebensphasen des Älterwerdens einhergehen (vgl. Maag 1991:33; Gabriel 2002).
[37] Gefordert wurden u.a. Umweltschutz, soziale Gleichberechtigung, Abschaffung der Atomenergie, mehr Frauenrechte, mehr Demokratie, beispielsweise durch mehr politische Partizipationsmöglichkeiten, sowie das Recht auf alternative Lebensstile.
[38] Die Entwicklung des Einzelnen im Zuge des Älterwerdens (vgl. Tillmann 1989:18).

Zuneigungen zum politischen System bestärken[39]. Wenn ein neues Regime an die Macht kommt, nutzt es üblicherweise sofort die Schulen um „veraltete" Werte und Symbole zu verdrängen und jene zu lehren, die mit der neuen Ideologie konform sind (vgl. ebd. 52). Ähnlich den Familien tragen Schulsysteme auch zu Dispositionen gegenüber Autoritäten bei (vgl. Mishler/Rose 2002:6). Religiöse Glaubensgemeinschaften vertreten kulturelle und moralische Werte, die unausweichlich politische Implikationen beinhalten[40]. Religiöse Führer lehren systematisch Werte, die zumindest teilweise nicht mit denen des politischen Systems übereinstimmen. Beispiele dafür sind der Katholizismus im kommunistischen Polen, der islamische Fundamentalismus in Staaten mit säkularer Herrschaft, wie Ägypten oder Algerien oder der Kampf christlicher Fundamentalisten gegen die Evolutionslehre in den USA.

Weitere Einflüsse auf die Sozialisation haben die peer groups, angefangen bei Spielgruppen während der Kindheit, über Freundschaftscliquen, hin zu Arbeitsgruppen im Erwachsenenalter. Peer groups sozialisieren ihre Mitglieder mittels Motivation und sozialen Druck in Richtung Konformität (Almond/Powell/Mundt 1996:54). So kann ein Individuum beginnen, sich für Politik zu interessieren, weil die Freunde es auch tun.

Die Massenmedien schließlich sind in modernen Gesellschaften die Hauptinformationsquelle über Politik, da der Einzelne die politischen Autoritäten nicht persönlich kennt. Durch Wahl und Art der Informationsvermittlung vermitteln TV, Zeitung und Rundfunk ein bestimmtes politisches Bild und tragen zur Ausbildung individueller politischer Einstellungen bei. Während der demokratischen Bewegungen 1989 fütterten die westlichen Medien die Gesellschaften des Ostblocks mit Informationen über die Ereignisse, Taktik und Erfolge der jeweils anderen, was nicht unerheblich zum Weitermachen ermutigte (vgl. ebd. 55). Die kommunistischen Staaten Mittelosteuropas versuchten über eine Kombination aus Einparteiensystem und Kontrolle der Massenmedien die politische Sozialisation ihrer Bürger zu steuern, indem laufend eine einzige Sichtweise präsentiert wurde. Doch auch der mediale Sozialisationsprozess läuft wechselseitig ab: über Auswahl und Verarbeitung der Medieninhalte bestimmt das Individuum zu einem großen Teil selbst über die Wirkung der Massenmedien (vgl. Neller 2002:439). Nachrichten, die nicht mit den eigenen Erfahrungen übereinstimmen, werden bald ignoriert. Die mündliche Übertragung von Wissen stellt ein mächtiges Gegenmittel zu den Effekten der massenmedialen Sozialisation dar (vgl. Almond/Powell/Mundt 1996:55). So ist es auch in Ostmitteleuropa häufig nicht gelungen, die Wertvorstellungen der Bürger zu formen. Viele Menschen blieben, da ihre persönlichen Erfahrungen nicht mit der Propaganda übereinstimmte, zur kommunistischen Ideologie auf Distanz.

Natürlich darf man all diese Sozialisationsinstanzen nicht getrennt voneinander betrachten, sie beeinflussen sich in ihren Wirkungen gegenseitig.

---

[39] Bspw. Flaggen, Lieder, Artefakte etc.
[40] Während die Kirchgangshäufigkeit von Gesellschaft zu Gesellschaft erheblich schwankt, ist die Gegenwart religiöser Identität in beinahe allen politischen Systemen deutlich spürbar (vgl. Almond/Powell/Mundt 1996:53).

2.6.1.2.3 Der Sozialkapitalansatz und politisches Vertrauen

Ein junges Konzept mit einer langen Tradition hat in den letzten Jahren große Aufmerksamkeit gefunden. Rational Choice- Anhänger wie James Coleman versprechen sich vom Sozialkapitalkonzept eine bessere Modellierung von Handlungstheorien und eine Erklärung, wie kollektive Dilemmata überwunden werden können. Wie weiter unten ausgeführt (Kapitel 2.6.2.1.2), konnte diese Sichtweise bisher jedoch nicht überzeugend ausgearbeitet werden. Andere Autoren stellen den Begriff des Sozialkapitals stärker in einen kulturellen Zusammenhang. Bereits 1965 schrieben Almond und Verba der Mitarbeit in Freiwilligenorganisationen eine wichtige Rolle bei der Integration von Gesellschaften und politischen Gemeinschaften zu „weil sie interpersonales und politisches Vertrauen, Offenheit und Kooperationsbereitschaft fördere und auf diese Weise die Demokratie stabilisiere" (Gabriel/Kunz 2002:263). Im Jahre 1993 veröffentlichte Robert D. Putnam sein Werk „Making Democracy Work" welches eine enorme Resonanz erzeugte (vgl. Fuchs/Gabriel/Völkl 2002:427). Sowohl Putnam, als auch Almond und Verba knüpfen an einen Argumentationsstrang an, der in der Zivilgesellschaftsdebatte mit dem Namen Tocqueville verbunden ist. Für Tocqueville bildet eine Vielzahl freiwilliger Vereine und Verbände das Herzstück einer florierenden Demokratie, weil so zivile Tugenden der Bürger gefördert und weiterentwickelt werden (vgl. Gabriel 2002:20). In seinen Analysen zur italienischen und amerikanischen Politik kommt auch Putnam zu dem Schluss, dass ein aktives, lebendiges Vereinsleben eine große Bedeutung für wirtschaftlichen Erfolg, die Performanz politischer Systeme und damit auch mittelbar für das Institutionenvertrauen hat (vgl. Gabriel 1999b:147). In horizontalen Netzwerken, wie Sportclubs, Chören oder Nachbarschaftskooperationen wird Kommunikation erleichtert und Informationsaustausch verbessert. Die Individuen entwickeln ein Gefühl der gegenseitigen Verbundenheit und Solidarität und lernen einander zu vertrauen. Außerdem entstehen durch erfolgreiche soziale Kooperation pro-soziale Normen, wie Reziprozitätsnormen. Durch die Mitgliedschaft in zivilen Assoziationen entsteht aber nicht nur Vertrauen zwischen Personen, die sich kennen. Innerhalb von Netzwerken kann Vertrauen nach folgendem Prinzip „ausgeliehen" werden: „I trust you, because I trust her and she assures me that she trusts you" (Putnam 1993:169). Mit der Zeit erwirbt das Individuum eine Disposition, andere Menschen als vertrauenswürdig zu betrachten: „Joiners become more tolerant, less cynical, and more empathetic to the misfortunes of others" (Putnam 2000: 288 f.). Generalisiertes Vertrauen entsteht also als Nebenprodukt horizontaler Netzwerke, sofern sie soziale Spannungslinien durchbrechen[41]. Diese Eigenschaften des sozialen Lebens – soziale Netzwerke, Normen und soziales Vertrauen – die Putnam als Sozialkapital bezeichnet, erlauben es Individuen wie Gesellschaften, Probleme kollektiver Dilemmata zu überwinden und gemeinsame Ziele effektiv zu verfolgen[42]. Putnam unterstellt dabei einen Prozess positiver Rückkopplung und

---

[41] sogenannte crosscutting-Vereinigungen

[42] Der Begriff des Sozialkapitals wurde von verschiedenen Autoren in unterschiedlichen theoretischen Zusammenhängen konzeptualisiert (vgl. van Deth 2002:575). Meist wird Sozialkapital als soziale Ressource konzeptualisiert, die in sozialen Beziehungen realisiert und verwendet werden kann, um bestimmte Ziele zu erreichen (vgl. Putnam, Coleman, Bourdieu, Flap, Burt). Insgesamt ist die Konzeptualisierung jedoch sehr uneinheitlich. Gabriel et al. definieren Sozialkapital als „Kombination aus Vertrauen, speziellen gemeinschaftsbezogenen Werten und Normen sowie – ganz allgemein – sozialen

spricht vom „Zirkel der Tugenden" (Putnam 1993:171). Durch ein aktives, lebendiges Vereinsleben entlasten die Bürger den Staat und verringern die Distanz zu den politischen Institutionen. Entstandenes soziales Vertrauen fördert die wirtschaftliche Dynamik und die politische Performanz und wirkt sich so mittelbar auf das Institutionenvertrauen aus (vgl. Gabriel 1999b:147)[43].

Die Rolle des Sozialkapitals im Hinblick auf Mittelosteuropa muss sorgfältig geprüft werden, empirische Ergebnisse aus etablierten Demokratien können nicht ungeprüft auf die jungen mittelosteuropäischen Staaten übertragen werden. Die offiziellen Interessengruppen und Verbände konnten sich während der kommunistischen Regimephase nicht unabhängig vom Staat entfalten und organisieren. Sie können daher nicht zur Zivilgesellschaft[44] gezählt werden (vgl. Mansfeldová 1998:13). Vielmehr wurden jegliche zivilgesellschaftlichen Entwicklungen durch den staatssozialistischen Regierungsstil, welcher so gut wie alle sozialen Vereinigungen penetrierte, weitgehend unterdrückt. Gesellschaftlicher Pluralismus oder historische soziokulturelle Faktoren, wie Putnam sie voraussetzt, dürften nach dem Sozialisationsansatz kaum existieren. Die Frage ist, ob zivilgesellschaftliches Handeln in dem Sinne, dass Konflikte innerhalb der Gesellschaft demokratieverträglich bearbeitet werden, sich so kurze Zeit nach der Transformation bereits entwickelt hat (vgl. Merkel/Lauth 1998:10). Vielmehr liegt die Vermutung nahe, dass das Sozialkapital in den Ländern Mittelosteuropas zum einen gering ausfällt und zum anderen auch wenig zur Vertrauensbildung in die Entscheidungsinstitutionen beitragen kann. Vielmehr muss zunächst Sozialkapital aufgebaut werden, um den „Kreis der Tugend" in Gang zu setzen. Die Frage jedoch ist, wie das geschehen soll. Ist es nicht vielmehr wahrscheinlicher, dass die Kausalität genau umgekehrt ist? Die Menschen müssen erst lernen, den Staat nicht mehr als Antipode und Verkörperung repressiver Herrschaft, sondern als Garant rechtsstaatlicher Prinzipien wahrzunehmen. Erst dann kann sich eine Zivilgesellschaft entwickeln, die nicht als Alternative, sondern als komplementäre Ergänzung zur politischen Sphäre gesehen wird (vgl. ebd.11).

Kontakten und Netzwerken" (Gabriel 2002:25). Zu unterscheiden ist das Sozialkapital als individuelle Ressource auf der Mikroebene vom Sozialkapital als kollektive Ressource auf der Aggregatebene. Putnam argumentiert auf der Makroebene. Näheres hierzu siehe Gabriel u.a. (2002); Haug (1997).

[43] Leider fehlt es Putnams Konzept an analytischer Schärfe, denn er unterscheidet weder zwischen aktiver und passiver Mitgliedschaft, noch zwischen unterschiedlichen Typen von Vereinigungen. So sind Triaden und Mafiaorganisationen oder fundamentalistische Religionsgemeinden nicht zu den „bridging associations" zu zählen, obwohl sie zivilgesellschaftlich aktiv sind. Konflikte zwischen unterschiedlichen Gruppierungen werden hier eher gefördert als gemindert (vgl. Uslaner 2000:573). Putnam bietet auch keinen klaren Kausalmechanismus an, wie Sozialkapital zu effektiver Performanz politischer Institutionen führen soll. Zur Kritik an Putnam siehe u.a. Cohen 1999; Uslaner 1998, 2000; Foley/Edwards 1999; Gabriel 2002; Stolle 1998, 2002, 2003.

[44] „Die Zivilgesellschaft befindet sich in einer vorstaatlichen oder nichtstaatlichen Handlungssphäre und besteht aus einer Vielzahl pluraler, auf freiwilliger Basis gegründeter Organisationen und Assoziationen, die ihre spezifischen materiellen und normativen Interessen artikulieren und autonom organisieren. Sie ist im Zwischenbereich von Privatsphäre und Staat angesiedelt. In ihr artikulierte Zielsetzungen betreffen immer auch die res publica. Akteure der Zivilgesellschaft sind damit in die Politik involviert, ohne jedoch nach staatlichen Ämtern zu streben. [...] Die Zivilgesellschaft ist [...] ein Sammelbecken höchst unterschiedlicher Akteure [...] die einen bestimmten normativen Minimalkonsens teilen. Dieser beruht im Kern auf der Anerkennung des Anderen (Toleranz) und auf dem Prinzip der Fairness. Ausgeschlossen ist die Anwendung physischer Gewalt" (Merkel/Lauth 1998:7).

2.6.1.3 Zusammenfassung

Sowohl der klassische Sozialisationsansatz, als auch der Sozialkapitalansatz sehen den Ursprung politischen Vertrauens im sozialen, interpersonalen Vertrauen. Beide Sichtweisen vertreten damit eine bottom-up Perspektive, die besagt, dass Erfahrungen im persönlichen, außerpolitischen Umfeld zu einer optimistischen Weltsicht führen, die sich auch auf Einstellungen zu politischen Institutionen auswirkt und so indirekt die Qualität und Stabilität des ganzen politischen Systems mitbestimmt. Während der Sozialkapitalansatz Vertrauen als Nebenprodukt von Kooperationshandeln erwachsener Individuen konzeptualisiert, vertritt der Sozialisationsansatz die Sicht, dass generalisiertes Vertrauen eine Quelle und kein Produkt zivilen Engagements ist, das im Jugendalter erlernt wird: „We learn trust from our parents. And trusting people get involved in good works" (Uslaner 2000:575)[45].

2.6.2 Vertrauen aus der Perspektive institutionalistischer Ansätze

Erklärtes Ziel der institutionalistischen Herangehensweise ist es, zu analysieren, inwieweit die jungen demokratischen Systeme Ansprüchen und Problemlagen gerecht werden und wie groß ihre Problemlösungs- und Leistungsfähigkeit ist. Der Institutionalismus präsentiert sich dabei weniger als zusammenhängender Ansatz, als vielmehr in Form einzelne Stränge, die jeweils unterschiedlichen Argumentationslogiken folgen. Am weitesten fortgeschritten sind wirtschaftswissenschaftliche Theorien, die aber in ihren Grundannahmen zu restriktiv sind, um die Funktion einer „Grundlagentheorie" übernehmen zu können (vgl. Bußhoff 1990:301). Flohr attestiert dem Institutionalismus sogar einen „kläglichen Stand" (vgl. Flohr 1990:46). Innerhalb jüngerer institutionalistischer Erklärungsstränge können hauptsächlich zwei Varianten unterschieden werden. Das ist zum einen die der ökonomischen Theorie entstammende Rational-Choice-Perspektive, welcher der akteurszentrierte Institutionalismus angehört. Danach ist politisches Vertrauen eine rationale Reaktion auf institutionelle Leistungen. Aus der Kritik an dieser zweckrationalen Perspektive hat sich in den letzten Jahren eine „kulturalistisch-konstruktivistische Variante" (Jansen 2000:6) entwickelt, wofür der Neoinstitutionalismus steht (vgl. Jansen 2000:6; Becker 2003:2; Kalthoff/Wagener 2004:6).

2.6.2.1 Der akteurszentrierte Institutionalismus und Vertrauen

Der dem ökonomischen Paradigma verpflichtete akteurszentrierte Institutionalismus setzt den methodologischen Individualismus in eine institutionelle Rahmung. Danach verfolgen Akteure eigeninteressierte Ziele. Sie sind in der Lage, ihre Präferenzen eindeutig und hierarchisch zu ordnen, sie verfügen über ausführliche Informationen in Bezug auf unterschiedliche Handlungsoptionen und deren potentielle Konsequenzen, die sie gegeneinander abwägen, bevor sie schließlich diejenige Entscheidung treffen, von der sie sich den größten Nutzen versprechen. Institutionen bilden dabei Regelsysteme, die bestimmte Verhaltensweisen negativ, andere positiv sanktionieren. Sie legen so einen Handlungskorridor fest, innerhalb dessen die in ihnen handelnden Akteure ihre Präferenzen rational verfolgen. Die strukturellen Verhaltensein-

---

[45] Auch Misztal schreibt: „Cooperation is seen as a by-product of trust rather than a source of trust and, moreover, a lack of cooperation can be a result of other factors" (Misztal 1996:17).

schränkungen beeinflussen als „rules of the game" die Ressourcen- und Motivlage der Akteure und damit ihre individuelle nutzenmaximierende Kalkulation[46]. Dies wiederum wird von den Kooperationspartnern antizipiert. So verhindern Institutionen nicht nur das Ausspielen egoistischer Motive und wirken ordnungsstiftend, die strukturell angelegte Wahrscheinlichkeit bestimmter Handlungen ermöglicht auch interpersonales Vertrauen und Kooperation und erhöht so die Chancen auf individuellen wie kollektiven Nutzen (vgl. Coleman 1988; Jansen 2000:3). Vertrauen in einen demokratischen Rechtsstaat setzt demnach voraus, dass das Misstrauen in Form von Kontroll- und Sanktionsmechanismen in das System eingebaut wird (vgl. Hartmann 2002:379)[47]. Die Autoritäten verhalten sich dann aus Angst vor Sanktionierung vertrauenswürdig. Vertrauen ist aus dieser Perspektive eine rationale, bewusste Entscheidung und situativ bestimmt: „Wer vertraut, schätzt [...] die Vertrauenswürdigkeit des Gegenübers ab, sowie die Höhe des möglichen Schadens bei einer Enttäuschung" (Göbel 2004:486). Die Abschätzung der Vertrauenswürdigkeit beruht auf Informationen, die systematisch gesammelt werden, wobei die Motivation zur Informationsbeschaffung allerdings durch die anfallenden Kosten begrenzt ist (vgl. Slaby/Urban 2002:3). Ideologische Wertorientierungen spielen dabei nur eine untergeordnete Rolle. „As long as a new democracy functions well [...] most individuals are willing to accept these institutions even if they reject the ideological values a system embodies" (Rohrschneider 1999:205).

2.6.2.1.1 Vertreter des akteurszentrierten Institutionalismus

Ein typischer Vertreter des akteurszentrierten Institutionalismus ist James Coleman (1926-1995), der soziales Vertrauen als eine Form von Sozialkapital konzeptualisiert. Danach ist Vertrauen eine wichtige Ressource, die den Handlungsspielraum des Vertrauensnehmers erweitert und so zur Steigerung des Nutzens von Vertrauensnehmer wie Vertrauensgeber eingesetzt werden kann (vgl. Slaby/Urban 2002:2). Im Rahmen einer Makro-Mikro-Makro-Modellierung verbindet er den rationalistischen Ansatz mit der Rollentheorie, indem er die strukturellen Einschränkungen des Individuums in Form von Normen, Regeln, Sanktionen und Verpflichtungen mit einbezieht (vgl. Coleman 1988:96). Der soziale Mechanismus wird von Coleman folgendermaßen beschrieben: Wenn A etwas für B tut und darauf vertraut, dass B in der Zukunft reziprok handeln wird, schafft das bei A eine Erwartung und bei B eine Verpflichtung. A hat einen „Kredit" bei B (vgl. ebd. 102). Vertrauen hängt von zwei Bedingungen ab: Erstens der Menge an einzulösenden Krediten, und zweitens von der Vertrauenswürdigkeit des sozialen Umfeldes. Diese ergibt sich durch sogenannte „strukturelle Geschlossenheit" (ebd. 105) sozialer Netzwerke, die über Sanktionsmöglichkeiten

---

[46] Dies können beispielsweise potentielle Beförderungen, Degradierungen, Gehaltserhöhungen und -verkürzungen sein (vgl. Hardin 2002:154).
[47] Piotr Sztompka zählt Kontroll- und Korrektivinstrumente zum Schutz vor Willkür auf: Rechtsstaatlichkeit, periodische, kompetitive Wahlen, kurze Amtsperioden sowie die Existenz einer Opposition als vertikale Formen der Kontrolle und Verfahren der Mehrheits- bzw. Kollektiventscheidungen, Strukturen der Machtdistribution und Machtbegrenzung der politischen Institutionen, eine unabhängige Justiz, Bürgerrechte, offene Kommunikationskanäle u.a. (Sztompka 2003b:16 ff.).

verfügen und sozialen Druck auf den Einzelnen ausüben. Durch potentielle Verluste ist es dann für B rational, sich vertrauenswürdig zu verhalten[48].

Ein weiterer, in der Vertrauensforschung ebenso bedeutender Vertreter des Rational- Choice- Paradigmas ist Russell Hardin, der Vertrauen als „encapsulated interest" (Hardin 2002:1) konzipiert. Danach ist Vertrauen in dem Sinne rational, dass der Vertrauensgeber versucht, die Handlungsmotive des Vertrauensnehmers einzuschätzen (vgl. ebd. 13, 20):

> „To say I trust you in some way is to say nothing more than I know or believe certain things about you [...]. In the encapsulated-interest account of trust, the knowledge that makes my beliefs about you a matter of trust [...] is my beliefs about your incentives toward me in particular [...] trust [is an, Anmerk. d. Verf.] assessment of your encapsulation of my interests in your own interests" (Hardin 2002:11).

Damit ist Vertrauen kognitiv definiert. Hardins Konzeptualisierung von Vertrauen führt ihn zu folgenden Schlussfolgerungen: Da die Einschätzung der Vertrauenswürdigkeit von der Motivlage des Anderen abhängt, kann man nur Menschen vertrauen, denn Institutionen haben keine Motive. Fremden kann man jedoch auch nicht vertrauen, denn man verfügt nicht über das dafür notwendige Wissen. Das gilt natürlich auch für Politiker[49]. Der normale Staatsbürger hat keine Möglichkeit, genügend Informationen über die Tugendhaftigkeit von Regierungsmitgliedern zu erfahren, um deren Vertrauenswürdigkeit einschätzen zu können[50]. Damit ist auch ein Vertrauen in politische Institutionen nicht möglich. Er räumt allerdings ein, dass viele Institutionen als „verlässlich" (reliable) wahrgenommen werden:

> „As a matter of simple desciptive fact, it appears that many institutions can be reliably expected to fulfill their missions [...] we can only say we have a regularity from which we infer a tendency, as we inter that the sun will rise tomorrow from the fact that it seemingly always has done so every day" (Hardin 1998:16).

Allerdings wäre es nach Hardin falsch, Regelmäßigkeit mit Vertrauenswürdigkeit zu verwechseln. Der Bürger extrapoliert vergangenes Verhalten auf die Zukunft und „orakelt" über das Regierungshandeln. Das ist nach Hardin jedoch kein Vertrauen, sondern Quasi-Vertrauen (vgl. Hardin 2002:16, 155 f.).

---

[48] Hintergrundparadigma bildet das spieltheoretische Modell des Gefangenendilemmas: Alle Entscheidungen im Spiel hängen von der Abschätzung der Vertrauenswürdigkeit des Handlungspartners ab; das Vertrauensproblem besteht jedoch auch hier im fehlenden Wissen über das zukünftige Verhalten des anderen.
[49] „We do not know enough to trust them. If we are confident of their behavior in some context, that is because we generalize inductively from the behaviors of many of their peers or because we infer from the organizational incentives they face that they are more likely to be trustworthy in that context" (Hardin 2002:155).
[50] Eine Vertrauensbeziehung zwischen Regierten und gewählten Regierungsvertretern kann daher nur zustande kommen, wenn der Wähler den Gewählten persönlich kennt, beispielsweise in einem Dorf (vgl. Hardin 2002:154). Auf Landes- oder Bundesebene aber kann man nie wissen, ob die Beamten im Interesse der Bürger handeln oder ob andere Anreize den Akteuren ein stärkeres Handlungsmotiv liefern (vgl. ebd. 152, 155).

2.6.2.1.2 Grenzen rationaler Modelle in Bezug auf Vertrauen

Die Stärke dieses Zugangs liegt, gemessen am Exaktheitsideal der Theoriebildung, in seiner Formalisierbarkeit. Institutionen erscheinen als Spielformen, in deren Regelwerk sich individuelles Verhalten bewegt (vgl. Göhler 1990b:159). Die Rational-Choice- Ansätze sind daher aufgrund ihrer einfachen, eleganten Modellierung und ihrem Potential für Mikro-Makro-Verbindungen beliebt (vgl. Misztal 1996:78). Allerdings vermeidet der enge Ausschnitt des rationalen Kalküls der Akteure durch seine Fokussierung eine metaphysische Sinnzuweisung für politische Institutionen und stellt auch eine wirksame Zielgerichtetheit von Organisationen in Frage (vgl. Göhler 1990b:159).

Empirisch hat diese Sichtweise auch nur begrenzte Relevanz. Denn wägt der Handelnde Kosten und Nutzen gegeneinander ab, so hängt die Prognosefähigkeit dieses Ansatzes zu einem großen Teil vom Informationsniveau und damit der Rekonstruierbarkeit des Handelns ab. Dies erfordert eine genaue Beschreibung der empirischen Situation und dann ist man bei jener Idiosynkratie, welche der Rational-Choice unbedingt zu vermeiden sucht. Die Entscheidung für oder gegen eine Vertrauensvergabe hängt sowohl bei Coleman als auch bei Hardin vom Wissensstand des Vertrauensgebers ab. Wenn jedoch über alle Konsequenzen einer Entscheidung weitgehend Klarheit herrscht, ist Vertrauen nicht mehr nötig. Handelt ein Akteur nach seinen Präferenzen, verhält er sich nicht vertrauenswürdig sondern tut lediglich das Wahrscheinliche. Vertrauen kommt eher gerade dann ins Spiel, wenn zukünftige Handlungen nicht hinreichend präzise abgeschätzt werden können. Die soziale Dimension des Vertrauensphänomens wird hier also auf eine rein ökonomische „eingestampft". Ein weiterer Punkt geht in eine ähnliche Richtung. Das strukturbedingte Erzwingen von Vertrauenswürdigkeit macht Vertrauen nicht nur überflüssig, es widerspricht der Vertrauenslogik geradezu und dürfte Vertrauen eher zerstören als fördern. Coleman bleibt hier in seiner rationalen Modellierung „gefangen". Auch Hardins Vertrauenskonzept muss sich fragen lassen, ob die Rede von Vertrauen überhaupt gerechtfertigt ist. So kann bezweifelt werden, ob die Motivlage allein ausreicht, um die Verwendung des Begriffs „Vertrauen" zu rechtfertigen. Derjenige, dem vertraut wird, hat eine gewisse moralische Verpflichtung, die an ihn gestellten Erwartungen zu erfüllen. Verantwortungsgefühl wird hier einfach wegdefiniert. Wahrscheinlicher ist, dass Vertrauen sich aus unterschiedlichen Quellen speist und der Antrieb für Vertrauenswürdigkeit mannigfaltig begründet sein kann: „[...] people are moved all the time by social as well as egoistic motivation" (Misztal 1996:21; vgl. auch Harré 1999:258). Gabriel drückt dies so aus:

> „Die Schwäche von Hardins Position liegt darin, dass seine utilitaristisch verengte Sicht des Vertrauens dieses Konzept überflüssig macht, weil es Vertrauensbeziehungen auf interessengeleitetes Handeln reduziert. Wenn Handlungen ohnehin im wechselseitigen Interesse der beteiligten Akteure liegen, dann entfällt die Notwendigkeit sozialen Vertrauens" (Gabriel 2002:53).

Gabriel kritisiert auch die These von der Dreidimensionalität sozialer Beziehungen. Nach Hardin bezieht sich Vertrauen immer auf einen „relevant matter" (Hardin 2002:4). Daraus folge, so Gabriel, dass eine Person ihrem Interaktionspartner in einer bestimmten Situation vertrauen kann, in einer anderen nicht. Vertrauen zeichne sich wohl eher durch seine Unabhängigkeit von spezifischen Handlungen oder Leistungen des Partners aus und basiere auf einer Zuschreibung allgemeiner Merkmale, die ihrerseits die Geltung bestimmter kultureller Werte reflektierten (vgl. Gabriel 2002:54).

Empirische Entscheidungen, so ein weiterer Kritikpunkt, werden meist unter Zeit- und Kostendruck, Bedingungen der Unübersichtlichkeit und mangelhaftem Informationswissen durch aus Machtgesichtspunkten zurückgehaltenem Fachwissen getroffen (vgl. Ebbighausen 1990:294). Angesichts der Tatsache, dass der Mensch in der modernen Gesellschaft immer öfter in Situationen kommt, in denen er Fremden oder Systemen Vertrauen entgegenbringen muss, stellt sich die Frage, ob es wirklich notwendig ist, das vergangene Verhalten eines Fremden oder die genaue Wirkungsweise eines Systems zu kennen, um ihm vertrauen zu können oder ob es nicht vielmehr ausreicht, wenn man eine grobe Vorstellung von seiner Struktur und den grundlegenden Merkmalen hat (Fuchs/Gabriel/Völkl 2002:433). Umwelten sind kontingent und mehrdeutig, die Rationalität des Menschen, wie ihn der Rational Choice versteht, ist begrenzt[51]. Und genau darin liegt ja auch die Funktion dieses sozialen Mechanismus: trotz Informationslücken Handlungsfähigkeit zu bewahren (Kapitel 2.1).

2.6.2.2 Der Begriff der Institution im Neoinstitutionalismus

Neben den aus biologischen Gründen vorgegebenen Bedürfnissen hat der Mensch auch emotional produzierte Orientierungs- und Sinnbedürfnisse (vgl. Flohr 1990:30). In den 80er Jahren erkannten einige Autoren, dass Handlungserklärungen auf Basis reiner Nutzenmaximierung zu kurz greifen, da Politik immer in einem normativen Kontext stattfindet und die Ausübung von demokratischer Herrschaft auf dem Glauben an ihre Rechtmäßigkeit beruht (vgl. Shepsle 1995:281; Rehberg 1990:138; Weber 1985).

Der französische Rechtsphilosoph Maurice Hauriou hatte bereits in den 60er Jahren eine Institutionenkonzeption entwickelt, nach welcher eine Institution durch die Existenz einer Idée directrice gekennzeichnet ist. Diese Leitidee, so Hauriou, umschließt sowohl Zweck und Mittel als auch metaphysische Elemente, denn in ihr liegt noch „ein Teil unbestimmbaren Wirkungsvermögens, das über die Vorstellung der Funktion hinausreicht" (Hauriou 1965, zitiert nach Beyer u.a. 1994:256). Auch Arnold Gehlen (1986) verwendet einen zweidimensionalen Institutionenbegriff: die instrumentalistische Dimension bezieht sich auf das rational-praktische Verhalten des Menschen. Die ideative Dimension bezieht sich auf das rituell-darstellende Verhalten. In Anlehnung an diese Konzeptionen stellt Göhler fest, dass politische Institutionen sowohl eine Ordnungs-, als auch eine Integrationsfunktion haben, also Orientierung[52] bieten müssen. Leitideen sind demnach Fiktionen von Idealen, die Orientierungen stabilisieren und den Institutionen so einen Anspruch auf Geltung (Legitimität) verleihen. Analog zu Gehlens Institutionenbegriff sind nach Göhler demnach auch

---

[51] Manche Autoren gehen so weit zu behaupten, Rationalität sei ein gesellschaftlicher Mythos, der mit der empirischen Realität nicht viel zu tun habe, den jeweiligen Institutionen jedoch ihre Legitimität verleihe. Legitimität basiere dann auf der Annahme, dass die Institutionen rational und effektiv wären (vgl. Meyer/Rowan 1977).
[52] „Diese Verlässlichkeit braucht das Individuum für seine eigene Identität, und die Artgenossen brauchen sie, um mit dem Individuum ausreichend berechenbar [...] zusammenleben zu können" (Flohr 1990:32).

„für *politische Institutionen* zwei Dimensionen zu unterscheiden: die *instrumentale* und die *symbolische* Dimension. Erstere ist die (im landläufigen Sinn) »reale« Dimension der *Willensbeziehungen* der Beteiligten, letztere die »geistige« Dimension von symbolisch vermittelten Darstellungen und Orientierungen, die ich abgekürzt als *Symbolbeziehungen* bezeichne" (Göhler 1994:37).

Becker kritisiert Göhlers Herangehensweise dahingehend, dass sich das Symbolische nicht auf die Outputs parlamentarischer Arbeit, sondern auf Elemente der Institutionen selbst bezieht und ideelle Aspekte der Handlungsorientierungen wegdefiniert würden (vgl. Becker 2003:13 ff). Die Orientierung des Institutionenpersonals an Symbolen festzumachen, bringt also eine unnötige Unschärfe in das Institutionenkonzept.

2.6.2.3 Vertrauenskonzepte im Neoinstitutionalismus

Kenneth Newton wendet sich direkt gegen die These, dass soziales Vertrauen zu Unterstützung politischer Systeme führt. Soziales Vertrauen sieht er vielmehr als Bedingung bürgerschaftlichen Engagements (vgl. Newton 1999:172). Newton betont, dass die moderne Gesellschaft das persönliche thick trust untergräbt, da Beziehungen nicht stabil sind, sondern ständig wechseln und gleichzeitig eine Reihe riskanter Situationen produzieren, in denen Vertrauen nötig sei. Infolge dessen würde das „thick trust" durch eine andere Form des sozialen Vertrauens, dem unpersönlichen, lockeren, abstrakten „thin trust" verdrängt und die Gesellschaft durch schwache, aber viele Bindungen zusammengehalten (vgl. Newton 1999:173 f.; Munz 1998). Leider bietet Newton keine Generalisierungslogik von thick zu thin trust an. Doch er beantwortet die Frage, wer Vertrauen schenkt. Demnach ist Vertrauen ein Privileg der sozialen Gewinner und mit sozioökonomischen Faktoren zu erklären[53]. Vom Erfolg verwöhnte Menschen haben weniger Grund, misstrauisch zu sein als Menschen mit niedrigem sozioökonomischem Status (vgl. Newton 1999: 180 f.). Außerdem gehen sie auch ein verhältnismäßig geringeres Risiko ein (vgl. Gabriel 2002). Einen engen Zusammenhang zwischen sozialem und politischen Vertrauen gäbe es nicht. Die Quellen politischen Vertrauens sieht Newton in der politischen Sphäre. Politisches Vertrauen basierte früher auf Ideologien, persönlichen Bindungen und sozialen Identitäten, die sich in der Parteiideologie zuspitzten. Heutzutage, so Newton, basiert politisches Vertrauen auf Pragmatismus und weniger auf Parteineigungen. Politikern wird nicht mehr vertraut, weil sie „einer von uns" sind, sondern aufgrund ihrer Reputation, Performanz und ihrem öffentlichen Auftreten. Vertraut wird, weil die Amtsinhaber sich immer weniger in der Lage befinden, sich dem Preis eines Vertrauensbruchs zu entziehen (vgl. Newton 1999:180 f.). Damit bezieht sich das Institutionenvertrauen nicht auf die Amtsinhaber, sondern wieder auf die strukturellen Kontrollmechanismen[54].

Anders als Newton bietet Claus Offe einen Generalisierungsmechanismus an. Da Individuen sich an bestimmte Normen und Werte gebunden fühlen und für sich eine moralische Pflicht sehen, sich entsprechend zu verhalten, können sie davon ausgehen, dass andere Menschen ebenso empfinden. Wenn Ego nun annimmt, dass Alter

---

[53] Bildung, Einkommen, Lebenszufriedenheit, Klasse und Rasse sind die von Newton identifizierten Indikatoren.
[54] Was Newton nicht explizit sagt, jedoch impliziert.

ein ebensolches moralisches Pflichtbewusstsein an die gleichen Werte und Normen bindet, kann er das Risiko einer Vertrauensvorleistung eingehen, da sie „soziale Territorien" teilen (Offe 2001:278). Doch aufgrund welcher Grundlage sieht Ego andere Menschen moralisch gebunden, welche Merkmale eignen sich als Anknüpfungspunkte? Nach Offe sind vor allem solche Kriterien geeignet, die „in einer robusten Weise exklusiv sind" (ebd. 271), will heißen „[...] vom Vertrauenden als Signale *gelesen* werden können, aber vom Empfänger des Vertrauens nicht als Signal benutzt und manipuliert werden können" (ebd. 272). Beispiele dafür sind Sprache, linguistische Stile, Zertifikate, Diplome und Lebensstile. Durch eine gemeinsame Kultur, Geschichte und Territorium, so Offe, wird die „Gesamtheit der Bürger zu Angehörigen einer verpflichtenden und vertrauensbildenden politischen Gemeinschaft erklärt" (ebd. 266). Identifikation mit dieser ethno-nationalen Gruppe führt zu politischer Integration. Den unvertrauten Mitbürgern gegenüber entsteht so auf indirektem Wege ein identitätsbezogenes Vergemeinschaftungsempfinden, welches die Anknüpfung an die aus der gemeinsamen Geschichte hergeleiteten Verantwortung und Verpflichtung erlaubt (vgl. Offe 2002:266 f.). Dies gilt auch für politische Institutionen. Ego kann erwarten, dass fremde Akteure sich an ihre Verpflichtungen moralisch gebunden fühlen, da sie „im gleichen institutionellen Regime zu Hause sind" denn „gewonnene konvergente Orientierungen" machen sie zu vertrauenswürdigen „Quasi-Bekannten" (Offe 2001:278). Wenn Institutionen einen nachvollziehbaren, plausiblen „moralischen Sinn" aufweisen und diesen glaubwürdig transportieren, können sie Vertrauen katalysieren. Offe nennt auch substantielle Qualitäten, die von politischen Institutionen glaubhaft nach außen gelebt werden müssen: Wahrheit und Gerechtigkeit. Wo immer jedoch Anhaltspunkte für Lügen oder Diskriminierung vermutet werden, entstehen Misstrauen und Zynismus (vgl. ebd. 283).

2.6.2.4 Zusammenfassung

Während also der dem methodologischen Individualismus folgende akteurszentrierte Institutionalismus Vertrauen über die Motivlage konzeptualisiert und dadurch eine Generalisierung ausschließt, ist Institutionenvertrauen nach dem Neoinstitutionalismus auch ohne genaue Kenntnisse über komplexe demokratische Abläufe oder persönliches Kennen des sich ständig wechselnden Elitepersonals möglich[55]. Doch auch der neoinstitutionalistische Generalisierungsprozess kommt nicht ohne Rekurs auf kulturelle und moralische Merkmale aus. Damit bietet der Institutionalismus keinen eigenen Generalisierungsmechanismus an. Politisches Vertrauen wird auf inherent politische Qualitäten zurückgeführt. Dabei spielen sowohl wirtschaftliche Aspekte, als auch politische Faktoren, wie Fairness oder Glaubwürdigkeit, eine Rolle.

---

[55] Zwar kann auch nach Offe nur Personen vertraut werden, weil Institutionen nicht alle Eventualitäten abdecken können und daher nie eindeutig sind (vgl. Offe 2001:275). Doch meiner Meinung nach widerspricht sich Offe hier: Er sagt zwar, man kann nur Personen vertrauen, macht dann aber dieses Vertrauen an Eigenschaften fest, die er Institutionen zurechnet. Nach Offe kann man Personen in Institutionen vertrauen, wenn Institutionen ihre Akteure auf Regeln verpflichten können. Damit vermischt er die Vertrauenslogiken von Akteuren und Institutionen und man gewinnt beim Lesen den Eindruck, dass er sich dessen nicht ganz unbewusst ist und er sich hätte wenigstens auf ein Beurteilungskonglomerat aus Personen und Institutionen einlassen müssen.

3 Zusammenführung

Die Unterschiede zwischen Sozialisationstheorien und Performanztheorien sind voller lebendiger Debatten. Beide Perspektiven werden intensiv verteidigt und als nicht miteinander vereinbar dargestellt[56] (vgl. Mishler/Rose 2001:37). Dabei wird leider übersehen, dass die beiden Ansätze sich nicht notwendigerweise ausschließen. Es finden sich schon früh Hinweise darauf, dass „both ideological values and performance evaluations shape institutional support" (Rohrschneider 1999:27). Tatsächlich gingen bereits Almond und Verba davon aus, dass sowohl die Kultur, als auch die Performanzen eine Rolle bei der Unterstützung politischer Institutionen spielen (vgl. Almond/Verba 1965:35, zitiert nach Rohrschneider 1999:203). Und auch Easton hat im Hinblick auf die diffuse Unterstützung festgestellt, dass sie „typically arises from two sources: from childhood and continuing adult socialization, and from direct experience" und dass „such attachments may be a product of spillover effects from evaluations of a series of outputs and of performance over a long period of time" (Easton 1975: 445).

Es erstaunt daher, dass Kulturalisten wie Institutionalisten weiterhin regelmäßig politische Werte einerseits und Performanz andererseits als „first cause" (Rohrschneider 1999:14) für Institutionenvertrauen konzeptualisieren. Denn faktisch werden oft nur unterschiedliche Aspekte ein und derselben Frage nach den Determinanten institutioneller Unterstützung allgemein und politischem Vertrauen im Besonderen betont. Die hier vertretene These lautet demnach, dass die Annahmen des Kulturalismus einerseits und die des Institutionalismus andererseits sich nicht unbedingt diametral entgegenstehen, sondern vielfach ergänzen und miteinander verknüpft werden können.

Für eine erfolgreiche Verbindung dieser beiden Theorien muss zunächst der jeweilige „Alleinvertretenanspruch" aufgegeben werden. Dann können beide Ansätze wertvolle Aspekte in die Erklärung politischen Vertrauens einbringen und unterschiedliche Thesen miteinander in Einklang gebracht werden. Beispielsweise gehen beide Ansätze davon aus, dass Lernprozesse das politische Vertrauen determinieren, sie unterscheiden sich dabei jedoch in ihren angegebenen Zeiträumen und Sozialisationsagenten.

Im Folgenden werden unterschiedliche kulturalistische und institutionalistische Standpunkte miteinander verknüpft. Dabei wird nicht nur behauptet, dass sowohl Werte, als auch Performanzen direkt eine bedeutende Rolle bei der Bildung institutionellen Vertrauens spielen, sondern auch, dass die unterschiedlichen Ebenen des politischen Systems sich gegenseitig beeinflussen und so indirekt auf das Institutionenvertrauen einwirken. Diese Annahme klang bereits bei der Darstellung des Neoinstitutionalismus an, welcher Wertvorstellungen in Form einer institutionellen Leit-

---

[56] Siehe u.a. Aberbach/Walker 1970; Almond/Verba 1963; Barry 1970; Beetham 2004; Cheibab et al. 2004; Citrin 1974; Dahl 1971; Dalton 1994; Dasgupta 1988; David 2004; Di Palma 1990; Eckstein 1988; Finifter/Mickiewicz 1992; Flohr 1990; Fuchs et al. 1997; Hahn 1991; Inglehrt 1997; Jackman/Miller 1996; Jennings/Niemi 1974; Kaase 1983; Klingemann 1999; Levi 1998; Malova/Haughton 2002; Mayntz 2002; Miller 1974a/b; Miller et al. 1997; Miller/Hesli/Reisinger 1994, 1996; Miller/Sears 1985; Muller/Jukam 1977; Nye 1997; Plattner 2004; Pollack/Wielgohs 2000; Przeworski 1991; Putnam 1993; Pye 1972; Rogowski 1974; Shepsle 1995; Thomas 2000; Weatherford 1984, 1989; Weil 1993; Weingast 2002.

idee Verbindlichkeit zuspricht. Die hier vertretenen Thesen enthalten jedoch auch Implikationen für die Konzeptualisierung des Vertrauensphänomens als solches. Wenn politisches Vertrauen sich sowohl aus kulturellen Faktoren, als auch aus Erfolgs- und Qualitätsbeurteilungen speist, muss die Motivation, Vertrauen zu vergeben oder nicht, ebenfalls mit diesen beiden Dimensionen im Zusammenhang stehen. Die scheinbare Unvereinbarkeit zwischen rational-situativen Ansätzen einerseits und affektiv-persönlichkeitsbezogenen Ansätzen andererseits spiegelt sich in der Konzeptualisierung einer mehrdimensionalen Motivlage wider.

Gestützt werden die hier vertretenen Annahmen durch die Arbeiten verschiedener Autoren, die jeweils unterschiedliche Aspekte des Vertrauensphänomens an sich beziehungsweise des Kulturalismus und Institutionalismus miteinander verbunden haben. So verknüpfen William Mishler und Richard Rose (1997, 1999, 2001, 2002) in ihrem Modell des „lebenslangen Lernens" die unterschiedlichen zeitlichen Vorstellungen sozialisationstheoretischer Ansätze und Sozialisationsagenten miteinander. Robert Rohrschneider (1999, 2000) überbrückt die theoretischen Differenzen mittels drei sozialer Mechanismen, ohne dabei die analytische Differenzierung der Systemebenen aufzugeben: der Diffusion von Werten, der ideologischen Performanz und dem institutionellen Lernen. Martin Schweer (2003) und Valerie Braithwaite (1998a) konzeptualisieren jeweils unterschiedliche Aspekte eines mehrdimensionalen Vertrauensbegriffs.

3.1 Konzeptualisierung des Vertrauenskonstruktes

In Sozialisationsprozessen, so die kulturalistische Sicht, entwickelt jeder Mensch eine persönliche Neigung, Personen und anderen Objekten seiner Umgebung zu vertrauen oder nicht. Des Weiteren verinnerlicht er kulturelle Wertmaßstäbe. Werden Institutionen als Implementationsformen dieser Werte wiedererkannt, kann sich das Individuum mit den betreffenden Institutionen identifizieren und ihnen Vertrauen entgegenbringen. In jedem Fall hängt das Vertrauen eng mit den persönlichen Eigenschaften des Individuums zusammen. Institutionalistische Ansätze hingegen betonen den situativen Kontext, in dem sich der Vertrauende befindet. Aus der Sicht des Rational Choice ist die Vertrauensvergabe eine rationale Reaktion auf Kontextmerkmale, vorwiegend auf Informationen über den potentiellen Kooperationspartner basierend. Doch rationale Ansätze greifen hier zu kurz. Der Neoinstitutionalismus ergänzt diese Perspektive daher um eine normative Dimension. Da der Mensch neben der Notwendigkeit materieller Absicherung auch psychologische und soziale Bedürfnisse hat[57], wird angenommen, dass (politische) Institutionen sowohl eine Ordnungs- als auch eine Orientierungsfunktion zu erfüllen haben. Allerdings verbindet der Neoinstitutionalismus seinen zweidimensionalen Institutionenbegriff nicht explizit mit dem Vertrauensphänomen. Dies ist jedoch nicht weiter schwer. Man kann die plausible Annahme ableiten, dass Vertrauen dann generiert wird, wenn Institutionen glaubwürdige Signale aussenden, dass sie diese Funktionen erfüllen und in der Lage sind „to solve problems they were created to cope with" (Malova/Haughton 2002:103).

Politisches Vertrauen, so die erste Behauptung, ist weder genuin rational, noch allein kulturell motiviert, sondern basiert auf beiden Motivstrukturen gleichermaßen,

---

[57] wie beispielsweise Sinn, Identität, Orientierung, Integrität, Zugehörigkeit, Harmonie etc.

wobei die Gewichtung der Vertrauensmotive je nach Situation schwanken kann. Daran schließt sich die zweite Behauptung an, die besagt, dass Vertrauen nur zustande kommen kann, wenn die persönlichen Eigenschaften des Vertrauenden mit den Kontextmerkmalen harmonieren.

3.1.1 Die Logik der Mehrdimensionalität

Dietlind Stolle (2002:397 f.) teilt die in der Literatur diskutierten Vertrauenskonzepte in drei Kategorien ein: die strategische oder rationale, die auf Gruppenidentität basierende und die auf Moral beruhende Konzeption.

Das auf strategischem Kalkül basierende politische Vertrauen wird an dieser Stelle nicht weiter analysiert, da es in Kapitel 2.6.2 bereits ausführlich diskutiert wurde.

Die Forschung hat gezeigt, dass das Verhalten der Menschen oft von einem Interesse an anderen motiviert ist. Stanley Feldman und Marco R. Steenbergen haben versucht zu erklären, wie pro-soziales Verhalten zustande kommt und kamen zu dem Ergebnis, dass es letztlich auf Empathie beruht[58] (vgl. Feldman/Steenbergen 1996:65, 86). Eng damit verbunden sind Konzeptualisierungen von Vertrauensprozessen, die auf Gruppenidentifizierungen basieren. Zur Reduzierung von Komplexität gründen Konzeptionen des Selbst und von anderen dabei auf Kategorisierungen. Danach vertrauen Individuen anderen dann, wenn sie sich ihnen nahe fühlen oder Ähnlichkeiten mit dem Selbst erkennen können. Vertrauen wird hier also a priori per Zuschreibung vergeben (vgl. Harré 1999:257)[59]. Die Identifizierung mit Angehörigen einer Gruppe aktiviert verstärkt Empathieprozesse, im extremsten Fall wird ein Problem des Gegenübers als das eigene betrachtet (vgl. Stolle 2002:401).

Im Hinblick auf politische Institutionen sind diese Konzeptualisierungen jedoch nicht ausreichend. Empathie ist als Emotion nicht stabil. In modernen Gesellschaften, in denen Interaktionsbeziehungen weniger beständig sind und laufend wechseln können, ist Emotionalität ohne tiefere Verbundenheit wenig funktional. Gruppenidentifizierungsprozesse hingegen schaffen zwar die nötige Stabilität sozialer Verbundenheit, basieren jedoch letztlich auf zugeschriebenen Personenmerkmalen: gleicher Lebensstil, gleiche Religion, gleiche Ethnie etc. Doch Vertrauensbeziehungen zwischen Personen, ob bekannt oder nicht, sind analytisch von Vertrauen in politische Institutionen zu unterscheiden (Kapitel 2.4 und 4.3.2). Um Emotionalität langfristig binden zu können, müssen Institutionen Werte und Normen inkorporieren. So schaffen sie Bindung und Verpflichtung und entfalten sowohl eine Ordnungs- als auch eine Integrationsfunktion für Sozietäten. Durch Verinnerlichung oder „sinnhafte Nachvollziehbarkeit" (Offe 1999) werden pro-soziale Gefühle kultiviert und moralisch aufgeladen. Matthias Grundmann (2006:21) spricht in diesem Zusammenhang von einer „Kultivierung des Gemeinnutzens"[60]. Nach diesem Verständnis verhält sich der Ver-

---

[58] Evolutionstheoretisch waren die Urmenschen anderen Tieren vor allem aus zwei Gründen überlegen: ihr logisches Denkvermögen sowie ihre Fähigkeit, die Situation des Anderen emotional nachzuempfinden, was die Überlebenschancen der Gruppe enorm erhöhte.
[59] Harré unterscheidet zwischen den sogenannten "ascribed trust" gegenüber der eigenen Sippe und dem "earned trust" als Ergebnis induktiver Beurteilungsprozesse (ebd.).
[60] Menschen organisieren sich, indem sie sich sinnhaft aufeinander beziehen und die „Kultivierung des Gemeinnutzes zeichnet [dabei] soziale Organisationen, politische Verfassungen und gesellschaftliche Institutionen aus" (Grundmann 2006:21).

trauensnehmer vertrauenswürdig, weil er sich moralisch verpflichtet fühlt, nicht aber, weil er gelernt hat, dass Vertrauenswürdigkeit sich auszahlt: „[...] moral trust is based on the understanding that people share underlying values" (vgl. Stolle 2002:402).

Diese Perspektive ist weitgehend mit der neoinstitutionalistischen Vorstellung kompatibel, wonach politische Institutionen sowohl eine Ordnungs- als auch Orientierungsfunktion zu erfüllen haben und wozu sie ohne kulturelle Elemente nicht in der Lage wären. Betrachtet man politische Institutionen als „selektive Implementation von kulturell anerkannten Werten in Form von verbindlichen Handlungsregeln für bestimmte Handlungskontexte" (Fuchs 1999:162), so kann das Konzept der Idée directrice - und ihre Sichtbarmachung mittels Symbolen - als Verknüpfung von Wertbezügen mit institutionellen Anforderungen interpretiert werden.

Geht man von der Prämisse aus, dass Menschen sowohl Bedürfnisse nach materieller Sicherheit als auch sozialer Zugehörigkeit und Harmonie haben, dann kann man daraus schließen, dass die Anforderungen, welche an das politische System gestellt werden, diesen Bedürfnissen entspringen und die Bürger die Verantwortung für deren Befriedigung auch bei den politischen Institutionen sehen. Die Bürger erwarten einerseits den Schutz des Individuums oder der eigenen Gruppe, andererseits gilt es, Sehnsüchte und Probleme zu erkennen, aufzugreifen und in einer bestimmten Weise zu bearbeiten. Die politischen Institutionen sollen eine ergebnisorientierte Politik wie auch eine moralische Art ihrer Ausführung leisten. Die Motivlage der Bürger ist dabei weder rein rational, noch rein sozial, sondern stets eine Mischung aus beidem, wobei die Bedeutung der einzelnen Motive jeweils schwanken kann. So dürfte bei einem Unglück mit Personenschaden die Kostenfrage von Rettungsaktionen der Effektivität der Hilfe untergeordnet werden, während vom Finanzamt hauptsächlich Kompetenz und Verlässlichkeit erwartet werden.

Es kann also festgehalten werden, dass Menschen sowohl eigeninteressiert-rational, als auch sozial orientiert sind und politische Autoritäten wie Institutionen auf zweierlei Arten beurteilen: „on the basis of what they have done for him or her personally or on the basis of what they have done for the community as a whole" (Feldman/Steenbergen 1996:63). Wenn Regierung und Parlament diesen Anforderungen gerecht werden, beziehungsweise dies von den Bürgern so beurteilt wird, dann können sie auf Vertrauen hoffen. Dabei wird hier ausdrücklich nicht zwischen unterschiedlichen *Typen* von Vertrauen, sondern zwischen unterschiedlichen *Motiven* für Vertrauen unterschieden. Spricht eine Institution mit ihren Signalen nach außen jedoch die falschen Wertvorstellungen an, kann Vertrauen zerstört werden.

Unterschiedliche Konzeptualisierungen sprechen für eine solche Sichtweise. So wurde Eastons Unterstützungskonzept aufgrund seiner analytischen Ungenauigkeiten in verschiedenen Folgestudien modifiziert und weiterentwickelt (Kapitel 2.5.2). Gemeinsam ist den meisten Modellen, dass gegenüber politischer Unterstützung zwei Orientierungsmodi existieren, mit denen die politischen Objekte bewertet werden: eine rational-leistungsbezogene Dimension sowie eine moralisch-wertebezogene Orientierungsart (vgl. Fuchs 1989; Gabriel 1997; Fuchs/Gabriel/Völkl 2002:447).

Valerie Braithwaite unterscheidet zwischen Vertrauen, das auf Wissen zurückgeht, und Vertrauen, welches auf sozialen Bindungen beruht. Diesen beiden Vertrauenstypen liegen zwei unterschiedliche Wertesysteme zugrunde und kommen in verschiedenen institutionellen Settings zum Tragen (vgl. Braithwaite 1998:46). Das erste Wertesystem entspricht weitgehend der Rational- Choice- Perspektive und basiert auf einem Bedürfnis nach Sicherheit und der Angst vor Ausbeutung und Dominierung durch andere. Vertrauen in die Regierung basiert auf dem Glauben daran, dass Handlungsweisen planmäßig, konsistent und vorhersagbar sind und dass Versprechen eingehalten werden (vgl. ebd. 54). Das zweite Wertesystem, das als Legitimationsbasis dient, orientiert sich an moralischen Prinzipien. Soziale Beziehungen werden als Ausdruck sozialer Verbundenheit sowie Gefühle gegenseitiger Verantwortung und Verpflichtung betrachtet. Vertrauenswürdigkeit basiert hier auf gegenseitigem Respekt und gemeinsamer Identität (vgl. ebd. 51). Dieses Verständnis entspricht weitgehend der moralischen Form des Vertrauens.

Auch Eric M. Uslaner (2000) unterscheidet „strategisches Vertrauen", dem er professionelle Beziehungen zuordnet, von „moralischem Vertrauen", wonach man unbekannten Menschen aus anderen sozialen Hintergründen dann vertrauen kann, wenn diese Menschen die gleichen grundlegenden Werte teilen, weil sie dann als Mitglied der gleichen moralischen Gemeinde betrachtet werden können[61] (vgl. Uslaner 2000:571 f.).

3.1.2 Vertrauen als Beziehungsvariable

Meiner Meinung nach hängt die Vertrauensvergabe von verschiedenen Faktoren ab. Kontextmerkmale und Persönlichkeitsmerkmale müssen miteinander harmonieren, damit Vertrauen entstehen kann. Es wurde argumentiert, dass das Vertrauen in (politische) Entscheidungsinstitutionen sich auf die Funktionslogik dieser Strukturen bezieht (Kapitel 2.4 und 5.2). Gemäß kulturalistischer Annahmen bringen Menschen eine Neigung mit, ihrer Umwelt Vertrauen zu schenken oder nicht. Doch unreflektiert sein Vertrauen zu verschenken wäre verantwortungslos und wenig funktional. Der Mechanismus des Vertrauens, so wurde argumentiert, dient der Entscheidungs- und Handlungsfähigkeit unter Risiko. Dieses Risiko gilt es abzuschätzen. Der akteurszentrierte Institutionalismus betont, dass dabei die vom Vertrauensgeber unterstellte – weil sinnhaft nachvollzogene – Motivation des potentiellen Vertrauensnehmers sowie Informationen über dessen vergangenes Verhalten von großer Bedeutung sind. Dem kulturalistischen Ansatz entnimmt man, dass internalisierte Wertmaßstäbe wichtig sind, um Anknüpfungspunkte für Bindungen mit potentiellen Kooperationspartnern identifizieren zu können.

All diese Annahmen können miteinander verbunden werden. Martin Schweer hat versucht, die Gegensätze von Individuum und Kontext in einer interaktionistischen Perspektive aufzulösen. Er unterscheidet eine *Vertrauenstendenz* und eine *implizite Vertrauenstheorie*. „Die *Vertrauenstendenz* umfasst die Überzeugung einer Person, inwieweit Vertrauen in einem spezifischen Lebensbereich überhaupt möglich ist" (Schweer 2003:8). Die implizite Vertrauenstheorie beinhaltet die Idee, dass Individuen unterschiedliche Vorstellungen davon haben „wie der jeweils andere sich verhalten *sollte*, damit man zu ihm Vertrauen fassen kann und ihn somit als vertrauenswürdig beurteilt" (Schweer 2003:8). Es handelt sich hier also um das subjektive „Wissen" über den Prototyp des vertrauens(un)würdigen Interaktionspartners in bestimmten Lebensbereichen (vgl. ebd. 8).

---

[61] Anders als bei Offe (1999) sind hier auch Lebensstile und Subkulturen mit eingeschlossen. Es bleibt allerdings eine empirische Frage, inwieweit Individuen aus unterschiedlichen sozialen Hintergründen die gleichen Wertvorstellungen haben.

In der Idee der Vertrauenstendenz findet sich die Vorstellung von einer Disposition des Individuums wieder. Menschen mit einer optimistischen Sichtweise glauben eher, dass politische Akteure ihren moralischen Pflichten nachkommen oder, falls nicht, die institutionellen Mechanismen ausreichen, um die Akteure in ihre Schranken zu weisen[62]. Eine implizite Vertrauenstheorie besteht aus Kriterien, anhand derer Vertrauensgeber ihr Gegenüber einschätzen. Sie entsteht durch Erfahrungen im weitesten Sinne und beinhaltet sowohl verinnerlichte Wertvorstellungen, als auch jüngere politische Erfahrungen. Bei vielen positiv erlebten Erfahrungen werden entsprechend viele Signale des anderen positiv beurteilt. Die implizite Vertrauenstheorie wird nun in einer bestimmten Interaktionssituation aktiviert und steuert die Beurteilung des Gegenübers. Erfüllt der Kooperationspartner beziehungsweise die Institution die erwarteten Kriterien, so fällt der Vergleich von Vertrauenstheorie und Situation positiv aus und das Individuum erlebt Vertrauenskonkordanz, andernfalls Vertrauensdiskordanz.

Braithwaite (1998a) geht ebenfalls davon aus, dass sowohl Persönlichkeitsmerkmale, als auch Kontextmerkmale die Form der Vertrauensbeziehung mitbestimmen. Und auch Misztal (1996) schreibt: „Trust seems to play a significant role in any exchange where each partner has clear expectations of the other" (Misztal 1996:17).

Meiner Meinung nach bezieht sich das Vertrauen dabei immer auf das Objekt als Ganzes in Form eines pauschalen Urteils und nicht in Bezug auf einen bestimmten Bereich[63]. Diesem Urteil liegt vor allen Dingen die Art der sozialen Beziehung zugrunde. Jeder Vertrauensbruch gefährdet die soziale Beziehung als Ganzes und nicht nur das Vertrauen in Bezug auf X. Wie eine solche generalisierte Erwartungshaltung psychologisch zustande kommt, ist weitgehend ungeklärt. Denkbar wäre eine Extrapolation vergangener Ereignisse, bei welcher Erlebnisse auf die Zukunft projiziert und verallgemeinert werden oder sogenannte Framing-Prozesse[64]. Ist die (unbewusste?) Entscheidung einmal gefallen, profitieren beide Seiten davon. Der Ver-

---

[62] Diese Sichtweise stimmt mit der lerntheoretischen Prämisse überein, dass Einstellungen durch Erfahrungen erworben werden: „Vertrauen ist insofern eine generalisierte Erwartungshaltung anderen Personen gegenüber. Aufgrund von Erfahrung lernt das Individuum, dass es sich auf die Aussagen und Versprechen anderer verlassen kann" (Schweer 2003:5). Auch Misztal schreibt, dass das Individuum durch soziale Lebenserfahrungen lernt „[...] to trust others and to develop self-confidence and self-mastery" (Misztal 1996:20).
[63] Hardin (2002) und Schaal (2003) beispielsweise konzeptualisieren Vertrauen als dreidimensionale Beziehung: A vertraut B in Bezug auf X. Man muss bei der Konzeptualisierung des Vertrauensphänomens jedoch klar zwischen dem Vertrauen und dem Glauben an die Kompetenz eines Kooperationspartners unterscheiden. Vertrauen bezieht sich auf den Glauben daran, dass der Kooperationspartner zumindest versuchen wird, die an ihn gerichteten Erwartungen zu erfüllen. Die dafür notwendige Kompetenz stellt jedoch eine eigene Beurteilungsdimension.
[64] *Framing* (Rahmung): Werte und Einstellungen bestimmen die Wahrnehmung und Bearbeitung von Informationen. Das Framing dient der Reduktion von Komplexität und vereinfacht die Analyse des Problems sowie die Suche nach einer Lösung. Bei gewissen Problemarten wird eine bestimmte Perspektive eingenommen und das Problem dahingehend interpretiert. Die Aufmerksamkeit wird dabei auf bestimmte Optionen und Präferenzen gelenkt. Je nachdem, welcher Rahmen angewendet wird, können die Lösungen unterschiedlich ausfallen (vgl. March 1994). Nach Roderick Kramer (1996) hängt die Wahl des Frames mit der Machtposition des Individuums zusammen. Danach bedienen sich Personen mit Macht der berechnenden Vertrauensmethode, während Personen mit wenig Macht eher die Identitätsmethode anwenden.

trauende erspart sich viele Kontrollkosten und der Vertrauensempfänger kann freier und effektiver handeln. Solche Prozesse scheinen sich außerdem zu verstärken. Wer einen Vertrauensvorschuss riskiert, wird oft belohnt: „trust is expected to be honored and often is"(Braithwaite 1998a:47).

3.2 Quellen des politischen Vertrauens

Kulturalistische und institutionalistische Ansätze teilen die fundamentale Annahme, dass Vertrauen auf Erfahrungen basiert. Die entscheidenden Unterschiede liegen im *Wann, Wie* und *Wie lange*. Der Kulturalismus legt seinen Fokus dabei auf vor- und außerpolitische Einflüsse. Während die Sozialisationstheorie frühe Lernerfahrungen betont, stellt der Sozialkapitalansatz Kooperationserfahrungen in sozialen Freizeitvereinigungen in den Mittelpunkt. Performanztheorien sehen den Ursprung institutionellen Vertrauens vor allem in jüngeren Erlebnissen im Zusammenhang mit den politischen Institutionen selbst (vgl. Mishler/Rose 1997:434; 2001:37; 2002:8).

Frühe Lebenserfahrungen sind für den Menschen unbestreitbar von großer Bedeutung. Es wäre jedoch falsch davon auszugehen, dass Kindheits- oder Jugenderfahrungen zu Einstellungen führen, die ein Leben lang stabil bleiben, unabhängig davon, was das Individuum später erlebt. Wie man die klassischen Sozialisationsagenten nicht getrennt voneinander betrachten darf, so müssen auch hier verschiedene Einflüsse in Rechung gestellt werden. Das Vertrauen in politische Institutionen hängt von zwei Quellen ab: durch Sozialisation erworbene Werte einerseits sowie Erfolg und Qualität der Institutionen andererseits. Zwar schaffen frühe familiäre Einflüsse Dispositionen und Vorlieben, doch können weitere Erfahrungen Einstellungen verändern. Dies bezieht sich nicht nur auf extreme Erlebnisse wie Kriege oder wirtschaftliche Depressionen. Auch weniger einschneidende, dafür aber anhaltende Erfahrungen können dazu führen, dass das Vertrauen in politische Institutionen zerstört wird. Vertrauen ist zwar eine generalisierte Einstellung, die dem Einzelnen teure Informations- und Kontrollkosten weitgehend erspart; Anzeichen für fehlende Vertrauenswürdigkeit lassen dieses Urteil jedoch schnell schmelzen. So dürfte es im Staatssozialismus einige Menschen gegeben haben, die – kommunistisch erzogen – an den Sozialismus glaubten, im Laufe der Zeit jedoch diesen Glauben wieder verloren, nachdem sie erleben mussten, dass gegebene Versprechen nicht eingehalten wurden. Beispielsweise nahm der Sozialismus für sich in Anspruch besonders menschlich zu sein und betonte immer wieder, er repräsentiere unterprivilegierte Minderheiten. Untersuchungen ergaben jedoch, dass „die Mobilitätschancen genauso ungleich verteilt waren wie in kapitalistischen Gesellschaften [und...] im Verhältnis gesehen mehr Kinder von Akademikern an den Universitäten studierten als in der Bundesrepublik" (Rohrschneider 1999:78).

Auch William Mishler und Richard Rose (1997; 2001; 2002) betonen in dem von ihnen aufgestellten „Modell lebenslangen Lernens", dass Meinungen und Einstellungen kontinuierlich aktualisiert und, wenn nötig, angepasst werden[65] (vgl. Mishler/Rose 1997:434; 2002:8).

---

[65] „Lifetime learning model" (Mishler/Rose 1997; 2001; 2002).

3.3 Gegenseitige Beeinflussung von Kultur und Performanz

Institutionalisten zufolge werden Wertorientierungen relativ schnell verändert und vorhandenen Situationen angepasst. Das Individuum nimmt dabei diejenigen Wertvorstellungen an, die seinen Interessen entgegenkommen (individuelle Konversion). Die politische Kulturforschung dagegen unterstellt, dass die jungen Demokratien Mittelosteuropas erst dann Stabilität erreichen können, wenn sich eine entsprechende Staatsbürgerkultur herausgebildet hat und die demokratischen Strukturen in dieser ihnen adäquaten Kultur „eingebettet" sind. Von einer allgemeinen Verbreitung demokratischer Prinzipien und Wertvorstellungen, so der Kulturalismus, kann allerdings erst dann ausgegangen werden, wenn die erste Generation nach der strukturellen Transformation demokratisch sozialisiert wurde.

An dieser Stelle stellt sich die Frage, ob diese Annahmen in Bezug auf Mittelosteuropa plausibel sind. Woher sollen die entsprechenden demokratischen Wertvorstellungen kommen? Welchen Quellen sollen die Bürger ihre Anforderungen an die ihnen kaum bekannten demokratischen Institutionen entnehmen? Die hier vertretene These lautet, dass Wertvorstellungen und Performanzeinschätzungen sich gegenseitig beeinflussen. Die Kultur- und Performanzebene sind sich damit gegenseitig Ursprung und Folge.

3.3.1 Woher kommen die Performanzkriterien?

Oben wurde argumentiert, dass Anforderungen an politische Institutionen menschlichen Bedürfnissen entspringen. Aus dem Bedürfnis nach materieller Absicherung und Schutz vor gewalttätigen Angriffen beispielsweise resultierten Forderungen nach Wohlfahrt und Rechtsstaatlichkeit. Eine politische Gemeinschaft braucht jedoch auch Vorstellungen darüber, wie sie sich zu organisieren hat und welche gesellschaftlichen Zustände wünschenswert erscheinen. Es ist daher plausibel, dass Performanzanforderungen an Regierung und Parlament sich auf kulturelle Wertmaßstäbe stützen. Die Kultur dient dabei als Filter, sie steuert nicht nur die Ziele selbst, sondern auch die erwartete Qualität der Zielerreichung. Wertvorstellungen haben jedoch nicht nur Einfluss auf die Forderungen an das politische System, sie bestimmen auch die Wahrnehmung und Beurteilung der Ergebnisse politischen Handelns. Die Art und Weise, wie ein Individuum Informationen selektiert, wahrnimmt und beurteilt hängt von seiner Perspektive ab. Diese wird wiederum von seinen Wertvorstellungen mitdeterminiert.

Werte dienen also der Orientierung und Selektion (vgl. Maag 1991:22 f.). Auch nach Mishler und Rose (2002) werden die im Kindheits- und Jugendalter erworbenen Wertvorstellungen später auf politische Institutionen projiziert und beeinflussen so die Wahrnehmung und Beurteilung von Regierung und Parlament einerseits sowie deren Performanz andererseits. Spätere Ereignisse werden im Lichte der erworbenen Perspektive wahrgenommen und verarbeitet. Robert Rohrschneider nennt diesen Mechanismus die „Logik der ideologischen Performanz" (Rohrschneider 1999:230).

3.3.2 Woher kommen die Wertvorstellungen?

Manche Autoren vertreten die Meinung, dass demokratische Wertvorstellungen als Erinnerungen im Kreis der Familie weitergegeben wurden und jetzt zur Demokratisierung des Einzelnen beitragen (vgl. Leonard 2006). In einer qualitativen Analyse haben Anna Sianko und Jean-Charles Szurek die intergenerationelle Vermittlung von Wertvorstellungen in Polen untersucht. Mittels offener Interviews mit drei Generationen wollten sie herausfinden, welchen Einfluss familiäre Erinnerungen auf die demokratische Identität haben. Die Forscher kamen zu dem Schluss, dass „keine Übertragung von politischen Einstellungen von der ersten bis zur dritten Generation statt[fand]" (Sianko/Szurek 2006:246). Das Ergebnis zeigte jedoch, dass die älteste Generation dem Wandel am wenigsten positiv gegenübersteht, während die zweite Generation die Kosten der Demokratisierung am deutlichsten wahrnimmt. Für die dritte Generation ist die Demokratie eine Selbstverständlichkeit (vgl. ebd. 242). Die Sozialisationsthese konnte also prinzipiell bestätigt werden.

Eine andere Möglichkeit der Demokratisierung findet sich in Form öffentlicher Einrichtungen, die diese Funktion offiziell inne haben. Da sich der familiäre Einfluss mit dem Schuleintritt abschwächt, ist bis zu einem gewissen Grad auch davon auszugehen, dass Schulen den Kindern demokratische Wertmaßstäbe lehren. Doch ist hier ebenfalls Vorsicht geboten: Allein aus Mangel an Personalalternativen dürften die Lehrkörper vornehmlich aus ehemals staatssozialistisch unterstelltem Personal stammen. Diese wurden damals jedoch auf ihre Linientreue hin überprüft, bevor sie auf eine berufliche Karriere hoffen durften. Da Wertvorstellungen relativ stabil und träge sind, können hier also berechtigte Zweifel angebracht werden, ob die Schüler tatsächlich im erwünschten Umfang demokratisch geschult werden.

Ein paar Autoren vertreten auch die These vom „systemexternen Lernen". Danach erfolgt die Aneignung politischer Wertorientierungen und Einstellungen durch Beobachtung externer Regime. In der Tat weisen gerade die Visegrád-Staaten einige strukturelle Merkmale auf, die es ihnen während des Kalten Krieges ermöglichten, deutschsprachiges Westfernsehen oder Hörfunk zu verfolgen und dieses als eigene System mit den westlichen Demokratien zu vergleichen: Ein für Mittelosteuropa vergleichsweise hohes Bildungsniveau, massenmediale Kommunikationsmöglichkeiten, territoriale Nähe und nicht zuletzt die traditionelle Stellung der deutschen Sprache[66]. Mit den rosigen Darstellungen des demokratischen Westens lernten die Menschen ein normatives, idealisiertes Bild der Demokratie kennen (vgl. Fuchs 1997:94; Mishler/Rose 1996). Relative Deprivation führte dazu, so die These, dass die Demokratie und ihre Wertvorstellungen positiv wahrgenommen und ihre Prinzipien erlernt wurden (vgl. Fuchs 1997; Roller 1994).

Aber reichen Bilder und Erzählungen aus zweiter Hand aus, um eine Diffusion von Wertvorstellungen in Gang zu setzen? In Anlehnung an Rohrschneider kann zwischen zwei Arten von Werten unterschieden werden: Solche, die sich mit sozialistischen Idealen leicht in Einklang bringen lassen und solche, die eine fundamentale Revision der vorhandenen Vorstellungen notwendig machen. Erstere könnten über solche Prozesse diffundiert sein. Denkbar wäre die Unterstützung abstrakter ziviler Freiheiten, wie Redefreiheit oder Versammlungsfreiheit, die einem Sozialismus, der für sich in Anspruch nimmt, egalitäre und plebiszitäre Ideale zu vertreten, nicht widersprechen (vgl. Rohrschneider 1999:103). Andere Wertvorstellungen dagegen sind weniger leicht mit den sozialistischen Idealen vereinbar. So hat Rohrschneider drei Eigenschaften (*citizenship qualities*) identifiziert, die zu einer demokratischen Kultur

---

[66] Die deutsche Sprache war bis vor wenigen Jahren die meistgesprochene Fremdsprache in Osteuropa. Inzwischen hat sie diese Position im Rahmen der EU-Politik an die englische Sprache verloren.

auf der Mikroebene[67] gehören: Demokratische Selbstbeschränkung (*restraint*), Selbstvertrauen (*self-reliance*) und entsprechende gesellschaftliche Ideale (*societal ideals*). Die demokratische Selbstbeschränkung bezieht sich darauf, dass die Individuen im politischen Wettbewerb lernen, eine Niederlage zu akzeptieren beziehungsweise im Falle eines Sieges ihre Position nicht zu missbrauchen (vgl. Rohrschneider 2000:49). Demokratisch denken heißt, Konflikte als normal zu akzeptieren und friedlich zu lösen. Demokratisch denken heißt auch, zu lernen, dass die eigenen Präferenzen herausgefordert werden und sich im politischen Prozess nicht unbedingt durchsetzen (vgl. Rohrschneider 1999:17). Die Bürger müssen die Vielfalt politischer Sichtweisen akzeptieren und bei der Verfolgung von Eigeninteressen ausschließlich zulässige und faire Mittel einsetzen (vgl. Gabriel et al. 2002:55). Selbstvertrauen bezieht sich auf die Möglichkeiten, die demokratischen Spielregeln zur Durchsetzung eigener Präferenzen und legitimer Ziele zu nutzen (vgl. Rohrschneider 1999:18). Dazu müssen Individuen eigene Meinungen sowie Strategien der Zielerreichung entwickeln (ebd. 19).

Eng verbunden mit den politischen Institutionen beziehungsweise dem politischen Prozess sind gesellschaftliche Ideale (ebd. 20). Soziale Ideale liefern „eine Rechtfertigung dafür, warum ein bestimmtes Set an politischen und ökonomischen Verfahrensregeln gegenüber denkbaren Alternativen bevorzugt wird" (Rohrschneider 2000:49) und damit Legitimation für die existierende Ordnung. Während der Sozialismus beispielsweise die soziale Gleichheit als gesellschaftliches Ideal betrachtet, basiert das liberal-repräsentative System auf dem Grundsatz, die politischen Freiheiten des Einzelnen zu maximieren, auch wenn das soziale Ungleichheit zur Folge hat (vgl. Held 1987, zitiert nach Rohrschneider 2000:49).

Rohrschneider vertritt nun die These des institutionellen Lernens. Die Kernannahme dieses Konzepts ist, dass die oben genannten demokratischen Wertvorstellungen durch praktische Erfahrungen erlernt werden müssen, bevor sie verinnerlicht werden können. Nur, wenn der entsprechende institutionelle Rahmen einer demokratischen Ordnung bereits vorhanden ist, lernen die Bürger die Prinzipien kennen, die einer nationalen Institutionenkonfiguration zugrunde liegen (vgl. Rohrschneider 1999:16). Die paternalistische Natur des Staatssozialismus unterdrückte die Entwicklung von Selbstvertrauen und Selbsteinschränkung im politischen wie im wirtschaftlichen Raum[68]. In praktischer Auseinandersetzung mit den demokratischen Strukturen werden jedoch die für eine funktionierende Demokratie notwendigen Werte und Normen angeeignet. Über öffentliche Debatten, Kampagnen sowie politischen Wettbewerb wird ihnen die Botschaft vermittelt, dass „the existence of diversity is good and the suppression of opponents is bad" (Rohrschneider 1999:19).

---

[67] Wie bereits oben erwähnt, wird der Begriff Kultur für Aggregate verwendet. Deshalb wird hier im Folgenden von demokratischen Einstellungen gesprochen.

[68] „Die Einrichtung von Großorganisationsstrukturen im staatlichen Verwaltungsbereich, aber auch in der Wirtschaft diente nicht einem Mehr an Rationalität, sondern stand im Dienste der Durchsetzung einer paternalistischen, polizeistaatlich geschützten Herrschaftsweise. An die Stelle effizienter Zielverfolgung trat bürokratische Kontrolle, statt eigenverantwortlicher Gestaltung von sozialen Rollen und Beziehungen herrschten Vollzugsnormen. Nicht Leistung und Können bestimmten das Fortkommen, sondern Partei und Protektion" (Reinprecht 1996:88).

Werte sind also nicht fix. Politische Grundorientierungen können sich aufgrund persönlicher politischer Erfahrungen vorübergehend oder auch dauerhaft verändern (vgl. Gabriel 2005:514). Dies gilt jedoch nicht nur in Bezug auf extreme Erfahrungen, wie Kriege oder Systemtransformationen, sondern ebenso für das kontinuierliche Ausgesetztsein der Differenz ideologischer Ansprüche einerseits und erlebter Realität andererseits, wie es die Bürger im Staatssozialismus erlebten. Dauerhaft im Alltag erlebte Diskrepanzen können die zuvor verinnerlichten Wertvorstellungen ins Wanken bringen und eine „politische Resozialisierung" (Almond/Powell/Mundt 1996:51) bewirken.

Die von eindimensionalen Kognitionsmodellen unterstellte hierarchische Anordnung politischer Wertvorstellungen kann also angezweifelt werden. Auch ist fraglich, ob die Wichtigkeit eines Wertes tatsächlich in Abhängigkeit von seinem Realisierungsgrad bestimmt wird und ob Werte voneinander völlig unabhängig sind. Wenn dem so ist, warum gehen Menschen dann große Risiken für Leib und Leben ein, um politische Ziele zu erreichen? Gisela Maag bezweifelt eine solche Hierarchie. Ihrer Ansicht nach scheint es eher plausibel, dass gleichen Werten in verschiedenen Lebensbereichen unterschiedliche Bedeutung beigemessen wird, während unterschiedliche Werte für manche Lebensbereiche gleich wichtig sein können (vgl. Maag 1991:18). Wenn jedoch unterschiedliche Wertorientierungen in verschiedenen Kontexten unterschiedlich bedeutsam sind, dann ist auch plausibel, dass der Einfluss von Wertvorstellungen auf Einstellungen kontextabhängig ist. So waren 2001 nach einer von Michael Vester durchgeführten Umfrage 59% der Deutschen bereit, an Politiker einen höheren moralischen Maßstab zu legen als an andere Menschen (vgl. Hartmann 2002:381). Geht man davon aus, dass Werte die Performanzwahrnehmung steuern, dürfte manche Normverletzung kaum einen Effekt auf die Bewertung der Regierung haben, während andere Verhaltensweisen kaum zu entschuldigen sind. Welche Normen jeweils gelten, hängt aber von der politischen Kultur ab und kann theoretisch nur unzureichend geklärt werden. Dass Werte Einstellungen unterschiedlich stark beeinflussen, hat auch Peter Mohler (1985;1987;1989) nachgewiesen. Mohler untersuchte anhand von Leitartikeln der Frankfurter Allgemeinen Zeitung den Wandel von Werten der bundesdeutschen politischen Eliten zwischen 1949 und 1984. Er fand heraus, dass vorhandene Werte der herrschenden Elite sich nach und nach in der Bevölkerung verbreiteten. In Gegenüberstellung seiner inhaltsanalytischen Befunde mit Umfrageresultaten kam Mohler zu dem Schluss, dass die Wertveränderungen sich tatsächlich in dem von ihm vermuteten Sinn als Diffusionsprozesse vollzogen. Danach ging der individuelle Wertewandel in der Bevölkerung seit Mitte der sechziger Jahre mit den Veränderungen des Wertekontextes bei den Eliten einher (vgl. Maag 1991:39).

Wichtig erscheint mir in diesem Zusammenhang der nochmalige Hinweis darauf, dass eine Wertkonversion sich keineswegs beliebig vollzieht. Zwar sind Werte vermutlich nicht so stabil, wie von klassischen Kulturalisten unterstellt. Um jedoch ihre Orientierungs- und Integrationsfunktion einerseits sowie ihre Rechtfertigungsfunktion für Verhalten andererseits erfüllen zu können, müssen sie überindividuelle Geltung besitzen. Dazu ist es notwendig, dass der Mensch seine Weltanschauung so lange als möglich aufrecht erhält. Nur so kann er Komplexität reduzieren, Prognosen aufstellen und sein eigenes Handeln daran ausrichten. Wenn die eigene Sichtweise jedoch mit der äußeren, erlebten Realität nicht mehr vereinbar ist, kann sie diese Funktionen nicht mehr erfüllen. Das Individuum gerät dann in einen Konflikt und ist gezwungen, seine Sichtweise anzupassen, um die Spannungslage zu lösen[69]. Aus handlungstheoretischer Sicht haben Wertvorstellungen also nicht nur die Funktion der Steuerung[70]; sie dienen ebenso der Anpassung bei der Bewältigung von Konflikten. Dies hat durchaus seinen Sinn. Aus systemtheoretischer Sicht dient diese Anpassung zum einen der Integration sozialer Systeme, zum anderen werden Handlungen koordiniert und dadurch das Gesamtsystem stabilisiert (vgl. Maag 1991:23).

Bezogen auf die Situation Mittelosteuropas implizieren diese Erkenntnisse folgende Annahmen: Die politischen Kulturen der jungen Demokratien sind zweifellos von dem Erbe der staatssozialistischen Herrschaftsstrukturen beeinflusst. Möchte man das politische Vertrauen der Bürger in parteistaatliche Institutionen erklären, so muss die Hinterlassenschaft kommunistischer Herrschaft mitbedacht werden. Wie bereits erwähnt, soll dabei nicht unterstellt werden, die Bürger der ehemals sozialistisch regierten Länder seien allesamt Kommunisten. Es geht nur darum den Einfluss der alten Strukturen mit einzubeziehen. Denn dieser war intensiv und umfasste nicht nur politische, sondern eben auch „zivilgesellschaftliche" Assoziationen. Auf welche Weise hängt jedoch vom jeweiligen Fall ab und kann nicht ohne Weiteres entschieden werden.

Der nächste Block dient der empirischen Überprüfung der dargestellten theoretischen Annahmen.

---

[69] Auch makrotheoretisch werden allgemein gesellschaftliche Konflikt- oder Spannungslagen für Wertveränderungen vorausgesetzt (vgl. Maag 1991:31).
[70] Der 1.) Begründung von erfolgtem Verhalten und die 2.) Orientierung und Selektion bei der Einstellungsbildung (vgl. Maag 1991:22 f.).

4 Empirische Analysen

Der empirische Vergleich zweier Theorieansätze ist nicht unproblematisch. Zum einen ist es sehr schwierig, wenn nicht unmöglich, die einzelnen Einflüsse auf das Institutionenvertrauen zu isolieren, um so ihre Erklärungskraft einzuschätzen (vgl. Rohrschneider 1999:13). Zum anderen hängt die Güte eines Modells mit der Anzahl der verwendeten Items zusammen, so dass versucht werden muss, hier ein Gleichgewicht zu schaffen. Doch ein Gleichgewicht inwiefern? Verwendet man gleich viele Determinanten mit ähnlicher Erklärungskraft, führt man das Vorhaben ad absurdum. Wie soll dann entschieden werden, welcher theoretische Ansatz mehr erklärt? Dieser methodische Umstand muss im Gedächtnis bleiben, wenn im Folgenden der Versuch unternommen wird, den Erklärungsbeitrag der empirischen Bestimmungsfaktoren des Kulturansatzes mit jenen des Performanzansatzes ins Verhältnis zu setzen, bevor beide Theorien als Bausteine in ein integriertes Modell eingehen.

Die Effekte von Performanz und Sozialisation sind in etablierten Demokratien nicht auseinander zu halten, da die Bürger demokratisch sozialisiert wurden und die politischen Institutionen über einen langen Zeitraum hinweg mehr oder weniger konsistent ihre Leistungen erfüllen konnten. Ein besseres Analysefeld stellen die jungen postsozialistischen Staaten dar, bei welchen sowohl demokratische Sozialisation, als auch Erfahrungen mit demokratischen Leistungen bisher vergleichsweise gering ausfallen. Hier soll daher im Folgenden versucht werden, die Einflüsse unterschiedlicher Systemebenen auf das politische Vertrauen zu bestimmen.

4.1 Die Daten

Als Grundlage der empirischen Analysen dieses Beitrages dienen die im Rahmen des Forschungsprojektes „Consolidation of Democracy in Central and Eastern Europe 1990 – 2001" erhobenen Daten. Die Erhebungsreihe mit dem Untertitel „Post-Communist Publics Study" - kurz PCP genannt - besteht aus bisher zwei Erhebungswellen. In den hier im Mittelpunkt stehenden Ländern Polen, Ungarn, der tschechischen Republik und der Slowakei wurden insgesamt 7691 Bürger mit einem Mindestalter von 18 Jahren befragt, davon 3199 während der ersten Bevölkerungsumfrage zwischen 1990 und 1992. Die zweite repräsentative Querschnittsbefragung von 4492 Personen fand zwischen 1997 und 2001 statt.

Im Rahmen dieser Arbeit werden die Visegrád-Staaten als vergleichsweise homogene Region behandelt. Wie bereits in Kapitel 1.1 ausgeführt, sprechen mehrere Gründe für eine Zusammenfassung dieser Ländergruppe. Polen, Ungarn, die tschechische Republik und die Slowakei sind als alte Industrieländer nicht nur wirtschaftlich relativ hoch entwickelte Länder und waren auch im Staatssozialismus für die Herstellung hochwertiger Industriegüter vorgesehen. Auch politisch ist ihr Konsolidierungsstand für Mitteleuropa als vergleichsweise hoch einzustufen: So gelten sie nach dem Freedom House Index als ebenso frei, wie Deutschland oder Frankreich. Auch beachten in diesen Ländern an der Regierung beteiligte Ex-Kommunisten weitgehend die demokratischen Spielregeln. Schließlich halten alle vier Staaten trotz wirtschaftlicher und politischer Probleme an der Westintegration fest. Aus diesen Gründen ist es gerechtfertigt, die Visegrád-Staaten als ein genanntes Area zu betrachten.

Doch es gibt auch methodische Gründe. Eine Einzelbetrachtung der vier Länder würde zum einen den Rahmen dieser Arbeit sprengen. Der zweite Grund ergibt sich aus einem Datensatzproblem, auf welches ich keinen Einfluss habe. Entgegen der mir vorliegenden Dokumentation dieser Studie wurden zur ersten Erhebungswelle in der tschechischen Republik nicht 1003, sondern lediglich 679 Personen befragt[71]. In der Slowakei waren es sogar nur 324 Befragte. Hierzu findet sich in der Dokumentation keine Angabe. Aus der rein rechnerischen Tatsache, dass Fallzahlen sehr unterschiedlich ausfallen, habe ich mich gegen getrennte Länderanalysen entschieden.

Um jedes dieser vier Länder als gleichberechtigtes Mitglied dieser Ländergruppe betrachten zu können, wurden die Fallzahlen der vier Länder für jede einzelne Rechnung so gewichtet, dass sie jeweils gleich stark in der Analyse vertreten sind. Dafür wurden die Analysen zunächst ohne Gewichtung durchgeführt, die jeweiligen Fallzahlen bestimmt und dann entsprechend gewichtet - wobei die jeweilige Gesamtfallzahl der gültigen Angaben beibehalten wurde - bevor die Berechungen noch einmal durchgeführt wurden. Dieses Vorgehen wurde gewählt, da eine Ersetzung der fehlenden Werte durch den Mittelwert die Varianz verzerrt hätte. Zur Berechnung der konfirmatorischen Faktorenanalysen wurde außerdem ein listenweiser Fallausschluss gewählt, da sie der Vorbereitung der darauffolgenden Regressionsanalysen dienen. Die Möglichkeit Referenzdaten aus Westeuropa heranzuziehen ist mit Hilfe des PCP begrenzt. Immerhin wurden zur zweiten Erhebung in Westdeutschland 1022 Personen persönlich interviewt[72]. Diese Daten dienen - wo möglich - als Vergleichsdaten.

Die repräsentativen Querschnittsstudien wurden von nationalen Forschungsteams der jeweils teilnehmenden Länder betreut. Aufbereitet und zur Verfügung gestellt wurden die Daten vom Zentralarchiv für Empirische Sozialforschung der Universität zu Köln.

4.2 Strukturelle Annahmen

Bevor die Hypothesen der beiden Theorietraditionen hergeleitet und geprüft werden, soll die Gültigkeit der in Kapiteln 2.4 und 2.5 aufgestellten strukturellen Grundannahmen über das Institutionenvertrauen allgemein getestet werden. Es wurden folgende Thesen aufgestellt:

> *Das Vertrauen in die Entscheidungsinstitutionen des demokratischen Systems bildet eine eigenständige Dimension. Es ist nicht mit der Wahrnehmung und Beurteilung von Personen identisch (Hypothese 1).*
> *Auf der vertikalen Abstraktionsdimension befindet sich die Einstellung zu den politischen Entscheidungsinstitutionen zwischen der Einstellung zum Regime und der zu den Entscheidungsträgern (Hypothese 2).*
> *Die Wahrnehmung und Beurteilung politischer Institutionen spiegelt deren funktionale Gliederung wieder (Hypothese 3).*

---

[71] Anzahl der Befragten im Datensatz: Tschechische Republik 679 (Welle 1) und 1004 (Welle 2), Ungarn 1277 (Welle 1) und 1086 (Welle2), Polen 919 (Welle 1) und 1369 (Welle 2) sowie Slowakei 324 (Welle1) und 1033 (Welle2).
[72] Insgesamt wurden für die Studie 28926 Menschen befragt. Zur ersten Welle waren dies 12365 Befragte mit fester Adresse in zwölf Ländern Mittelosteuropas. Für die zweite Welle wurden 16561 Befragte in 14 mittelosteuropäischen und einem westeuropäischen Land befragt.

4.3 Der kulturalistische Ansatz

4.3.1 Hypothesen des klassischen Kulturalismus

Gemäß der hierarchischen Ordnung von Meinungen, Einstellungen und Werthaltungen, gehen kulturalistische Ansätze davon aus, dass Wertorientierungen die Wahrnehmung der Umwelt filtern und so Einstellungen wie Meinungen beeinflussen. Einstellungen sind danach keine simple Reflexion objektiver Situationen, sie setzen eine kulturelle Sozialisation voraus. In Anlehnung an Ronald Inglehart (1977) wird dabei angenommen, dass Individuen vor allem während ihrer Adoleszenz eine formative Phase durchleben. Eine politische Kultur zeichnet sich daher durch Trägheit aus und kann sich nur allmählich verändern, da der Anteil demokratisch sozialisierter Individuen nur langsam ansteigt. Es können folgende Hypothesen formuliert werden:

Sozialisationsthese I: Der Erklärungsanteil der Werteebene steigt im Zeitverlauf im Hinblick auf das Institutionenvertrauen (Hypothese 4).

Sozialisationsthese II: Der größte relative Zuwachs an demokratischen Wertvorstellungen und Institutionenvertrauen findet in der Altersgruppe der Heranwachsenden statt (Hypothese 5).

Durch Sozialisationsprozesse, so eine weitere These, entwickeln Menschen außerdem eine grundsätzliche Disposition, ihrer Umwelt positiv und vertrauensvoll oder eher vorsichtig und skeptisch zu begegnen (vgl. Gabriel 1999a:208). Der politische Kulturansatz konstatiert, dass das interpersonale Vertrauen dabei die grundlegendere Vertrauensform ist und das politische Vertrauen daraus abgeleitet werden kann. Wenn sich das Institutionenvertrauen auf die Konsolidierung der jungen Demokratien positiv auswirkt, wird damit indirekt unterstellt, dass das Fehlen an sozialem Vertrauen diese behindert. Fuchs/Gabriel/Völkl (2002:445) konnten empirisch nachweisen, dass das interpersonale Vertrauen mit dem Institutionenvertrauen generell zusammenhängt. Wenn aber eine solche Neigung im Sinne einer generalisierten Haltung gegenüber allen potentiellen Vertrauensobjekten existiert, dann stehen das interpersonale und das politische Vertrauen in einem positiven Zusammenhang[73]. Der Schritt vom persönlichen Vertrauen in bekannte Personen zu einer verallgemeinerten Form des Vertrauens jenseits der eigenen Lebenswelt ist jedoch nicht leicht zu erklären, da hier die Vertrautheit, die nach Luhmann eine Voraussetzung für Vertrauen darstellt, entfällt (vgl. Luhmann 2000:23). In diesem Zusammenhang wurden unterschiedliche Vorschläge gemacht. Während manche Autoren in gemeinsam geteilten Wertvorstellungen einen identitätsstiftenden Faktor wahrnehmen (vgl. Offe), sehen andere die Ausdehnung des Vertrauens auf unbekannte Adressatenkreise in einer gemeinwohlorientierten Grundhaltung des Menschen, die handlungsanleitend wirkt und so eine „ontologische Sicherheit" (Freitag/Bühlmann 2004:5) allgemeiner Reziprozität bietet, hinter welcher die Vorstellung steht, dass einseitig erbrachte Leistungen langfristig belohnt werden, wenn auch Zeitpunkt, Personen und Ort unbestimmt bleiben. Folgende Hypothesen können daher formuliert werden:

---

[73] Natürlich nur, wenn sich die Logiken nicht widersprechen. Vermitteln zwei Quellen unterschiedliche „Realitäten", muss sich der Vertrauende entscheiden, welcher er sein Vertrauen schenkt.

Dispositionsthese I: *Manche Individuen neigen dazu, ihrer Umwelt eher zu vertrauen, während andere ihrer Umwelt eher nicht vertrauen (Hypothese 6).*
Dispositionsthese II: *Soziales Vertrauen hängt mit politischem Vertrauen positiv zusammen (Hypothese 7).*
Generalisierungsthese I: *Das interpersonale Vertrauen korreliert positiv mit einer abstrakten und unpersönlichen Form des Vertrauens (Hypothese 8).*
Generalisierungsthese II: *Der Zusammenhang zwischen dem abstrakten, unpersönlichen Vertrauen und dem Vertrauen in politische Entscheidungsinstitutionen ist größer als der Zusammenhang zwischen dem interpersonalen Vertrauen und dem Vertrauen in Decision-Making –Institutionen (Hypothese 9).*

Diese vier Thesen sowie die erste Sozialisationsthese werden auch von einem weiteren Konzept vertreten, das jedoch eine andere Erklärung anbietet. Statt auf die klassischen Sozialisationsagenten, die einen Heranwachsenden umgeben, konzentriert sich der Sozialkapitalansatz auf Möglichkeiten der Generierung von Orientierungen im Erwachsenenalter und bietet hier einen Anknüpfungspunkt an den Institutionalismus. Durch Interaktionen in Freiwilligenorganisationen erwerben Bürger in Form von sozialem Vertrauen, Normen und Werten Sozialkapital. Das Vorhandensein von Sozialkapital wirkt sich auf der Mikroebene auf politische Einstellungen, auf der Makroebene auf die Qualität und Stabilität politischer Institutionen sowie die Integration der ganzen Gesellschaft aus (Kapitel 2.6.1.3). Wenn diese Annahmen zutreffen, müssen die Komponenten des Sozialkapitals - auf der Individualebene Beziehungskapital genannt (Gabriel et al. 2002:26ff) - untereinander systematisch zusammenhängen. Dabei führen Interaktion und Kooperation als Folge der Mitgliedschaft in sozialen Freiwilligenvereinigungen zu zwischenmenschlichem Vertrauen sowie pro-sozialen Normen und alle drei Komponenten leisten jeweils einen eigenen Beitrag zur Erklärung politischen Vertrauens:

Sozialkapitalthese I: *Die Stärke der Mitgliedschaft in sozialen Freiwilligenorganisationen hängt positiv mit dem sozialen Vertrauen zusammen (Hypothese 10).*
Sozialkapitalthese II: *Die Stärke der Mitgliedschaft in sozialen Freiwilligenorganisationen, das soziale Vertrauen und die Unterstützung pro-sozialer Werte und Normen stehen mit dem Institutionenvertrauen in einem positiven Zusammenhang und leisten jeweils einen eigenen Beitrag zu dessen Erklärung (Hypothese 11).*

Die wichtigste These der politischen Kulturforschung, welche beiden Sozialisationsansätzen gemein ist, haben seine Begründer formuliert:

> „The relationship between political culture and political structure becomes one of the most significant researchable aspects of the problem of political stability and change. Rather than assuming congruence, we must ascertain the extent and character of the congruence or incongruence, and the trends in political cultural and structural development that may affect the 'fit' between culture and structure" (Almond/Verba 1972:33).

Die Frage, welche grundlegenden, zu einer demokratischen Struktur passenden Einstellungen die Bürger einer modernen Demokratie vertreten müssen, wurde bisher allerdings weniger befriedigend beantwortet (vgl. Gabriel 2005:463; Rohrschneider 1999:16). In *The Civic Culture* wird der Zusammenhang von ideologischen Werten und institutioneller Unterstützung lediglich auf der Makroebene untersucht und selbst für das Aggregat geben Almond und Verba keine genaue Beschreibung darüber ab, was eine Staatsbürgerkultur ausmacht. Der normativen Demokratietheorie können jedoch plausible Orientierungen entnommen werden. So leitet sich aus der Bedeutung der Wörter „Demos" und „kratein" das Prinzip der Volkssouveränität ab. Die Herrschaft des Volkes im Sinne einer größtmöglichen Identität von Regierenden und Regierten wie in der Antike, lässt sich in modernen ausdifferenzierten Flächenstaaten allerdings nicht realisieren. Das funktionale Äquivalent dazu bildet daher das Ideal der größtmöglichen Steuerung der Regierenden durch die Regierten (vgl. Fuchs 1997:6). Die Bürger können die von ihnen erwünschten Repräsentanten in regelmäßigen allgemeinen, gleichen, freien und kompetitiven Wahlen bestimmen. Da auch die öffentliche Willensbildung nicht mehr in der Ekklesia stattfinden kann, wird die Repräsentation unterschiedlicher Interessen dadurch gewährleistet, dass intermediäre Strukturen wie Parteien diese Interessen identifizieren, bündeln und vertreten. Voraussetzung dafür sind jedoch grundlegende und für alle gleichermaßen geltende politische Rechte und Freiheiten, wie Meinungs-, Rede- und Versammlungsfreiheit sowie Gleichheit vor dem Gesetz. Politische Freiheit und politische Gleichheit setzen dabei unveräußerliche Menschenrechte, wie persönliche Freiheiten voraus. Die Bejahung dieser ordnungspolitischen Grundprinzipien kann also mit einer grundsätzlichen Bejahung der Demokratie als Regime interpretiert werden. Wenn die Bürger diese Prinzipien als gewährleistet betrachten, gelten die Strukturen als legitim und dies fördert die Unterstützung und damit - als Teildimension politischer Unterstützung - auch das Vertrauen in die politischen Entscheidungsinstitutionen. Diese Einschätzung bildet damit die Grundlage für den Glauben daran, dass die Institutionen überhaupt dazu geeignet sind, die Interessen der Bürger zu repräsentieren.

Diese grundlegenden Demokratieprinzipien finden, je nach Demokratievorstellung, unterschiedliche Gewichtungen (vgl. Gabriel 2000:103). Die Culture matters - Grundthese des kulturalistischen Ansatzes besagt, dass Entwicklung und Persistenz demokratischer Systeme vom Charakter der politischen Kultur geprägt werden. Implizit wird damit unterstellt, dass kulturelle Varianz in der Entwicklung und Existenz politischer Systeme zum Tragen kommt. Um Legitimität zu erlangen, müssen politische Institution also auch diejenige Ausprägung demokratischer Wertvorstellungen nach außen transportieren, die die Bürger selbst vertreten, um als rechtmäßig beurteilt zu werden und auf Loyalität hoffen zu können. Nur so kann sich der Bürger mit den Institutionen identifizieren und sie unterstützen (vgl. Rohrschneider 1999:26). Die Kongruenzhypothese muss also dahingehend konkretisiert werden, dass Vertrauen in Institutionen von der Kongruenz der Akzentuierung von Wertmaßstäben einerseits und der institutionellen Ausformung andererseits abhängt. So weicht die sozialistische Demokratievorstellung von dem Modell der liberalen Demokratie in einigen Punkten ab. Wie nehmen sozialistisch orientierte Individuen liberal-demokratische Institutionen wahr? In Bezug auf Deutschland hat Fuchs (1997a) festgestellt, dass in Ostdeutschland zwischen der institutionellen Struktur, die mit der der ehemaligen Bundesrepublik identisch ist, und der normativ gewünschten Demokratie Diskrepanzen existieren und die Unterstützung des politischen Systems daher geringer ausfällt, als im westlichen Teil Deutschlands. In Bezug auf Mitteleuropa kann jedoch keine so klare Linie gezogen werden, da die politischen Strukturen in diesen Ländern nicht von westlichen Systemen übernommen wurden, sondern selbst entwickelt und vielfach in Zusammenarbeit mit kommunistischen Kräften ausgehandelt wurden. So gehen manche Autoren davon aus, dass kulturelle Pfadabhängigkeit dazu geführt hätte, dass die postkommunistischen Institutionen stark vom Leninistischen Legat beeinflusst würden (Jowitt 1992; Kubicek 1994). Barbara Geddes hat versucht diese Elemente zu identifizieren und stellte fest, dass das Gerangel der vielen Parteien und Einzelakteure zu Institutionen geführt haben, die auf kleine Gruppierungen zu viel Rücksicht nehmen. Das Ergebnis seien Chaos und Unsicherheit, da einzelne Politiker versuchen, vormals ausgeschlossene Gruppen in den politischen Prozess einzubinden und für sich zu instrumentalisieren (vgl. Geddes 1995:269 ff). Frye (1997:528) wiederum findet für diese Annahmen in Bezug auf die Effektivität der Strukturen keine Anhaltspunkte. Es scheint also noch ungeklärt inwieweit die jungen Strukturen sozialistische Akzentuierungen widerspiegeln und Regierungen sich in der Praxis sozialistischen Idealen verpflichtet fühlen. Obwohl daher auf eindeutige Zusammenhänge nur gehofft werden kann, sollen dennoch entsprechende Zusammenhänge formuliert und geprüft werden. Rohrschneider (1999) hat die beiden Vorstellungen von Demokratie zusammengefasst. Liberale, repräsentative Demokratien gründen auf der Prämisse individueller Freiheit und Pluralismus. Existierende Politikpräferenzen sollen identifiziert und Interessenskonflikte friedlich ausgetragen werden. Dazu gehört, dass die Bürger sich in Selbstbeschränkung üben. Sie kann daran gemessen werden, inwieweit ein Individuum gegenüber anderen Toleranz zeigt, indem es bereit ist, Minderheiten und Andersdenkenden die gleichen Rechte und Freiheiten einzuräumen, die es für sich selbst in Anspruch nimmt. Nur wer den Pluralismus anerkennt, kann Konflikte auf friedliche Weise lösen. Dies gilt nach Rohrschneider nicht nur für den politischen, sondern ebenso für den wirtschaftlichen Bereich. Danach ist eine freie Marktwirtschaft untrennbar mit der liberalen Demokratie verbunden. Sie maximiert die individuellen politischen Freiheiten im dem Sinne, dass die Menschen ihre materiellen Interessen selbständig und möglichst ohne staatliche Restriktion verfolgen können. Durch Eigeninitiative und Findigkeit soll der Einzelne zu wirtschaftlichem Wohlstand kommen. Langfristig, so die an Smith (1861) anlehnende Vorstellung, steigert das Verfolgen eigener Interessen den Wohlstand der ganzen Gesellschaft. Die freie Marktwirtschaft sieht daher in Privateigentum und Einkommensunterschieden ein produktives Moment[74]. Die Anerkennung marktwirtschaftlicher Regeln bedarf eines hohen Maßes an Selbstbeherrschung, eine Diffusion dieser Werte ohne persönliche Erfahrung erscheint daher unwahrscheinlich.

Der Sozialismus vertritt die Ansicht, Privateigentum und Konflikte seien für die Gesellschaft destruktiv, soziale und wirtschaftliche Ungleichheit unmenschlich. Die sozialistische Wirtschaftsform verfolgt das Ziel der sozialen und wirtschaftlichen Gleichheit, denn nur dann kann es aus dieser Sicht auch politische Freiheit geben. Neben

---

[74] Neben dieser aus der angelsächsischen Literatur stammenden liberalen Perspektive, existieren noch andere Sichtweisen, die diese Perspektive abschwächen. So unterscheidet Gøsta Esping-Andersen (1998) drei unterschiedliche Typen des Wohlfahrtskapitalismus, die auf unterschiedlichen Leitbildern beruhen: Im oben beschriebenen liberalen Modell kommt dem Staat nur ein eng begrenzter Zuständigkeitsraum zu, der dem Markt den Vorrang einräumt. Dominantes sozialpolitisches Gestaltungsprinzip der konservativen Wohlfahrtswelt ist der Einzelbeitrag, umgesetzt über das Instrument der gesetzlichen Sozialversicherung. Das sozialdemokratische Wohlfahrtsregime beruht jedoch auf Gleichheit. Danach steht jedem Bürger, unabhängig vom Markteinkommen, ein bestimmte Grundsicherung zu. Sozialleistungen werden aus Steueraufkommen finanziert.

dem Politischen soll der Staat daher auch wirtschaftliche Angelegenheiten initiieren und durchführen (vgl. Rohrschneider 1999:141-167).

Zusammenfassend kann die **Kongruenzhypothese** also dahingehend präzisiert werden, dass Individuen, die liberaldemokratische Wertvorstellungen vertreten, den demokratischen Entscheidungsstrukturen eher Vertrauen schenken, als Individuen mit sozialistischen Wertvorstellungen (Hypothese 12).

Diese Hypothese kann im Hinblick auf die eben dargestellten Ausführungen folgendermaßen konkretisiert werden: Individuen bringen der Regierung und dem Parlament eher Vertrauen entgegen, wenn sie ...

- ... *demokratische Freiheiten, wie Meinungsfreiheit, Redefreiheit und Partizipationsmöglichkeiten eine positive Bedeutung beimessen (Hypothese 12a)*
- ... *das Repräsentationsprinzip und seine Umsetzung in Form von Wahlen, Parlamentarismus und Parteiensystem unterstützen (Hypothese 12b)*
- ... *gegenüber Frauen und Minderheiten Toleranz zeigen (Hypothese 12c)*
- ... *gegen den Einsatz politischer Repressalien, wie Gewalt gegen Demonstranten, sind (Hypothese 12d)*
- ... *an den Kapitalismus als Wirtschaftssystem glauben und gegen Einkommensgrenzen oder Beschränkung von Einkommensunterschieden sind (Hypothese 12e)*
- ... *nicht die Meinung vertreten, der Staat sei für die Versorgung des Bürgers verantwortlich und müsse ihm daher eine Arbeitsstelle besorgen und seine medizinische Versorgung sichern (Hypothese 12f).*

Fuchs/ Gabriel/ Völkl drücken dies folgendermaßen aus:

„Ein Regime wird von einem Bürger bzw. einer Bürgerin in dem Maße unterstützt, in dem er/sie meint, dass es den von ihm/ihr akzeptierten Werten entspringt. Die Voraussetzung dieser Unterstützung ist also eine *Bindung* an bestimmte demokratische Werte (valuecommitment) und eine *Kognition*, dass diese Werte in dem Regime auch institutionalisiert sind" (Fuchs/Gabriel/Völkl 2002:431).

Zusätzlich soll analysiert werden, inwiefern das Konzept der Links-Rechts-Selbsteinstufung als „Ausdruck von zentralen Einstellungen" (Jacobs 1999:23) die Einstellungen zur herrschenden politischen Ordnung mitbestimmt. Untersuchungen zeigen, dass sie einen signifikanten Einfluss auf die Wahrnehmung und Organisation politischer Informationen ausübt (vgl. Jacobs 1999:23; Klingemann 1979; Jennings 1992). Obwohl dieses Konzept jedoch in der empirischen Transformationsforschung inzwischen breite Anwendung findet, ist bisher recht unklar, was genau sie misst. Denn während „die Links-Rechts-Dimension in all ihren Facetten in Westeuropa vergleichsweise gut untersucht ist, trifft dies nur bedingt auf die Links-Rechts-Dimension in Mittel- und Osteuropa zu" (Rudi 2007:2). Die Frage, in „welchem Maße sich nun unter demokratischen Verhältnissen die politischen Einstellungen der Bevölkerung in Mittel- und Osteuropa entlang der Links-Rechts-Dimension differenzieren" (Jacobs 1999:23) ist also bisher weitgehend ungeklärt.

„Allen Transformationsländern ist gemeinsam, dass es "linke" Nachfolgeparteien der ehemaligen kommunistischen Staatspartei gibt. Wenn andererseits Vaclav Klaus behaupten konnte, er stehe der einzig "rechten" Regierung in den mittel- und osteuropäischen

Ländern vor, muss sich mit dem Konzept von "links" und "rechts" eine politisch, praktische Bedeutung verbinden" (Jacobs 1999:23).

Transformationskonflikte, politische Ordnungsfragen und unterschiedliche Ideologien sind vielfältig und überschneiden sich[75]. Tatjana Rudi (2007) geht der Frage nach der Bedeutung der Links-Rechts-Dimension in Mittel- und Osteuropa nach. Nachdem sie mit Hilfe des PCP-Datensatzes gezeigt hat, dass die Bürger Mitteleuropas[76] die Links-Rechts-Dimension verwenden, sich selbst auf dieser einordnen und die Termini „links" und „rechts" weitgehend einheitlich gebrauchen, versucht sie mit Hilfe von Korrelationen herauszufinden, welche Policies mit diesem Konzept wie im Zusammenhang stehen. Ihr Ergebnis ist, dass die wirtschaftspolitische Dimension die „klassische" westliche Links-Rechts-Skala widerspiegelt. So stufen sich die Bürger umso rechter ein, je weniger Verantwortung sie dem Staat in den einzelnen Bereichen zuweisen. Personen, die die Bekämpfung der Arbeitslosigkeit wichtiger als die der Inflation einstufen, sehen sich eher links (vgl. Rudi 2007:9). „Eine positivere Haltung zur Marktwirtschaft, eine positivere Bewertung der ökonomischen Situation des Landes im Vergleich zum alten staatssozialistischen Regime, eine höhere Unzufriedenheit mit dem alten staatssozialistischen Regime sowie eine stärkere Ablehnung des Kommunismus als Idee, gehen mit einer rechten Selbsteinstufung einher" (Rudi 2007:9). Auch die basisdemokratischen Einstellungsdimensionen zeigen den bekannten Zusammenhang: „Je besser die Demokratie beurteilt wird, je mehr die Notwendigkeit eines Parlaments und eines Mehrparteiensystems zugestimmt wird, desto rechter stuft sich eine Person ein" (ebd. 2007:10). Und: „je klarer eine Person den Kommunismus ablehnt, desto weiter rechts stuft sie sich ein" (ebd. 2007:11). Damit spiegeln die Selbsteinstufungen der mitteleuropäischen Befragten den westlichen Gebrauch der hier verwendeten Dimensionen in Bezug auf die Links-Rechts-Dimension weitgehend wider (vgl. ebd.).

4.3.2 Empirische Ergebnisse im Hinblick auf den Kulturansatz

4.3.2.1 Die Struktur des Institutionenvertrauens in Mitteleuropa

Das Vertrauen in die parteipolitischen Institutionen wurde im PCP mittels fünf Variablen erhoben. Vier davon eignen sich inhaltlich zur Bildung eines additiven Indexes. Das fünfte Item fragt nach Vertrauen zu politischen Parteien allgemein. In etablierten Demokratien nehmen die politischen Parteien bei der Legitimierung des politischen Systems eine Schlüsselfunktion ein. Sie kontrollieren den Zugang zur Regierung und zum Parlament und beeinflussen so entscheidend deren Arbeit (vgl. Gabriel

---

[75] Konflikte über sozioökonomische Transformationsstrategien: schnelle, radikale versus langsame, sozial abgefederte Wirtschaftsreform, Herrschaft des Marktes versus Staatsinterventionismus, Verlierer versus Gewinner der Transformation, Kapital versus Arbeit. Konflikte über politische Ordnungsfragen: nationale versus internationale Orientierung (Westintegration), Nationalismus versus Interessen nationaler Minderheiten, autoritärer versus liberaler Politikstil, Zentralismus versus Dezentralismus, unabhängige versus regierungskonforme Medien, radikale versus gemäßigte „Entkommunisierung", die Einschätzung der „Reformkommunisten" in politischen Ämtern, christliche Werte versus Säkularismus (vgl. Wehling 1997).
[76] Die Ergebnisse im Hinblick auf Osteuropa interessieren in diesem Zusammenhang nicht. Hierzu siehe Rudi 2007.

1999a:210). In Mitteleuropa besteht allerdings das Problem, dass für weit nicht alle Parteien ein klares Profil auszumachen ist. In Polen und der ČSFR kam es während der ersten Legislaturperiode zu Parteizersplitterungen und damit zu einer beträchtlichen Fragmentierung (vgl. Gehler 2004:43, 185). So zogen allein in Polen nach der ersten demokratischen Wahl 29 Parteien und Gruppierungen in den Sejm ein (vgl. ebd. 37). Vielfach werden nicht Parteien, sondern Schlüsselpersönlichkeiten und moralisch anerkannte Autoritäten gewählt (vgl. Fehr 1994:341). Feste Parteipräferenzen haben sich noch nicht entwickelt, die Parteien selbst sind mitgliederarm und noch nicht richtig in der Sozialstruktur verankert (vgl. Meyer 1997:150; van Biezen 2003; Mansfeldová 1998:19; Wehling 1997:153). Die Frage nach Vertrauen in politische Parteien allgemein erscheint daher inhaltlich als zu diffus. Zwar soll geprüft werden, ob diese Einstellung mit dem Vertrauen in die anderen parteienstaatlichen Institutionen korreliert, doch aus den eben genannten Gründen fließt in die abhängige Variable nur die Frage nach dem Vertrauen in die führende Regierungspartei mit ein.

Zur empirischen Überprüfung der Annahmen wurde zunächst eine Faktorenanalyse durchgeführt, deren Struktur auch nach der Gewichtung stabil bleibt[77] (Tabelle 1). Wie erwartet, bildet das Vertrauen zu den parteipolitischen Entscheidungsstrukturen eine eigenständige Dimension (Hypothese 1). Damit bestätigt sich die Annahme, dass das Institutionenvertrauen sich nicht auf die Handlungslogik einzelner Personen, sondern auf die Eigenlogik der Strukturen bezieht. Während das Vertrauen in Regierung, Parlament und die führende Regierungspartei einen Faktor bilden, laden die Einstellungen gegenüber den politischen Autoritäten auf einem zweiten und die Unterstützung des Repräsentationsprinzips beziehungsweise die Befürwortung politischer Freiheiten auf jeweils eigenen Faktoren. Zwar ist damit nicht nachgewiesen, dass das Institutionenvertrauen im Unterstützungskonzept *zwischen* den anderen Ebenen liegt, die Unterstützung der Prinzipien im Vergleich zu den Institutionen also eher diffuser und die zu den Autoritäten eher spezifischer Art ist (Hypothese 2). Doch ist klar, dass die Bürger zwischen den verschiedenen Ebenen des politischen Systems unterscheiden[78]. Dieses Ergebnis bestätigt nicht nur die theoretischen Annahmen, sondern auch frühere Analysen (Gabriel 1996:7, 1999a:208f.; Deinert 1997:89f.; Fuchs/Gabriel/Völkl 2002). Auch die Hypothese der horizontalen Differen-

---

[77] Die meisten Ausfälle können auf folgende Variablen zurückgeführt werden: Die Einstellungen zu Freiheiten und Rechten der Demokratie wurden lediglich zur zweiten Erhebungswelle erfasst, weshalb diese Dimension bei den weiteren Analysen auch nicht mehr einbezogen wurde. Die Struktur der Faktorenanalyse verändert sich durch das Einbeziehen oder Weglassen dieser Dimension jedoch nicht. Auch für die erste und zweite Erhebungswelle bleibt die Faktorstruktur stabil.
Bei der Frage, ob der Kapitalismus die beste Wirtschaftsform sei, blieben viele Befragte unentschlossen und antworteten mit „weiß nicht". Auch die Frage nach der Links-Rechts-Selbsteinstufung blieb in beiden Erhebungswellen vielfach unbeantwortet. Keine klare Aussage machten viele Befragte auch zu dem Item, ob Wahlen die beste Form der Regierungsselektion seien. Diese „Missings" werden nachvollziehbar, wenn man bedenkt, dass die meisten Menschen Mitteleuropas aufgrund der fehlenden demokratischen Sozialisation einerseits und der enttäuschenden Erfahrungen im Sozialismus andererseits noch keine eindeutige Einstellung zu diesen Fragen entwickelt haben.
[78] Natürlich ist nicht völlig auszuschließen, dass die Befragten bei der Frage nach dem Vertrauen in ihre nationale Regierung und besonders bei der Frage nach dem Vertrauen in die führende Regierungspartei nicht doch an bestimmten Personen denken. Es ist jedoch hochplausibel, dass die unterstellte analytische Unterscheidung stattfindet (vgl. Deinert 1997:90).

zierung durch die Bürger bestätigt sich. Das Vertrauen zu den rechtsstaatlichen Institutionen bildet einen eigenen Faktor und spiegelt so die Aufgabenteilung zwischen rechtsstaatlichen und parteienstaatlichen Institutionen wider (Hypothese 3). Dieses Ergebnis deckt sich ebenfalls mit früheren Analysen (vgl. Deinert 1997:89; Gabriel 1999a:208ff), ist in diesem Zusammenhang jedoch alles andere als selbstverständlich, da diese funktionale Gliederung im Staatssozialismus so nicht gegeben war. Vielmehr fungierten Polizei, Verwaltung und Armee als der verlängerte Arm der politischen Entscheidungsträger. Eventuell erklärt das, warum die Variable „Vertrauen ins Parlament" auch auf dem Faktor der rechtsstaatlichen Institutionen und umgekehrt das „Vertrauen in die Polizei" auf dem parteienstaatlichen Faktor laden. Wahrscheinlicher ist jedoch, dass sich die gemeinsame Referenz – beide Institutionentypen sind politischer Art und beide Vertrauensformen abstrakt – widerspiegelt.

Wie oben beschrieben, bestätigt auch die Faktorenanalyse, dass die Links-Rechts-Selbsteinstufung der Bürger in einem klaren Zusammenhang mit der Wirtschaftsform steht ($r = 0,305^{**}$). Das Vertrauen in Arbeitskollegen hängt positiv mit dem Vertrauen in Militär ($r = 0,225^{**}$) und Polizei ($r = 0,273^{**}$) zusammen[79]. Dies könnte ein erster Hinweis darauf sein, dass das politische Vertrauen seine Ursprünge im sozialen Vertrauen hat. Im Folgenden soll versucht werden, der Antwort dieser Frage näher zu kommen.

4.3.2.2 Disposition und Generalisierung

Anhand der Faktorenanalyse (Tabelle 1) können bereits einige Hypothesen des kulturalistischen Ansatzes bestätigt werden. Alle in die Analyse aufgenommenen Items wurden sachlogisch kodiert, das heißt, mit steigender pro-demokratischer Orientierung steigen die numerischen Werte des jeweiligen Items. Zunächst lässt sich feststellen, dass alle Items gleichartig auf „ihrem" jeweiligen Faktor laden. Individuen haben also offenbar tatsächlich entweder eine positive oder eine negative Grunddisposition gegenüber Objekten ihrer Umgebung (Hypothese 6)[80]. Auch die aus der Dispositionsthese abgeleitete Annahme, soziales und politisches Vertrauen hingen miteinander zusammen, bestätigt sich (Hypothese 7). Alle Items des sozialen und politischen Vertrauens korrelieren positiv miteinander (nicht ausgewiesen). Zudem steht das interpersonale Vertrauen in einem stärkeren Zusammenhang mit den Entscheidungsinstitutionen insgesamt ($r = 0,215$), als mit den einzelnen Institutionen nationale Regierung ($r = 0,198$), Parlament ($r = 0,196$) und führende Regierungspartei ($r = 0,183$). Dies ist ein weiterer Hinweis auf die Existenz einer Disposition (vgl. auch Fuchs/Gabriel/Völkl 2002:445). Wird das soziale Vertrauen generalisiert und auch auf politische Objekte übertragen?

Wie in der in Abbildung 4 dargestellten Regression erkennbar, weisen die Vertrauenskoeffizienten tatsächlich die erwarteten Zusammenhänge auf. Das abstrakte

---

[79] Auch hier wurde wie in der Faktorenanalyse vorgegangen: zunächst wurden die Missings der jeweils beteiligten Variablen herausgefiltert, die verbliebenen Länderanteile durch Gewichtung angeglichen und erst dann das Zusammenhangsmaß berechnet. Bei allen nachfolgenden Analysen wurde gleichartig verfahren.
[80] Ähnlich: Gabriel (1999a:208).

	parteienstaatliche Institutionen	Ablehnung staatlicher Repression	interpersonales Vertrauen	demokratische Freiheiten und Rechte	pol. Autoritäten	Toleranz	Repräsentation	Eigenverantwortung	Kapitalismus	intermediäre Institutionen	rechtsstaatliche Institutionen	Kommunalitäten
Vertrauen in führende Regierungspartei	,845											,723
Vertrauen in Regierung	,760											,614
Vertrauen in nationale Regierung	,759											,701
Vertrauen in das Parlament	,575											,594
Vertrauen in Parteien allgemein	,401										-,280	,497
Polizeigewalt gegen Demonstranten		,765										,597
Bestrafung von Protestlern, die polizeil. Anweisungen missachten		,738										,591
Militäreinsatz gegen Streiks		,734										,612
Gesetze gegen Demonstrationen		,711										,615
Vertrauen in Arbeitskollegen			,656								-,260	,543
Vertrauen in Familie und Verwandte			,640									,473
Vertrauen in Nachbarn			,611									,516
Bedeutung: Organisationsfreiheit				-,834								,704
Bedeutung: Meinungsfreiheit				-,732								,629
Bei öffentl. Belangen hat jeder das Recht, seiner Meinung Ausdruck zu verleihen				-,670								,507
Politiker zeigen nur bei Ärger Interesse an Bürgermeinung					,749							,615
Politikem besser nicht vertrauen					,726							,531
Politiker wünschen keine Einmischung von Bürgern					,719							,508
Politiker arbeiten nur zum eigenen Wohl					,697							,614
Zustimmung: Abtreibungsmöglichkeiten						,767						,613
Akzeptanz Homosexueller						,762						,606
Rolle der Frau: Hausarbeit			-,282			,467						,442
Notwendigkeit eines Parlaments							-,760					,618
Wahlen als beste Art der Regierungsselektion							-,747					,563
Notwendigkeit von Parteien							-,682					,513
Regierungsverantwortung: Gesundheitsfürsorge								,772				,614
Regierungsverantwortung: Arbeitsplätze								,747				,613
Regierungsverantwortung: Medizinische Versorgung								,697				,523
Kapitalismus ist beste Wirtschaftsform									,832			,748
Kapitalismus hilft bei Lösung von Problemen									,830			,729
Links-Rechts-Selbsteinstufung									,524		,264	,483
Vertrauen in Gewerkschaften										,815		,676
Vertrauen in Massenmedien										,742		,626
Vertrauen in Militär											,706	,653
Vertrauen in Polizei											,472	,582
Zustimmung: Existenz von Einkommensgrenzen	-,295							,301			,374	,470

Tabelle 1: Kulturalistische Faktoren im Hinblick auf politisches Vertrauen. Datenquelle: PCP, gewichtete Daten, eigene Berechnungen, N=1277, listenweiser Fallausschluss. Extraktionsmethode: Hauptkomponentenanalyse. Rotationsmethode: Oblimin mit Kaiser-Normalisierung. Alle einbezogenen Items wurden sachlogisch kodiert. Die erklärte Gesamtvarianz beträgt 59,1 %.

Vertrauen in die intermediären Institutionen „Massenmedien" und „Gewerkschaften" hat in diesem Modell mit einem Beta-Wert von 0,341 gegenüber dem interpersonalen Vertrauen (Beta = 0,110) einen mehr als dreimal höheren Einfluss auf die abhängige Variable, sofern keine Scheinkorrelation vorliegt[81]. Wenn auch die Richtung der Kausalität nicht nachgewiesen werden kann, so widersprechen die Ergebnisse den Generalisierungsthesen jedenfalls nicht (Hypothese 8 und 9).

Regression zur Prüfung der Generalisierung interpersonalen Vertrauens

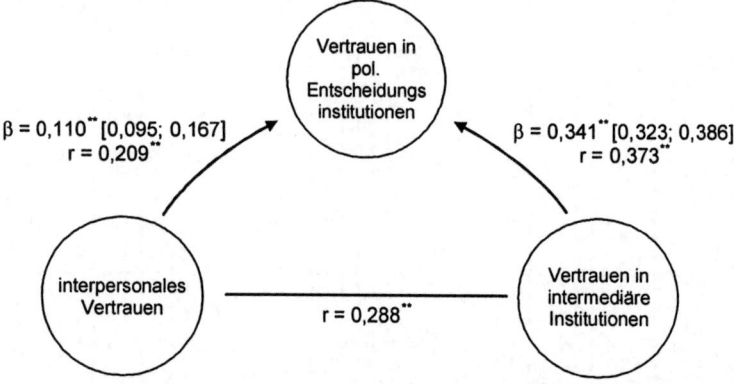

Abbildung 4: Datenquelle: PCP; gewichtete Daten, eigene Berechnungen. Der Anteil an gebundener Varianz beträgt 15,0 Prozent. Die Zusammenhänge sind auf dem Niveau von 0,01 (2-seitig) signifikant.

4.3.2.3 Der Sozialkapitalansatz

Gehen die gefundenen Zusammenhänge auf die klassischen Sozialisationsfaktoren Familie, Freunde und Schule oder doch auf zivilgesellschaftliche Prozesse zurück? Nach dem Sozialkapitalkonzept müsste das Beziehungskapital sich positiv auf das Institutionenvertrauen auswirken. Für diesen noch jungen Ansatz existiert bislang jedoch weder eine einheitliche Theorie noch eine einheitliche Operationalisierung, denn das Problem besteht

> „[...] für empirisch-vergleichende Untersuchungen zum Sozialkapitalansatz nicht primär in einem Mangel an Daten, sondern [...] darin, dass nur wenige Erhebungen die verschiedenen Aspekte sozialen Kapitals auf akzeptable Weise erfassen" (Gabriel et al. 2002:22).

Die drei Komponenten des Beziehungskapitals werden in Anlehnung an Gabriel/Kunz/Roßteutscher/van Deth (2002) operationalisiert[82]. Die Strukturkompo-

---

[81] Es sind keine erheblichen Multikolinearitäten zu erwarten. Beide Prädiktoren weisen einen Toleranzwert von 0,917 auf.
[82] Gabriel et al. (2002:23) operationalisieren die drei Komponenten des Beziehungskapitals folgendermaßen: Der strukturelle Aspekt wird über die Mitgliedschaft in sozialen Netzwerken erhoben. Dabei

nente der sozialen Partizipation, definiert als „Tätigkeiten, die Bürger freiwillig innerhalb von Vereinen und Verbänden unternehmen" (Gabriel et al. 2002:39) wird als Mitgliedschaft in ebensolchen Vereinigungen operationalisiert[83]. Da die soziale Beziehung zentrales Moment des Sozialkapitals ist, müssen sich pro-soziale Orientierungen im Sinne des „other-directedness" auf eine wie auch immer geartete Form der Kooperation beziehen. Bei Putnam sind das Normen der Reziprozität in ihrer generalisierten Form (vgl. Putnam 1993). Gabriel et al. interpretieren diese Norm der Gegenseitigkeit als Einstellung des einzelnen, sich den Pflichten des Gemeinschaftslebens zu stellen (vgl. Gabriel 2002:71). Im „Post-communist Citizen"- Datensatz findet sich leider keine entsprechende Operationalisierungsoption, die diese Dimension valide abdeckt. Am nächsten kommen ihr wohl die Toleranzfragen gegenüber gesellschaftlichen Minderheiten. Wenn sie die Orientierung gegenüber der Gemeinschaft auch nicht ganz widerspiegeln, so können sie doch als nicht-egoistische, pro-soziale Orientierungen interpretiert werden[84]. In pluralistischen Gesellschaften ist Toleranz für Kooperation, die im Mittelpunkt des Sozialkapitalansatzes steht, von grundlegender Bedeutung.

Insgesamt gaben bei der ersten Erhebung lediglich 11,7 und bei der zweiten 13,4 Prozent der Befragten an, Mitglied in einer Vereinigung zu sein (Tabelle 2). In Westdeutschland waren es beinahe doppelt so viele. Die Mitgliederhäufigkeiten in politischen Vereinigungen im engeren wie im weiteren Sinne haben zwischen 1990-1992 und 1997-2001 deutlich abgenommen. Auch die Mitgliedschaften in Umweltschutzgruppen sind gesunken, während Sportvereine hingegen mehr Zulauf erhalten. Auch hinter den wachsenden Mitgliederzahlen der kommunalen Vereine verbergen sich daher vermutlich Freizeitvereinigungen. Insgesamt ist das Niveau sozialer und besonders politischer Partizipation im Vergleich zu Westdeutschland niedrig. Das ist leicht zu erklären. Wie bereits erwähnt, waren legale soziale Vereinigungen während der kommunistischen Regimephase eng mit dem Staat verbunden, offizielle Interessengruppen und Verbände konnten sich nicht unabhängig von der führenden Staatspartei organisieren. Zusätzlich verloren die während der totalitären Ära organisierten zivilgesellschaftlichen Bewegungen in Form illegalen politischen Widerstandes mit dem Systemwechsel ihre Identität (vgl. Mansfeldová 1998:13; vgl. Szabó 1998:26). Lediglich die Kirche galt als geduldete Protestinstitution und hat auch Mitglieder hinzugewinnen können (vgl. Mishler/Rose 1997:430).

---

unterscheiden die Autoren drei unterschiedliche Typen von Vereinigungen: „Sport und Freizeit", „Interessengruppen" und „soziokulturelle Gruppen". Das soziale Vertrauen wird über Vertrauen zu bekannten und unbekannten Personen gemessen. Die pro-sozialen Werte und Normen werden als Einstellungen zu Erziehungsstilen beziehungsweise antisozialen Verhaltensweisen operationalisiert.
[83] Der PCP-Datensatz unterscheidet nicht zwischen passiver und aktiver Mitgliedschaft. Das Merkmal der „freiwillig eingegangenen Beziehung" reicht laut Gabriel et al. (2002:39) als Bedingung jedoch aus, da Vereine und Verbände eine Umgebung bieten, in der dauerhafte Kontakte geknüpft werden können (vgl. ebd. 38 ff). An dieser Stelle muss darauf hingewiesen werden, dass der PCP nur formale Mitgliedschaften erhebt. Es ist jedoch leicht nachvollziehbar, dass nicht nur formal eingegangene soziale Netzwerkbeziehungen die unterstellten Effekte hervorrufen können. Diese können mindestens ebenso plausibel für informelle Netzwerke angenommen werden. Leider wurden solche Beziehungsstrukturen im PCP nicht erhoben und müssen hier unberücksichtigt bleiben.
[84] Gabriel et al (2002) operationalisieren pro-soziale Wertvorstellungen u.a. über die Frage nach Erziehungsstilen. Eine davon betrifft „Toleranz und Respekt gegenüber anderen Menschen".

Tabelle 2: Anteile der Mitgliedschaften in Vereinen und Verbänden in Mitteleuropa (in Prozent). Vergleich der ersten und zweiten Erhebungswelle sowie Westdeutschland.

Mitglied in ...	Mitteleuropa		West-Deutschland
	Welle 1	Welle 2	Welle 2
einem Verband oder Verein	11,7	13,4	22,7
einer kommunalen Vereinigung	5,6	9,0	21,2
einer politischen Partei	5,6	4,6	5,1
einer Bewegung	5,8	1,8	4,5
einer beruflichen Vereinigung	5,3	3,9	7,6
einem Sportverein	11,2	12,9	29,7
einer Gewerkschaft	34,6	13,8	12,6
einer Umweltschutzgruppierung	3,1	1,9	4,6
einer Studentenvereinigung	2,1	1,3	1,5
einer religiösen Organisation	6,5	6,8	15,0

Quelle: PCP, Welle 1: 1990-92, Welle 2: 1997-2001; gewichtete Daten, eigene Berechnungen; da nur wenige Fälle fehlen, entsprechen die Anteile weitgehend den ungewichteten Häufigkeiten; Fehlende Werte wurden bei der Prozentuierung berücksichtigt.

Es entstand also eine „tabula rasa Situation" (Gabriel/Kunz 2002:271), die sich nur langsam zu einer Zivilgesellschaft entwickeln kann.

Betrachtet man die Anteile toleranter Einstellungen der Mitteleuropäer, so ergibt sich folgendes Bild: Abgesehen von der Vorstellung über die Rolle der Frau kurz nach dem Umbruch zeigen die Mitteleuropäer mehr Toleranz als Intoleranz (siehe Tabelle 3).

Tabelle 3: Anteile toleranter Einstellungen in Mitteleuropa (in Prozent). Vergleich der ersten und zweiten Erhebungswelle.

	Mitteleuropa					
	Welle 1			Welle 2		
	tolerant	intolerant	N	tolerant	intolerant	N
Zustimmung: Akzeptanz Homosexueller	23,4	20,3	2759	30,3	15,2	4116
Zustimmung: Abtreibung sollte möglich sein	46,6	11,2	2999	51,8	10,7	4174
Zustimmung: Rolle der Frau ist im Haushalt	9,3	35,6	3146	23,6	21,7	4384

Quelle: PCP, eigene Berechnungen; Welle 1: 1990-92, Welle 2: 1997-2001
Die Ausprägungen tolerant/intolerant (4-er Skala) wurden der Frageformulierung entsprechend zugeordnet. Fehlende Werte wurden bei der Prozentuierung berücksichtigt; Toleranzwerte wurden in W-Dtl. nicht erhoben.

Angesichts der niedrigen Mitgliedschaftswerte war dies aus der Sicht des Sozialkapitalansatzes nicht zu erwarten. Doch auch die Annahme Rohrschneiders, dass die im Kommunismus sozialisierten Menschen intolerant seien, scheint sich hier nicht zu bestätigen. Das bedeutet, dass der erwartete Zusammenhang von Toleranz und Institutionenvertrauen nicht den Erwartungen entspricht. Immerhin nehmen die Toleranzwerte mit andauernder Demokratisierung zu. Bildet man aus den Toleranzfragen jedoch einen additiven Index und korreliert diesen mit der abhängigen Variable, so zeigt sich, dass der Zusammenhang negativ ist. Es kann hier also keine Schlussfolgerung im Hinblick auf das Institutionenvertrauen gezogen werden. Vermutlich liegt hier ein Validitätsproblem vor (siehe weiter unten).

Tabelle 4: Anteile sozialen Vertrauens in Mitteleuropa (in Prozent). Vergleich der ersten und zweiten Erhebungswelle sowie Westdeutschland.

Vertrauen in ...	Mitteleuropa				West-Deutschland	
	Welle 1		Welle 2		Welle 2	
	völliges Vertrauen	kein Vertrauen	völliges Vertrauen	kein Vertrauen	völliges Vertrauen	kein Vertrauen
Familie und Verwandte	47,6	0,8	64,0	1,1	72,0	0,7
Nachbarschaft	9,2	10,9	8,8	10,8	10,8	4,6
Arbeitskollegen	12,2	4,0	11,6	5,0	8,3	3,0
Menschen gleicher Sprache	9,9	4,6	7,8	5,7	6,0	3,1

Quelle: PCP, gewichtete Daten, eigene Berechnungen; Welle 1: 1990-92, Welle 2: 1997-2001.
Fehlende Werte wurden bei der Prozentuierung berücksichtigt.

In totalitären Systemen macht es wenig Sinn anderen Menschen als der eigenen Familie oder den engsten Freunden zu vertrauen (vgl. Uslaner 1994:141; Fukuyama 1999). Vergleicht man die Anteile sozialen Vertrauens der Mitteleuropäer mit den Anteilen sozialen Vertrauens der Westdeutschen, so fällt auf, dass das Vertrauensniveau im Vergleich zu Westdeutschland überraschend hoch ansetzt (Tabelle 4). Mit Ausnahme des Vertrauens zur eigenen Verwandtschaft sinken dann alle Anteile derer, die ihren Mitmenschen voll und ganz vertrauen, während die Anteile des Nichtvertrauens steigen. Dieses Ergebnis widerspricht sowohl der Sozialkapitalthese, als auch der Sozialisationsthese. Beide Ansätze postulieren einen Anstieg an sozialem Vertrauen. Aber auch die These Newtons, wonach moderne Gesellschaften durch eine Verschiebung von interpersonalem thick trust zu abstraktem thin trust gekennzeichnet sind und durch viele schwache Bindungen zusammengehalten werden, lässt sich hier nicht bestätigen.

Um zu testen, ob die drei Sozialkapitalkomponenten jeweils einen eigenen Beitrag zur Erklärung des Institutionenvertrauens leisten, wurden sie in einem Regressionsmodell getestet (Tabelle 5).

Das Regressionsmodell spiegelt die schwachen Zusammenhänge zwischen den Sozialkapitalfaktoren und dem Institutionenvertrauen wider. Der Anteil gebundener Varianz liegt unter zehn Prozent. Den stärksten Effekt zeigt das abstrakte soziale Vertrauen. Die Anzahl der Mitgliedschaften in sozialen Freizeitvereinigungen zeigt nur vergleichsweise geringen Zusammenhang und der Einfluss der Toleranzwerte ist nicht nur minimal, sondern auch negativ[85]. Insgesamt scheint das Modell also wenig überzeugend.

Die in der Transformationstheorie verbreitete These, dass sich die in der Endphase des autoritären Regimes wiedererwachte Zivilgesellschaft explosionsartig verstärken werde, hat sich nicht bewahrheitet. Nach der Logik des Sozialkapitalansatzes ist

---

[85] Für den Mitgliedschaftsindikator wurden nur soziale Freizeitvereinigungen verwendet. Im Falle der Toleranzmessung könnte – wie bereits angeführt - ein Validitätsproblem vorliegen. Zum Vergleich: in einem anderen Regressionsmodell wurden zur Messung der Toleranz die Einstellungen zu Demonstrationen extremer politischer Gruppen, Minderheitenmeinungen, Redefreiheit, Way of Life, und Meinungsfreiheit abgefragt. Der Zusammenhang blieb auch hier gering, war jedoch positiv. Leider können diese Items hier nicht verwendet werden, da sie nur zur zweiten Erhebungswelle abgefragt wurden, das Gesamtmodell jedoch im Zeitvergleich betrachtet werden soll.

Tabelle 5: Determinanten des Sozialkapitalansatzes im Hinblick auf das Vertrauen in parteienstaatliche Institutionen: Vergleich der beiden Erhebungswellen und der Visegrád-Staaten gesamt

	Visegrad-Staaten					
	Welle 1		Welle 2		gesamt	
	B	beta	B	beta	B	beta
Vertrauen in Menschen gleicher Sprache	,480**	,285	,257	,140	,316**	,172
Mitgliedschaft in einer sozialen Freizeitvereinigung	n.s.[1]		n.s.	,200	,088	,219**	,101
Interpersonales soziales Vertrauen	n.s.		n.s.	,248	,207	,174**	,147
Toleranz und Gleichberechtigung	n.s.		n.s.	n.s.	n.s.	-,035**	-,056
Konstante	5,168		1,058		3,197	
R^2 korrigiert	,081		,097		,087	
N	1587		2614		3708	

[1] n.s. = statistisch nicht signifikant; Koeffizient wurde aus dem Modell entfernt.
* T-Wert der Effektkoeffizienten auf dem 95%-Niveau statistisch signifikant
** T-Wert der Effektkoeffizienten auf dem 99,9%-Niveau statistisch signifikant
Quelle: PCP, gewichtete Daten, eigene Berechnungen; Welle 1: 1990-92, Welle 2: 1997-2001.

die Betätigung in Freiwilligenorganisationen eine Basis für das Entstehen interpersonalen Vertrauens einerseits wie prosozialen Normen andererseits (vgl. Gabriel/Kunz 2002:263) und als Kommunitarist betrachtet Putnam politisches Vertrauen als Produkt zivilgesellschaftlicher, kooperativer Netzwerke. Doch, obwohl die Anzahl der Mitgliedschaften steigt, nehmen das soziale und das politische Vertrauen ab. Das Interesse der Bevölkerung an öffentlichen Angelegenheiten ist gesunken, die individuelle Anpassung an die veränderten Lebensbedingungen, v.a. die Sicherung der eigenen wirtschaftlichen Existenz, hat sich in den Vordergrund geschoben. Nach Mansfeldová hat sich als Reaktion auf das überorganisierte Leben unter totalitären Bedingungen in der Gesellschaft sogar Widerstand gegen jegliche Form von Organisation im Bewusstsein festgesetzt (vgl. Mansfeldová 1998:18). Wichtig sei den Menschen vor allem die persönliche Freiheit (ebd. 19). Eine Zivilgesellschaft, die den Staat durch Selbstorganisation entlastet oder gesellschaftliche Interessen bündelt und als Forderungen an den Staat stellt, existiert in Mittelosteuropa nicht. Die Befragten zeigen das für post-totalitäre Gesellschaften typische Misstrauen gegenüber ihrer (politischen) Umwelt. Ohne zivile Vereinigungen kann sich kein soziales Kapital in zivilgesellschaftlichem Sinne akkumulieren. Als Ergebnis kann also festgehalten werden, dass der Putnamsche Sozialkapitalansatz hier nichts erklärt. Die Quellen des politischen, aber auch des sozialen Vertrauens sind woanders zu suchen. So fanden Letki und Evans (2005) heraus, dass die fortschreitende Demokratisierung mittelosteuropäischer Länder einen starken Einfluss auf das Niveau des sozialen Vertrauens in diesen Ländern hat. Mit andauernder Demokratisierung, so ihr Ergebnis, nimmt das soziale Vertrauen ab, während umgekehrt der Prozess der Demokratisierung vom Vertrauensniveau unabhängig verläuft. Auch hängt das politische Vertrauen nach Letki und Evans nicht mit bürgerschaftlichem Engagement zusammen. Die Abwesenheit faktischer Rechtsstaatlichkeit sowie das Erleben staatlicher Repressionen, so die Autoren, führte unter kommunistischer Herrschaft zum Entstehen von Substituten. Statt zuverlässiger formaler Regelungen wurde die Einhaltung von Verträgen und Abkommen mittels Normen sozialer Interaktion erzwungen, statt Ver-

trauen in staatliche Institutionen entstand stärkeres Vertrauen zu Freunden und Verwandten (vgl. Letki/Evans 2005).
Im Ergebnis deutet also einiges daraufhin, dass die Kausalität umgekehrt verläuft. Die gegenwärtigen Leistungen politischer Institutionen sind für das Entstehen von politischem Vertrauen verantwortlich und haben auch Einfluss darauf, ob sich eine Zivilgesellschaft entwickeln wird, denn angesichts der Situation ist es „paradoxerweise der Staat, der der Zivilgesellschaft die Freiräume für ihre Entfaltung bereitstellen [muss]" (Ziemer 1998:35).

4.3.2.4 Das Kongruenzpostulat

Nachdem die Erklärung des Sozialkapitalansatzes hier ausgeschlossen werden kann, soll nun das Kongruenzpostulat getestet werden, welches – mit Ausnahme des psychologischen Dispositionsansatzes - allen Sozialisationsansätzen gemein ist und daher das Herzstück des kulturalistischen Ansatzes darstellt.

Um den Schätzfehler möglichst gering zu halten, wurden – wie eben – nicht signifikante Koeffizienten aus den jeweiligen Schätzmodellen entfernt. Auch wurde das Vertrauen in Parteien allgemein nicht mit aufgenommen, um außerdem eine semantische Tautologie mit der abhängigen Variable zu vermeiden. Alle Koeffizienten sind so kodiert, dass positive Zusammenhänge die Hypothesen bestätigen. Die einzelnen Länder wurden analog zu den vorangegangenen Analysen gewichtet.

Tabelle 6: Kulturelle Determinanten des Vertrauens in parteienstaatliche Institutionen: Vergleich der beiden Erhebungswellen, der Visegrád-Staaten gesamt und Westdeutschland

	Visegrad-Staaten						West-Deutschland	
	Welle 1		Welle 2		gesamt		Welle 2	
	B	beta	B	beta	B	beta	B	beta
Vertrauen in intermediäre Institutionen	,393**	,395	,226**	,223	,287**	,278	,355**	,394
Interpersonales Vertrauen	n.s.[1]	n.s.	,179**	,149	,112**	,094	,208**	,173
Notwendigkeit demokratischer Basisinstitutionen	,250**	,152	,291**	,191	,284**	,179	,462**	,210
Links-Rechts-Selbsteinstufung	,106**	,202	,074**	,125	,084**	,143	-,104**	-,159
Planwirtschaft vs. Marktwirtschaft	,039**	,110	,058**	,161	,069**	,189	,029*	,082
Einstellung zu politischen Repressionen	n.s.	n.s.	-,079*	-,162	-,055**	-,111	n.e.[2]	n.e.
Zuständigkeit der Regierung	n.s.	n.s.	,079*	,059	,103**	,079	,104**	,097
Toleranz	n.s.	n.s.	n.s.	n.s.	-,034*	-,055	n.s.	n.s.
Konstante	,778		,447		,522		,146	
R² korrigiert	,232		,263		,277		,358	
N	903		1481		2128		472	

[1] n.s. = statistisch nicht signifikant; [2] n.e. = nicht erhoben
* T-Wert der Effektkoeffizienten auf dem 95%-Niveau statistisch signifikant
** T-Wert der Effektkoeffizienten auf dem 99,9%-Niveau statistisch signifikant
Quelle: PCP, gewichtete Daten, eigene Berechnungen; Welle 1: 1990-92, Welle 2: 1997-2001.

Im Gesamtmodell konnten 27,7% der Varianz des Vertrauens in die parteienstaatlichen Institutionen gebunden werden (Tabelle 6). Die relativ stärkste Beziehung zur abhängigen Variable zeigt das Vertrauen in die intermediären Institutionen (r = 0,382; β = 0,278). Interessant ist, dass ihr Einfluss von der ersten (B = 0,393) zur zweiten Befragungsphase (B = 0,226) an Bedeutung abnimmt. Werden die unterschiedlichen Institutionen direkt nach dem Systemumbruch noch über „einen Kamm geschert", so scheinen die staatskommunistischen Erfahrungen zum späteren Erhebungszeitpunkt schon etwas zu verblassen und die Bürger klarer zwischen den unterschiedlichen Funktionsentitäten zu unterscheiden[86]. Dies ist ein erster Hinweis auf institutionelles Lernen.

Das interpersonale Vertrauen hängt deutlich weniger stark mit der abhängigen Variable zusammen. Auch die Befürwortung grundlegender Elemente des Repräsentationsprinzips, hier demokratische Basisinstitutionen genannt, hängt wie erwartet positiv mit dem Institutionenvertrauen zusammen (Hypothese 12b). Aus der Sicht Rohrschneiders (1999:23, 108) ist dieses Ergebnis jedoch nicht erstaunlich. Danach ist es nicht weiter schwer, zivile und politische Freiheiten zu unterstützen und gleichzeitig sozialistische Ideale hochzuhalten (Kapitel 3.3.2). Demokratische Selbsteinschränkung in Form von Anerkennung von Pluralismus, die sich in der Ablehnung staatlicher Repressionen oder Toleranz gegenüber anderen äußert, sowie die Anerkennung kapitalistischer Regeln, lassen sich nach Rohrschneider jedoch nicht so einfach mit dem sozialistischen Anspruch auf soziale und wirtschaftliche Gleichheit integrieren. Politische wie gesellschaftliche Toleranz erfordere viel mehr Selbsteinschränkung, als die allgemeine Unterstützung demokratischer Freiheiten und Rechte[87]. Was Rohrschneider dabei nicht klar formuliert, jedoch implizit unterstellt, ist die unterschiedliche Betroffenheit in Bezug auf verschiedene Demokratieprinzipien. Das Vorhandensein politischer Freiheiten lässt sich leicht akzeptieren, solange es die eigene Lebenswelt nicht direkt betrifft. Andere Denk- und Lebensweisen jedoch können existierende Werteordnungen und Sinndeutungen bedrohen. Leider zeigen weder der Toleranzindex, noch der Repressions-Koeffizient erwartete Zusammenhänge. Der unerwartete Zusammenhang zwischen der Einstellung zu politischen Repressionen mit der abhängigen Variable kann vielleicht so erklärt werden, dass viele Menschen den Staat als autoritär erlebt haben und von ihm daher nichts Gutes erwarten. Sie verbinden mit allem, was mit Politik zu tun hat, Unterdrückung und lehnen daher beides ab. Überraschend positiv fällt dagegen das Ergebnis im Hinblick auf die Planwirtschaft-Marktwirtschaft-Dimension aus. Je marktwirtschaftlicher Individuen denken, desto mehr Vertrauen bringen sie demokratischen Institutionen entgegen. Kapitalismus und Demokratie scheinen hier also in der Bewertung der Bürger miteinander im Zusammenhang zu stehen. Dieser steigt, wenn auch nur in einem geringen Maße, an.

Einen ebenfalls erwarteten Effekt zeigt die Zuständigkeit der Regierung. Je mehr Eigenverantwortlichkeit Bürger vertreten, desto eher zeigen sie Vertrauen in einen Staat, der ihnen nicht alles abnimmt. Auch die Links-Rechts-Selbsteinstufung hat den erwarteten Einfluss auf die abhängige Variable.

Zusammenfassend kann also festgehalten werden: nahezu alle Hypothesen konnten bestätigt werden. Einzelne Effekte sind allerdings schwach, die Validität der Toleranzvariablen kann in Frage gestellt werden. Für den negativen Zusammenhang der Repressionsdeterminanten mit der abhängigen Variablen konnte keine befriedigende Erklärung gefunden werden. Insgesamt wurde jedoch unbestreitbar nachgewiesen,

---

[86] Das dies zunächst nicht so ist, stellen auch Mishler und Rose (2001:42) fest: „[...] citizens in new democracies have difficulty making fine-grained distinctions about institutions with which they have so little familiarity or experience."
[87] Leider waren die Zusammenhänge mit der Unterstützung politischer Rechte und Freiheiten nicht signifikant.

dass Wertvorstellungen und das Vertrauen in politische Institutionen in einem engen Zusammenhang stehen. Der Gesamtanteil erklärter Varianz fällt im Vergleich zu Westdeutschland (β = 0,358) allerdings gering aus. Es müssen also noch weitere Faktoren eine bedeutendere Rolle spielen.

4.3.2.5 Die Sozialisationsthese

Aus der Perspektive des Kulturalismus sprechen die bisherigen Ergebnisse für eine stattfindende demokratische Sozialisation: Die Bedeutung repräsentativer Basisinstitutionen wie auch des gesamten Kulturmodells steigen im Hinblick auf das Institutionenvertrauen (Tabelle 6). Ein Zuwachs von 23,2 Prozent auf 26,3 Prozent erscheint auf den ersten Blick recht gering, dabei müssen jedoch zwei Aspekte bedacht werden: Zum einen, dass zwischen dem Ende der ersten und dem Beginn der zweiten Befragungsphase nur fünf Jahre liegen und es eher erstaunlich ist, dass bei einem so langsamen Prozess überhaupt eine Steigerung festgestellt werden kann. Zum anderen, dass die Bedeutung des Vertrauens in intermediäre Institutionen abnimmt, was umgekehrt bedeutet, dass die relative Bedeutung der anderen Werte zunimmt. Die erste Sozialisationsthese, wonach der Anteil erklärter Varianz für kulturelle Faktoren ansteigt, kann also als bestätigt angesehen werden (Hypothese 4).

Bleibt die Frage, ob dieser Effekt bei den Heranwachsenden besonders ausgeprägt ist. Um diese Frage zu beantworten wurde das obige Regressionsmodell für die bis einschließlich Zwanzigjährigen mit einem weiteren der älteren Befragten verglichen, doch die Zusammenhänge blieben ohne Signifikanz. Daraufhin wurden Varianzanalysen berechnet, um zu testen, ob es im Hinblick auf Alter und Zeit Unterschiede bei den demokratischen Wertvorstellungen gibt, doch die Eta-Werte, sofern die Zusammenhänge signifikant waren, blieben minimal[88]. Ein Alterseffekt, wie Inglehart ihn postuliert, konnte hier also nicht nachgewiesen werden. Es wurde jedoch festgestellt, dass sowohl das Institutionenvertrauen, als auch die pro-demokratischen Orientierungen im Niveau sinken. Dieser Befund wird weiter unten noch genauer analysiert.

4.4 Der Performanzansatz

Der Institutionalismus beschäftigt sich seit Längerem mit der Frage nach der Qualität demokratischer *Strukturen* und inzwischen handelt es sich dabei um einen etablierten Forschungszweig[89]. Der Frage nach der Qualität demokratischer *Prozesse* wid-

---

[88] Die jeweiligen Interaktionen zwischen den Wertmaßstäben, den Erhebungswellen und den Alterskohorten zeigen allesamt sehr schwache Zusammenhänge. Eta liegt stets zwischen 0,006 und 0,043. Aus diesem Grund wurde an dieser Stelle auf tabellarische Nachweise verzichtet.

[89] Als klassische systematisch vergleichende Evaluationsstudie gilt Robert Dahls „Polyarchie" (1971). In Anlehnung an Lipset stellte Dahl ein Ideal der Demokratie auf, welches er anhand von fünf Institutionen bestimmt: wirksame Partizipation, gleiches Wahlrecht, authentische, aufklärerische Willensbildung, Inklusion aller Erwachsenen und die Erlangung letztendlicher Kontrolle über die Agenda der Politik seitens der Bürger (vgl. Dahl 1971). Dahl analysierte 114 Länder daraufhin, in welchem Ausmaß die existierenden demokratischen Institutionen diesem Ideal nahe kommen und beurteilte danach die Qualität der demokratischen *Struktur*. Da die ideale Demokratievorstellung in der Realität von keinem bisherigen politischen System erreicht wurde (und wohl auch nie wird), identifizierte Dahl institutionelle Merkmale, die real gegeben sein müssen, um als eine Art Demokratie zweiter Klasse zu gelten. Diese sogenannte Polyarchie muss folgende Merkmale erfüllen: Wahl und Abwahl der Amtsinhaber,

met sich die vergleichende Demokratieforschung verstärkt erst seit den neunziger Jahren (vgl. Roller 2001:22). Die zugrundeliegende Kausalhypothese lautet, dass Strukturvariationen politischer Systeme deren Leistungsprofile systematisch beeinflussen[90]. Die Quelle politischer Unterstützung ist danach in der Qualität politischer Performanz zu suchen. Doch nach welchen *Kriterien* beurteilen Bürger die Leistungen ihrer Regierung?[91] Die politikwissenschaftliche Auswahl von Performanzkriterien verläuft sehr heterogen und wenig systematisch und begründet (vgl. ebd. 22 f.). Roller (2001) hat die theoretische Forschungsbasis der normativen Demokratietheorie aufgearbeitet. Danach können analytische Begriffspaare unterschieden werden, die zu sinnvollen politischen Performanzkriterien führen. In Anlehnung an diese Begriffspaare sollen im Folgenden Performanzkriterien identifiziert werden, die im Hinblick auf das Vertrauen in die jungen Demokratien Mittelosteuropas sinnvoll erscheinen[92].

4.4.1 Analytische Performanzkonzeptionen

Die erste Differenzierung hat Eckstein (1971:5, zitiert nach Roller 2001:26) vorgenommen. Er unterscheidet die zielbezogene Performanz als „political performance in regard to particular goals" von der generellen Performanz als „performance in a more general sense, regardless of the special goals of polities". Die generelle Performanz dient dabei dem Erreichen spezifischer Ziele (vgl. Eckstein 1971:19). Beispielhaft führt Eckstein vier Kriterien an: „durability, civil order, legitimacy, decisional efficacy" (Eckstein 1971:20, zitiert nach Roller 2001:27). Unabhängig von Eckstein haben Weaver und Rockman (1993) eine ähnliche Performanzkonzeption entwickelt. Weaver/Rockman grenzen „specific policy objects" (Weaver/Rockman 1993:6) von „capabilities" ab. Capabilities werden definiert als „pattern of government influence on its environment that produces substantially similar outcomes across time and policy areas" (ebd.). Betrachtet man die beiden Konzeptionen von Eckstein und Weaver/Rockman gemeinsam, so kann man zwischen einer Performanz mit substanziellen Zielen und einer generellen Performanz mit formalen beziehungsweise

---

regelmäßig stattfindende freie und faire Wahlen, inklusives Wahlrecht, freie Meinungsäußerung, Informationsfreiheit, Organisations- und Koalitionsfreiheit sowie eine inklusive Bürgerschaft. Eine Polyarchie ist demnach „ein politisches Regime, das prozedural und institutionell bestimmt ist, insbesondere durch Partizipation und freien Wettstreit" (Schmidt 2000:394). Nach Dahl folgten eine Reihe ähnlicher Demokratiemessungen, wie beispielsweise von Bollen (1979, 1990), Vanhanen (1984, 1989, 1990, 1997), Coppedge/Reinicke (1990), Freedom House (1990 ff.), Gurr (1990), Inkeles (1991), Alvarez (1996) u.a.

[90] Das Forschungsinteresse richtet sich dabei auf das „constitutional engineering" (Sartori 1994) als intentionalen politischen Zugriff und damit bewusste Einflussmöglichkeit auf Performanz. Obwohl inzwischen Arbeiten vorliegen, die sich mit der Frage beschäftigen, welche Formen von Demokratie oder welche politischen Institutionendesigns zu welchen Leistungsprofilen führen (Lijphart 1999; Fuchs 1997; Roller 2001), kann von einer etablierten Forschungstradition noch keine Rede sein.

[91] Roller identifiziert drei Merkmale, die Effektivitätskriterien erfüllen müssen: „Erstens handelt es sich um politische Ziele, d.h. diese Ziele sind leitend für das Handeln politischer Akteure. Zweitens konvergieren diese Ziele mit den Bedürfnissen der Bürger und drittens erwarten die Bürger die Realisierung dieser Ziele vom Staat" (Roller 2001:38).

[92] Dabei wird aus Platzgründen auf eine ausführliche Herleitung der einzelnen Leistungskriterien verzichtet. Siehe hierzu u.a. Beetham 2004, King/Nye/Zelikow 1997, O'Donnell 2004, Plattner 2004, Powell 2004 und Schmidt 2000.

prozeduralen Zielen unterscheiden (vgl. Roller 2001:29 f.). Prozedurale Ziele wären beispielsweise Legitimität und Effektivität.
Um die Realisierung substanzieller Ziele geht es in Pennocks' Konzeption „politischer Güter". Pennock (1966) interessiert sich für „human needs whose fulfillment makes the polity valuable to man, and gives it its justification" (Pennock 1966:420, zitiert nach Roller 2001:28). Er unterscheidet die demokratischen Ideale Freiheit und Gleichheit auf der einen und allgemeine Ziele des Staates wie Ordnung, Sicherheit, Gerechtigkeit und Wohlfahrt auf der anderen Seite (vgl. Roller 2001:28). Ähnlich unterscheidet Fuchs (1997) zwischen systemischer und demokratischer Performanz. Danach müssen demokratische Systeme gemäß ihrem Doppelcharakter zwei Leistungstypen bedienen:

> „In ihrer Eigenschaft als politisches System hat eine Demokratie bestimmte Leistungen für die Gesellschaft zu erbringen [...]. Beispiele für derartige systemische Performanzen sind Wirtschaftswachstum und innere Sicherheit. Daß ein politisches System beides zu verbessern sucht, hat zunächst nicht viel mit Demokratie zu tun. Solche Ziele verfolgen auch autokratische Systeme" (Fuchs 1997:2).

Eine Demokratie ist aber auch mit bestimmten demokratischen Wertgesichtspunkten verbunden, die es zu realisieren gilt. Fuchs unterscheidet zwei Typen demokratischer Performanzkriterien: Zum einen Performanzen, die auf die demokratischen Basiswerte Freiheit und Gleichheit zurückgehen, zum anderen den spezifischen demokratischen Regierungsmodus der „Herrschaft des Volkes" selbst. Beide Wertetypen wurden bereits dargestellt. Die größtmögliche Steuerung der Regierenden durch die Regierten mittels kompetitiven, periodischen Wahlen ist aus der Sicht der Regierenden aber nichts anderes als Input-Responsivität (vgl. Fuchs 1997:18). Fuchs unterscheidet zwischen Input-Responsivität als die „*Berücksichtigung* der Präferenzen der Bürger durch die Programme der konkurrierenden Akteure" (ebd.) und der Output-Responsivität als „einer *Umsetzung* der Präferenzen durch die Entscheidungen der amtierenden Regierung" (ebd.)[93].

Gabriel A. Almonds und G. Bingham Powells' „Konzept politischer Produktivität" basiert auf Pennocks' Konzept politischer Güter; sie betrachten politische Systeme als Produzenten politischer Güter. Auf der Grundlage von Dahl (1971), Eckstein (1971) und Pennock (1966) stellen Almond/Powell/Mundt (1996) eine Liste derjenigen politischen Güter zusammen, die ihrer Ansicht nach von den Bürgern mehr oder weniger nachdrücklich in allen Demokratien von den politischen Autoritäten eingefordert werden: „We will refer to the different things people may value as political ‚goods'" (Almond/Powell/Mundt 1996:39). Diese politischen Güter ordnen sie den von ihnen unterschiedenen Funktionsebenen politischer Systeme zu. Auf der Systemebene geht es um die Aufrechterhaltung und Anpassung des politischen Systems. Die Bürger bewerten hier das Funktionieren des Systems und seiner Strukturen, beispielsweise die Art und Weise der Elitenselektion und -rekrutierung. Damit verweist

---

[93] Eben diese demokratischen Performanzkriterien unterscheidet auch Putnam (1993), der zwischen Responsivität und Effektivität unterscheidet: „A good government not only considers the demands of its citizenry (that is, is responsive), but also acts efficaciously upon these demands (that is, is effective)" (Putnam 1993:29). Responsivität bei Putnam entspricht Fuchs' Input-Responsivität und Putnams Effektivität ist identisch mit dessen Output-Responsivität (vgl. Roller 2001:29).

diese Ebene auf Legitimität. Die Bewertung findet aufgrund sogenannter „system values" (ebd. 176) statt, beispielsweise Regelmäßigkeit und Vorhersagbarkeit politischer Prozessabläufe, die das System aufrechterhalten, sowie die Fähigkeit des Systems, sich Umweltveränderungen anzupassen (vgl. Almond/Verba/Powell 1996:177). Die politischen Güter der Prozessebene umfassen Partizipation und prozedurale Gerechtigkeit im Sinne der Gleichbehandlung vor dem Gesetz sowie faire Verfahrensweisen.

Auf der Policyebene geht es um die Frage „what policies citizens [...] expect from the government. What goals are to be established and how are they to be achieved?" (ebd.). Nach Almond et al. haben die Bürger westlicher Demokratien alle mehr oder weniger ähnliche Erfahrungen gemacht, die zu gleichartigen Forderungen führten: Persönliche und nationale Sicherheit sowie öffentliche Ordnung, Lebensqualität im Sinne der negativen Freiheit, also Freiheit vor Regulationen, Schutz der Privatsphäre und Respekt für die Autonomie anderer sowie positiver Freiheit als Freiheit zu handeln, zu organisieren, zu informieren und zu protestieren und schließlich quantitative und qualitative Wohlfahrt sowie Verteilungsgerechtigkeit (vgl. Almond/Verba/Powell 1996:177). "Citizens in different nations attach different importance to various policy outcomes [...] Some goods, such as material welfare, are valued by nearly everyone" (Almond/Powell/Mundt 1996:47). Politische Forderungen variieren also kulturbedingt[94].

Unter Zuhilfenahme der Konzeptualisierungen von Eckstein (1971), Weaver/ Rockman (1993), Pennock (1966, 1979), Fuchs (1997) und Almond/Powell/Mundt (1996) kombiniert Roller (2001) die Begriffspaare zielbezogene Performanz und generelle Performanz auf der einen Seite und systemische Performanz und demokratische Performanz auf der anderen Seite. Sie erhält ein Vier-Felder-Schema zur Klassifikation von Performanzkriterien, wobei „Effektivität das Ausmaß der Realisierung substanzieller Ziele beschreibt" (Roller 2001:30) und Responsivität den „Grad der Übereinstimmung zwischen Bürgeransprüchen und dem Handeln der politischen Eliten" (ebd.) anzeigt. Da diese Typologie für die Zwecke dieser Arbeit viel zu ausführlich ist, soll hier lediglich zwischen den vier Performanztypen unterschieden werden. Wie oben beschrieben, gehören die innere Ordnung, Sicherheit sowie wirtschaftliche Wohlfahrt zu den systemischen Performanzkriterien und Volkssouveränität, politische Freiheit, politische Gleichheit sowie Menschenrechte zu den demokratischen Performanzkriterien. Die zielbezogene Performanz bezieht sich auf das Erreichen substanzieller Ziele. Bestimmte Politikinhalte hängen von jeweiligen historischen wie kulturellen Gegebenheiten ab. Darauf im Einzelnen einzugehen würde den Rahmen dieser Arbeit bei Weitem sprengen. Es kann jedoch angenommen werden, dass die Bürger Mitteleuropas von ihren Regierungen vor allem Leistungen erwarten, die sie lange Zeit entbehren mussten. Dazu zählen beispielsweise der Schutz der persönlichen

---

[94] Roller kritisiert, dass Almond und Powell ein analytisches Schema zur Evaluation *aller* politischen Systeme entwickeln wollten, die Liste aber *demokratische* Performanzkriterien enthält. Bei der Partizipation in Bezug auf politische Inputs und negativen Freiheitsrechten sowie Respekt vor der Autonomie anderer Individuen, Gruppen und Nationen handelt es sich um demokratische, nicht um systemische Performanzkriterien. Des Weiteren ist die Liste nach Roller unzureichend, es fehlten Effizienzkriterien und Wohlfahrt wird über eine konkrete Liste und nicht abstrakt definiert, was problematisch ist, da Wohlfahrtsziele relativ zur Kultur sind (vgl. Roller 2001:33 f.).

Freiheit oder die Förderung wirtschaftlicher Wohlfahrt. Eben diese Kriterien wurden aber eben bereits als demokratisches beziehungsweise systemisches Performanzkriterium eingestuft. Die Zuteilung ist also nicht so einfach. In Anlehnung an das vorherige Kapitel kann außerdem davon ausgegangen werden, dass eine umfangreiche soziale Absicherung durch den Staat sowie die Herstellung wirtschaftlicher Gleichheit erwünscht werden.

Der vierte Leistungstyp schließlich kann als formale oder prozedurale Performanz bezeichnet werden und bezieht sich auf Merkmale des politischen Prozesses zur Realisierung von Zielen. Anders als bei Roller[95] wird hier das Prozedurale auf das Wie, also die Art und Weise der Realisierung politischer Ziele, beispielsweise zur Erlangung von Legitimität, reduziert. So sind Rothstein und Stolle davon überzeugt, dass „it is the degree of perceived fairness and impartiality of the institutions responsible for the implementation of public policies that serves as an important foundation for the building and maintenance of high institutional trust levels" (Rothstein/Stolle 2003:192). Die prozedurale Dimension unterliegt also einer besonders moralischen Bewertung. Dies wird auch deutlich wenn Gabriel schreibt, dass das politische Vertrauen die Erwartung mit einschließt „dass sich die politischen Akteure im Allgemeinen fair, gerecht, unparteiisch und gemeinwohlorientiert verhalten und ihr Handeln im Normalfall an gesellschaftlich akzeptierten normativen Standards ausrichten" (Gabriel 1999a:202).

4.4.2 Hypothesen auf der Performanzebene

Wenn die Kriterien auch nicht alle eindeutig trennscharf zugeordnet werden können, so kann man doch eine Liste der (vermuteten) Leistungsanforderungen aufstellen. Eine als in der Praxis (dauerhaft) umgesetzte positive Einschätzung dieser Indikatoren führt zu einer Steigerung der politischen Unterstützung. Individuen bringen der Regierung und dem Parlament umso mehr Vertrauen entgegen, je mehr sie ...

(1) systemische Performanz:
... *die wirtschaftliche Situation in ihrem Land positiv einschätzen (Hypothese 13)*
... *die eigene sozioökonomische Position als relativ hoch einstufen (Hypothese 14)*
... *[die innere Sicherheit positiv bewerten]*
... *[die innere Ordnung als gegeben betrachten]*
... *[die Sicherheit nach außen positiv einschätzen]*

(2) demokratische Performanz:
... *die politische Gleichheit und die Gleichheit vor dem Gesetz als relativ hoch einstufen (Hypothese 15)*
... *mit dem allgemeinen Zustand und dem Funktionieren ihrer Demokratie zufrieden sind (Hypothese 16)*
... *[persönliche und politische Freiheiten als gegeben betrachten]*

---

[95] Roller unterscheidet prozedurale Ziele auf der systemischen Ebene (Effizienz, Stabilität, Legitimität) und auf der demokratischen Ebene (Zurechenbarkeit, Partizipation) (vgl. Roller 2001:30).

(3) zielbezogene Performanz:
... *die gegenwärtige und zukünftig erwartete politische Situation in ihrem Land positiv bewerten (Hypothese 17)*
... *[die wirtschaftliche Gleichheit als gegeben einschätzen]*
... *[die Unterstützung des Einzelnen durch den Staat als umgesetzt betrachten]*

(4) prozedurale Performanz:
... *das Problem der politischen Korruption als sinkend wahrnehmen (Hypothese 18)*
... *die politischen Autoritäten als responsiv erleben (Hypothese 19)*
... *[Fairness,*
... *Unparteilichkeit,*
... *Gemeinwohlorientierung*
... *und Effektivität als gegeben sehen]*[96].

Die politische und juristische Gleichheit wurde folgendermaßen operationalisiert: In einem Ranking sollten die Befragten bestimmen, in welchen von neun eurasischen Ländern mehr beziehungsweise weniger politische und juristische Gleichheit herrsche. Da Befragte sich dabei weniger für die Positionen der anderen Länder untereinander, als für die relative Position des eigenen Landes interessieren[97] (Gabriel, mündliche Aussage, am 6.11.2006), ist diese Fragestellung methodisch mit der Frage vergleichbar, auf welchem Rang man das eigene Land einschätzt[98]. Aus den einzelnen Ranking-Fragen wurde daher ein Index gebildet, der die jeweilige Selbsteinschätzung der vier Länder abbildet. Der Indikator spiegelt damit die Einschätzung der Gleichheit dieser Region wider.

4.4.3 Empirische Ergebnisse im Hinblick auf den Performanzansatz

Um zu prüfen, ob die einzelnen Koeffizienten trennscharf sind, wurde – wie bereits für das kulturalistische Modell – abermals eine konfirmatorische Faktorenanalyse durchgeführt (Tabelle 7).

Die aus der Theorie abgeleitete und angenommene Struktur der Einstellungsdimensionen lässt sich formal weitgehend bestätigen, das heißt, so gut wie alle Items laden auf den erwarteten Faktoren. Die Beurteilung der politischen Situation lädt auf mehreren, unterschiedlichen Faktoren. So hängt die Bewertung der politischen Situation einerseits eng mit der Demokratiezufriedenheit, andererseits aber auch mit der Wirtschaftslage des Landes zusammen (nicht ausgewiesen). Da diese Variable in-

---

[96] Die mit dem PCP-Datensatz nicht operationalisierbaren Annahmen wurden in eckige Klammern gesetzt. Eine besonders interessante Variable, die der politischen Freiheit, fehlt bedauerlicherweise. Delhey und Tobsch betonen, dass gerade zu Beginn der neuen Systeme die frische Erinnerung an den Staatssozialismus dazu führt, dass Freiheit besonders geschätzt wird. Mit der Zeit würde diese jedoch zur Selbstverständlichkeit, also nicht mehr dem Regime zugeordnet und sozialwirtschaftliche Gesichtspunkte träten in den Vordergrund (vgl. Delhey/Tobsch 2000:40 f.; vgl. auch Rohrschneider 1999:226). Auch Mishler und Rose konnten einen positiven Effekt individueller Freiheit auf das Institutionenvertrauen nachweisen (Mishler/Rose 1997:441; 2002:46).
[97] D.h. die Menschen interessieren sich dafür, welche Länder sich „über" und welche sich „unter" der eigenen Position befinden, jedoch nicht für die interne Reihenfolge der anderen Länder.
[98] Natürlich ohne Nullpunkt.

haltlich als zu allgemein und damit schlecht klar zuordenbar erscheint, wurde sie aus dem Modell entfernt. Die Struktur der Faktorenanalyse verändert sich dadurch nicht.

Tabelle 7: Konfirmatorische Faktorenanalyse zur Absicherung der Dimensionen des Performanzmodells

	Wirtschaftslage im Land	Responsivität	soziale Klasse	monatl. Einkommen	pol. und juristische Gleichheit	Korruption	Demokratiezufriedenheit	Kommunalitäten
Wirtschaftliche Situation unter gegenwärtiger Regierung	,827							,722
gegenwärtige Wirtschaftslage im Vergleich zum Kommunismus/ Sozialismus	,798							,711
Wirtschaftslage im Land allgemein	,695							,590
Politiker sind nur an den Bürgern interessiert, wenn es Ärger gibt		,858						,709
Politiker arbeiten nur zum eigenen Wohl		,779						,713
Parteien dienen den Interessen der Führung		,596					,346	,580
Soziale Klasse der Eltern			,922					,819
Eigene soziale Klasse			,814					,768
Monatliches Einkommen im Vergleich zum Durchschnitt				,987				,982
Rang an politischer und juristischer Gleichheit					,986			,977
Korruption unter gegenwärtiger Regierung						,941		,947
Zufriedenheit mit dem Verlauf der Demokratie im eigenen Land							,820	,737
Zufriedenheit mit dem Stand der Demokratie							,747	,699
Eigenwerte	3,474	1,673	1,423	,945	,918	,784	,736	

Datenquelle: PCP, gewichtete Daten, eigene Berechnungen, N=2865, listenweiser Fallausschluss.
Extraktionsmethode: Hauptkomponentenanalyse. Rotationsmethode: Oblimin mit Kaiser-Normalisierung. Die Anzahl der erwarteten Faktoren wurde vorgegeben. Alle Items wurden sachlogisch kodiert. Die erklärte Gesamtvarianz beträgt 76,6 %.

Die verbleibende „schmutzige" Ladung ist plausibel. So hängt die Zufriedenheit mit dem Verlauf und dem Stand der Demokratie im eigenen Land auch von der Einschätzung ab, inwiefern die Parteien den Interessen der Bürger oder anderen Interessen dienen.

Analog zum Vorgehen beim kulturalistischen Ansatz sollen im nächsten Schritt die aus den verwendeten Items gebildeten Indizes auf ihre Erklärungskraft im Hinblick auf das Institutionenvertrauen getestet werden. Dazu werden aus den jeweiligen Items der in der Faktorenanalyse bestätigten Faktoren Koeffizienten gebildet, die dann als unabhängige Determinanten in die Regressionsanalyse eingehen (Tabelle 8).

Der Einfluss des monatlichen Einkommens der Befragten sowie die Einstufung in eine soziale Klasse waren nicht signifikant und wurden aus dem Modell entfernt. In Bezug auf das Einkommen handelt es sich um ein allgemeines Problem der empirischen Sozialforschung. Fragen zum Einkommen werden im Allgemeinen nicht gerne beantwortet. Auch ist nachvollziehbar, warum die soziale Klasse keinen Erklärungsbeitrag leistet. Wenn man in Rechnung stellt, dass die Linientreuen des Sozialismus mit großer Wahrscheinlichkeit die bessere Klasse in der „klassenlosen" Gesellschaft stellten und im neuen demokratischen System um ihre Stellung bangen müssen, während die Arbeiterklasse im Sozialismus die (offiziell) bedeutendste Klasse stellte und sich in der gesellschaftlichen Hierarchie nun weiter unten wiederfindet, wird dieses Ergebnis plausibel.

Tabelle 8: Institutionelle Determinanten des Vertrauens in parteienstaatliche Institutionen: Vergleich der beiden Erhebungswellen und der Visegrád-Staaten gesamt

	Visegrad-Staaten					
	Welle 1		Welle 2		gesamt	
	B	beta	B	beta	B	beta
Politische und juristische Gleichheit	n.s.[1)]	n.s.	-,046**	-,060	,090**	,110
Responsivität politischer Autoritäten	,163**	,150	,188**	,144	,214**	,174
Soziale Klasse	n.s.	n.s.	n.s.	n.s.	n.s.	n.s.
gegenwärtige und zukünftige Wirtschaftslage	,154**	,216	,185**	,266	,122**	,175
Demokratiezufriedenheit	,034**	,373	,029**	,308	,030**	,324
Korruptionsentwicklung	,169**	,083	,376**	,178	,464**	,228
Konstante	2,030		1,128		,653	
R^2 korrigiert	,360		,471		,453	
N	1090		2106		2966	

[1)] n.s. = statistisch nicht signifikant
* T-Wert der Effektkoeffizienten auf dem 95%-Niveau statistisch signifikant
** T-Wert der Effektkoeffizienten auf dem 99,9%-Niveau statistisch signifikant
Quelle: PCP, gewichtete Daten, eigene Berechnungen; Welle 1: 1990-92, Welle 2: 1997-2001

Die relativ stärkste Beziehung zur abhängigen Variable zeigt die Demokratiezufriedenheit (r = 0,529; β = 0,324). Dem Item fehlt es an Spezifizierung, erlaubt dafür aber die Gewichtung der Performanz, die man für wichtig erachtet (vgl. Rohrschneider 1999:215)[99]. Den zweitgrößten Einfluss im Gesamtmodell entfaltet die Korruptionsdeterminante (r = 0,410; β = 0,228). Hier kommt die bedeutende Stellung von Rechtsstaatlichkeit zum Ausdruck. Rechtsstaatlichkeit ist für eine Demokratie unerlässlich, denn „without a vigorous rule of law, defended by an independent judiciary, rights are not safe and the equality and dignity of all citizens are at risk" (O'Donnell 2004:32). Gesetze müssen für alle - Privatpersonen wie höchste Amtsträger - und unter allen Umständen gelten. Der Bürger hat legale Rechte, die auf einer allgemeinen Grundlage basieren und ist kein Bittsteller des guten Willens der Regierung. Nur so können politische Freiheiten und Rechte garantiert werden (vgl. ebd. 36 f.). Als Vertreter der politischen Gemeinschaft verfügen politische Autoritäten über öffentliche Güter und sind daher zu Gemeinwohlorientierung verpflichtet. Ein wenig gewissenhafter Umgang mit Steuergeldern hingegen vermindert nicht nur das Vertrauen in die regierenden Institutionen, sondern wirkt sich auch auf die Bereitschaft der Bürger aus, Steuern zu zahlen oder Gesetze einzuhalten. Ähnlich ist es bei einem weiteren moralisch aufgeladenen Performanzkriterium, der Einschätzung, ob politische Autoritäten zum eigenen Wohl oder gemeinwohlorientiert und responsiv handeln. Auch hier gilt, dass

---

[99] Mit einem Konditionsindex von 11, 726 liegt noch keine ernsthafte Kolinearität vor.

die politischen Autoritäten ihrer Aufgabe nicht nachkommen, wenn sie egoistisch handeln (r = 0,422; β = 0,174). Eine weitere politische Performanzdeterminante, die Einschätzung der politischen und juristischen Gleichheit, zeigt ebenfalls den erwarteten Zusammenhang, allerdings nicht in der erwarteten Stärke (r = 0,276; β = 0,110). Aus kontextueller Sicht müsste die langersehnte Gleichheit einen starken Effekt auf das Vertrauen in Regierung und Parlament haben. Wie ist diese Diskrepanz zu erklären? Denkbar wäre, dass die Bürger die politische Gleichheit oder Ungleichheit zwar wahrnehmen und erleben, diese jedoch nicht den demokratischen Strukturen zuordnen. Eine sozialistische Erziehung dürfte diese Wahrnehmung noch verstärken, selbst wenn die Ungleichheit im Staatssozialismus noch in Erinnerung ist. Dafür spricht, dass 62,8 Prozent der gültigen Antworten auf die Frage, ob der Sozialismus an sich sei eine gute Idee, die nur schlecht ausgeführt wurde mit „ja" antworteten, während 25,8 Prozent dieser Aussage widersprachen[100]. Im Vergleich dazu hat die Einschätzung der allgemeinen Wirtschaftslage einen starken Einfluss (r = 0,423; β = 0,175). Hier zeigt sich die in Kapitel 3.1.1 beschriebene Zweidimensionalität menschlicher Orientierung. Rational-egoistische Motive allein könnten diesen Effekt nicht erklären, dazu braucht es auch eine sozial-gesellschaftliche Einstellung.

Insgesamt bleibt festzuhalten, dass im Hinblick auf das Vertrauen in parteienstaatliche Institutionen sowohl systemische und demokratische, als auch prozedurale Leistungsanforderungen von Bedeutung sind und dass politische wie wirtschaftliche Performanzen gleichermaßen einen Erklärungsbeitrag leisten[101].

Auffällig ist die Erklärungskraft des Gesamtmodells[102]. Mit einem Bestimmtheitsmass von 0,453 liegt der Anteil der erklärten Streuung an der Gesamtstreuung weit über dem Anteil des Regressionsmodells des Kulturansatzes (R_{korr} = 0,277). Wie ist das zu erklären? Wie oben festgestellt wurde, unterscheiden die Bürger zwischen den politischen Autoritäten und den Institutionen eines politischen Systems, doch andauernde Erfahrungen mit verschiedenen Entscheidungsträgern führen zu einer Generalisierung und Übertragung der Orientierungen gegenüber den Autoritäten auf die Regimeebene (Fuchs/Gabriel/Völkl 2002:431). Die Einstellungen zu den politischen Institutionen sind damit von der Einschätzung der politischen Autoritäten und deren Outputs nicht völlig unabhängig (vgl. Gabriel 1999a:218; Fuchs/Gabriel/Völkl 2002:440). Da die mittelosteuropäischen Bürger bisher nur wenige Erfahrungen mit demokratischen Strukturen sammeln konnten, ist es plausibel anzunehmen, dass Orientierungen gegenüber dem Regime noch stark performanzabhängig sind und spezifische Unzufriedenheiten sich relativ schnell auf diffusere Formen der Unterstützung auswirken können. Anders ausgedrückt: Aufgrund mangelnder Erfahrungen sind diffuse Orientierungen kaum vorhanden; Institutionenvertrauen ist hier eher eine spezifische, als eine diffuse Unterstützungsform.

Im Einklang mit der Sozialisationsthese wurde im letzten Kapitel festgestellt, dass der Einfluss demokratischer Wertvorstellungen stabil bleibt beziehungsweise steigt.

---

[100] Die Frage wurde nur zur zweiten Welle erhoben, als die Bürger bereits ökonomische Tiefen, wie Armut, wachsende Arbeitslosigkeit und eine wachsende Kluft zwischen Arm und Reich erlebten. Die Antworten könnten daher auch nostalgische Sehnsucht nach geordneten Verhältnissen widerspiegeln.
[101] Substantielle Anforderungen konnten nicht befriedigend operationalisiert werden.
[102] Leider konnte das Regressionsmodell für Westdeutschland nicht berechnet werden. Die Koeffizienten wurden entweder nicht abgefragt oder die Zusammenhänge waren nicht signifikant.

Demnach müsste die Bedeutung der Performanzkriterien sinken. Das Gegenteil ist jedoch der Fall. Das Erklärungspotential der Performanzebene steigt von 36,0 Prozent auf 47,1 Prozent an. Worauf beruht dieser gewaltige Anstieg in so kurzer Zeit? Sieht man sich die einzelnen Leistungskriterien genauer an, so fällt auf, dass nur die Demokratiezufriedenheit, ein semantisch sehr allgemeiner Koeffizient, an Bedeutung verliert, während die spezifischeren Determinanten wie Responsivität, Einschätzung der allgemeinen Wirtschaftslage und vor allem der Korruption an Einfluss gewinnen. Wie bereits beim Kulturmodell zeigt sich auch hier, dass die Menschen mit der Zeit lernen, was sie von demokratischen Institutionen erwarten können. Die Vorstellungen und Anforderungen an die Regierung und das Parlament werden präziser. Wenn dieser hier offensichtlich stattfindende Lernprozess jedoch nicht mit dem Alter zusammenhängt und mit der klassischen Sozialisationsthese erklärt werden kann, worauf beruht er dann? Eine mögliche Erklärung ist die bereits angeführte Annahme, dass erst politische und wirtschaftliche Erfahrungen mit den existierenden Institutionen zu genaueren Vorstellungen darüber führen, was demokratische Strukturen sind, was von ihnen zu erwarten ist und inwiefern sie diesen Ansprüchen gerecht werden. Wenn diese These stimmt, dann lassen die für die Menschen hohen Belastungen der Transformation und vor allen Dingen die hohe Arbeitslosigkeit[103] erwarten, dass sowohl die Bewertung der Performanzeinschätzungen negativer werden, als auch das Vertrauen der politischen Institutionen Mitteleuropas sinkt. Mit Hilfe eines Mittelwertvergleichs sollen diese Annahmen überprüft werden (Tabelle 9).

Tatsächlich sinken die Mittelwerte der meisten Indizes im Zeitverlauf, wohingegen die Zu- und Abnahme der Standardabweichungen ausgeglichen sind. Das bedeutet, dass sowohl das Vertrauen in die politischen Entscheidungsinstitutionen, als auch die Unterstützung demokratischer Prinzipien einerseits und die positive Einschätzungen einzelner Performanzen, wie die Korruptionsentwicklung oder die Realisierung politischer beziehungsweise juristischer Gleichheit andererseits sinken[104].

Eine Sozialisation findet zwar statt, jedoch in die „falsche" Richtung. Wie bereits in Kapitel 3.3.2 beschrieben, kann jedoch angezweifelt werden, dass Familie, Freundeskreis, Schule und Arbeitsplatz den Einzelnen zum Demokraten erziehen, da nicht nachzuvollziehen ist, worauf die demokratischen Wertvorstellungen der Sozialisationsagenten beruhen sollen. Es ist jedoch auch wenig wahrscheinlich, dass den Individuen in ihrer sozialen Lebenswelt nun mehr sozialistische Werte gelehrt werden als

---

[103] So überschritt Anfang 2001 die Arbeitslosenquote in Polen die 15-Prozent-Grenze, in der Slowakei war sie sogar über 20 Prozent (vgl. Kutz 2001:26 f.). Gerade der Zustrom ausländischer Direktinvestitionen hat zwei negative Folgen für die Region: zum einen die Inflation. Allein in den Jahren „von 1990 bis 1992 stiegen die Direktinvestitionen in Polen von 190 Mio. DM auf 1 150 Mio. DM, in Ungarn von 590 Mio. DM auf 5 000 Mio. DM und in Tschechien von 150 Mio. DM auf 2510 Mio. DM" (ebd. 27) und stellten so ein wesentliches Hindernis bei der Begrenzung der Geldmenge dar. Zum anderen erhöht sich die Arbeitsproduktivität und führt im Zuge der sogenannten Rationalisierung zum Abbau „redundanter" Arbeitskräfte.

[104] Alle Indizes sind so kodiert, dass steigende Werte eine pro-demokratische Einstellung wiedergeben. Das Sinken des Mittelwertes der Korruptionsvariablen ist folglich so zu interpretieren, dass die Bürger das Korruptionsniveau als ansteigend betrachten. Der Mittelwert der Wirtschaftsvariablen steigt an, weil es den Ländern Mitteleuropas durchaus gelungen ist, ihr Bruttosozialprodukt zu steigern und diese Frage sich auf das Land insgesamt bezieht. Leider geht der Anstieg der Wirtschaftsraten nicht mit einem Anstieg an Arbeitsplätzen einher.

vor dem Umsturz. Der Abfall demokratischer Orientierungen muss also eine andere Ursache haben und hier bietet die These institutionellen Lernens eine plausible Erklärung. Beim Betrachten der empirischen Ergebnisse drängt sich nämlich der Gedanke auf, dass die Performanzwahrnehmung und -beurteilung sich nicht nur auf die Struktur-, sondern auch auf die Systemebene direkt auswirkt und dies in einer vergleichsweise sehr kurzen Zeit. Denn mit den Mittelwerten der Performanzbewertungen sinkt nicht nur das Mittel des Institutionenvertrauens, sondern auch die der prodemokratischen Orientierungen.

Tabelle 9: Mittelwerte der Determinanten des kulturalistischen und institutionalistischen Modells: Vergleich der ersten und zweiten Welle, der Visegrád-Staaten insgesamt und Westdeutschland

	Visegrád-Staaten								Westdeutschland		
	W1			W2			gesamt			W2		
	MW	SD	N	MW	SD	N	MW	SD	N	MW	SD	N
Vertrauen in politische Entscheidungsinstitutionen	3,989	1,176	1662	3,300	1,349	3834	3,509	1,337	5496	4,213	1,179	956
Vertrauen in intermediäre Strukturen	3,550	1,224	2588	3,302	1,283	3633	3,405	1,265	6221	3,902	1,27	934
Interpersonales Vertrauen	4,760	1,105	2512	4,929	1,100	3059	4,853	1,105	5571	5,328	0,943	839
Notwendigkeit demokratischer Basisinstitutionen	3,612	0,691	1839	3,486	0,862	3276	3,552	0,807	5115	3,823	0,511	891
Links-Rechts-Selbsteinstufung	5,580	2,078	2396	5,190	2,124	3606	5,344	2,114	6002	5,033	1,689	826
Planwirtschaft vs. Marktwirtschaft	8,107	3,308	1486	6,882	3,542	2819	7,305	3,511	4305	8,456	2,981	734
Einstellung zu politischen Repressionen	10,393	2,518	2786	9,190	2,667	3961	9,687	2,672	6747	n.e.	n.e.	n.e.
Zuständigkeit der Regierung	1,825	1,040	2798	1,573	0,867	4352	1,672	0,946	7150	1,869	0,995	967
Toleranz und Gleichberechtigung	5,7819	1,996	2641	6,593	2,116	3876	6,264	2,106	6517	n.e.	n.e.	n.e.
Responsivität politischer Autoritäten	2,3033	1,115	2150	1,743	0,100	3417	1,960	1,080	5567	n.e.	n.e.	n.e.
Soziale Klasse	2,198	1,227	2991	2,041	1,225	4117	2,107	1,228	7108	2,968	1,431	948
gegenwärtige und zukünftige allgemeine Wirtschaftslage	2,857	1,970	2641	3,413	1,896	3628	3,180	1,947	6269	4,917	1,613	24
Korruptionsentwicklung	2,033	0,635	2647	1,501	0,621	4129	1,710	0,678	6776	n.e.	n.e.	n.e.
Politische und juristische Gleichheit	4,936	1,357	1626	3,781	1,663	3320	4,161	1,660	4946	n.e.	n.e.	n.e.

Quelle: „Post-communist Citizen", gewichtete Daten, eigene Berechnungen. Dargestellt sind die Mittelwerte der Koeffizienten, deren Differenz zwischen der ersten und der zweiten Erhebungswelle auf dem 0,01-Niveau signifikant sind.

Bestätigt sich diese Annahme, wenn man sowohl kulturelle, als auch leistungsorientierte Koeffizienten in einem gemeinsamen Modell betrachtet?

4.5 Kulturalistische und institutionalistische Determinanten im Gesamtmodell

Der letzte und entscheidende Analyseschritt besteht nun also darin, die bisherigen Ansätze in einem gemeinsamen Modell zu integrieren und zu prüfen, ob die bislang abgeleiteten Schlussfolgerungen und Aussagen der Prüfung standhalten. In einer gemeinsamen Regressionsanalyse wurden daher im letzten Schritt sowohl die kulturalistischen, als auch die institutionalistischen Determinanten aufgenommen und auf ihre Erklärungskraft hin überprüft (Tabelle 10). Zunächst mussten einzelne Determinanten der Werte- wie der Performanzebene wegen fehlender Signifikanz entfernt werden[105]. Dadurch bleibt das Modell jedoch stabil.

Tabelle 10: Kulturalistische und institutionalistische Determinanten des Vertrauens in parteipolitische Institutionen. Erste und zweite Erhebung sowie gemeinsame Daten im Vergleich

	Visegrád-Staaten					
	Welle 1		Welle 2		gesamt	
	B	beta	B	beta	B	beta
Notwendigkeit demokratischer Basisinstitutionen	,174**	,108	,115**	,074	,123**	,077
Vertrauen in intermediäre Institutionen	,251**	,248	,128**	,124	,182**	,176
Planwirtschaft vs. Marktwirtschaft	n.s.[1)]	n.s.	n.s.	n.s.	,025**	,067
Interpersonales soziales Vertrauen	n.s.	n.s.	,155**	,129	,073**	,061
Toleranz und Gleichberechtigung	n.s.	n.s.	n.s.	n.s.	-,020*	-,038
Alter	,006*	,067	n.s.	n.s.	,005*	,054
Korruptionsentwicklung	n.s.	n.s.	,356**	,174	,394**	,202
Gegenwärtige und zukünftige Wirtschaftslage im Land	,164**	,232	,172**	,251	,110**	,162
Responsivität politischer Autoritäten	,141**	,127	,161**	,129	,167**	,140
Demokratiezufriedenheit	,030**	,330	,023*	,242	,026**	,272
Politische und juristische Gleichheit	n.s.	n.s.	,053*	,065	,081**	,100
Einstellung zu politischen Repressionen	n.s.	n.s.	-,043**	-,088	-,030*	-,051
Konstante	,696		-,199		-,352	
R² korrigiert	,441		,504		,501	
N	1026		1314		1663	

1) n.s. = statistisch nicht signifikant
*T-Wert der Effektkoeffizienten auf dem 95%-Niveau statistisch signifikant
**T-Wert der Effektkoeffizienten auf dem 99,9%-Niveau statistisch signifikant
Quelle: PCP, gewichtete Daten, eigene Berechnungen; Welle 1: 1990-92, Welle 2: 1997-2001.

Das Muster der vorherigen empirischen Analysen bestätigt sich. Die Koeffizienten der Performanzebene hängen insgesamt deutlich stärker mit der abhängigen Variable zusammen als die kulturellen Determinanten. Während die allgemeine Demokratiezufriedenheit an Bedeutung verliert, gewinnen spezifische Performanzkriterien hinzu. Die Bedeutung der Performanzkriterien nimmt zu, während die Einschätzung der Notwendigkeit demokratischer Basisinstitutionen sogar an relativem Einfluss verliert. Dieses Ergebnis bestätigt, dass die naive Sozialisationsthese durch andere Formen des Lernens ergänzt werden muss, beispielsweise der Möglichkeit institutioneller Lernprozesse.

Und noch ein anderes Ergebnis stützt diese Perspektive: Der Gesamtanteil erklärter Varianz steigt im Vergleich zum Performanzmodell lediglich um 4,8 Prozent an[106]. Wie ist das zu interpretieren? Da der Löwenanteil auf die Performanzeinschätzungen zurückgeht und diese im Zeitverlauf steigen, scheint es, als verflüchtige sich die Bedeutung der Wertmaßstäbe im Hinblick auf das Institutionenvertrauen. Im Kulturmo-

---

[105] Werteebene: »Zuständigkeit der Regierung«, »Links-Rechts-Selbsteinstufung«, »Planwirtschaft vs. Marktwirtschaft«; Performanzebene: »soziale Klasse«, »monatliches Einkommen«
[106] Das Performanzmodell erzielt 45,3 % erklärten Varianzanteil. Der Anstieg zwischen der ersten und der zweiten Erhebung beträgt 11,1%.

dell konnte jedoch gezeigt werden, dass die Bedeutung der Wertvorstellungen stabil bleibt. Eine plausible Erklärung ist, dass die Werte einerseits direkt, vor allen Dingen jedoch indirekt auf das Institutionenvertrauen wirken. Als grundlegende Orientierungen beeinflussen und filtern sie die Wahrnehmung und Art der Beurteilung politischer Akteure und deren spezifische Leistungen.

Rohrschneider nennt diesen Mechanismus ideologische Performanz:

> „Ideological values may have an indirect influence on institutional support, via citizens' assessment of a system's performance [...]. The central notion is that one's societal ideals define the standards by which one assesses the performance of institutions" (Rohrschneider 1999:206f.).

4.6 Diskussion und Schlussfolgerungen

Die Frage nach der Erklärungskraft des kulturalistischen Ansatzes im Vergleich zum Performanzansatz kann für die Visegrád-Staaten klar beantwortet werden: Der Löwenanteil an erklärter Variation in Bezug auf das Vertrauen in die politischen Entscheidungsinstitutionen ist auf die Einschätzung und Beurteilung institutioneller Qualitäten und Leistungen zurückzuführen. Zu diesem Ergebnis kommen auch Mishler und Rose, deren Analysen mittelosteuropäischer Staaten zeigen, dass Einschätzungen wirtschaftlicher und politischer Performanz auf das politische Vertrauen einen größeren Einfluss ausüben, als Sozialisationserfahrungen[107] (vgl. Mishler/Rose 2001:48). Dieser Befund widerspricht zunächst weder den grundlegenden Annahmen des Kulturalismus, noch denen des Performanzansatzes. Kulturalistische Ansätze gehen davon aus, dass Vertrauen in politische Institutionen auf persönliche Merkmale des Individuums zurückzuführen ist, zum einen in Form einer Disposition, zum anderen und vor allen Dingen aber durch eine Kongruenz der verinnerlichten Wertmaßstäbe mit jenen, die den existierenden politischen Institutionen zugrunde liegen und so eine Identifikation mit diesen möglich machen. Aus dieser Perspektive können die Menschen post-sozialistischer Staaten kaum politisches Vertrauen aufbringen, weil sie ihr bisheriges Leben unter einem autoritären Regime gelebt haben und daher eine Neigung entwickelt haben, ihrer Umwelt eher zu misstrauen beziehungsweise keine demokratischen Wertvorstellungen verinnerlichen konnten. Die Überprüfung dieser Thesen ergab, dass Werte durchaus einen Einfluss auf das Institutionenvertrauen haben, dass solche Dispositionen existieren, dass jedoch weder das Vertauensniveau so niedrig, noch die Wertvorstellungen so anti-demokratisch sind wie man es hätte erwarten können.

---

[107] Mishler und Rose operationalisieren Sozialisation über die Faktoren Alter, Geschlecht und Stadtgröße. Sozialisationsfaktoren über Proxy-Variablen zu operationalisieren ist jedoch nur als Notbehelf anzusehen, denn „hinlänglich präzise, empirisch plausible Hypothesen über die für das Entstehen politischen Vertrauens relevanten Sozialisationsinhalte und -mechanismen fehlen" (Gabriel 1999a:217). Im Rahmen dieser Arbeit wurden folgende Variablen getestet, die in den hier berechneten Regressionsmodellen jedoch keinerlei Erklärungskraft entfalten konnten: Religiosität, Geschlecht, Ehestatus, Bildung und Einkommen.

Dieses Ergebnis widerspricht nicht der von manchen Autoren vertretenen Ansicht, dass die Demokratie anfangs lediglich deshalb sowohl von Nationalisten als auch liberalen Demokraten begrüßt wurde, weil sie die Unterdrückung und Vorherrschaft Moskaus beendete (vgl. Mishler/Rose 1997:420; 2002:13). Das ist durchaus möglich. Wichtig ist in diesem Zusammenhang jedoch, dass während die Schrecken des Kommunismus verblassen, gleichzeitig ein durch den fehlenden Aufschwung überdeckter, aber unterschwellig doch ablaufender Sozialisationsprozess in Form einer demokratischen Stabilisierung in Gang gesetzt wurde. Zwar ist diese Annahme mit den vorliegenden Daten aus lediglich zwei Querschnittserhebungen kaum zu belegen. Hinweise darauf gibt es jedoch. Die empirischen Analysen haben gezeigt, dass zwar die pro-demokratischen Orientierungen im Niveau sinken, ihre Erklärungskraft jedoch stabil bleibt und sogar leicht ansteigt. Mehr ist in einem solch kurzen Zeitraum auch nicht zu erwarten.

Von einer stabilen, diffusen Systembindung sind die Individuen so kurz nach dem Regimewechsel noch weit entfernt. Aus diesem Grund tritt ein anderer Prozess in den Vordergrund, der leicht nachzuvollziehen ist. Aus Mangel an Anknüpfungspunkten für Identifikation oder vergangener positiver Erfahrungen stützen die Menschen ihre Beurteilungen auf jüngere Erfahrungswerte, die direkt mit den Leistungen dieser Institutionen zusammenhängen. Hier spielen vor allem die Wahrnehmung der Korruption und der wirtschaftlichen Lage eine große Rolle.

Dieser Befund hat theoretische Folgen. Die erste Schlussfolgerung daraus ist, dass die beiden Theorieansätze ihre Fokussierung auf *eine* Vertrauensquelle aufgeben müssen. Die kulturalistische These, dass Individuen kein politisches Vertrauen zeigen, wenn sie die entsprechenden Werte nicht internalisiert haben, trifft so nicht zu (vgl. Rohrschneider 1999:204). Weder sind ideologische Werte die alleinige Quelle institutioneller Unterstützung, noch kann ihre Bedeutung geleugnet und allein die Performanz für das Entstehen von Institutionenvertrauen herangezogen werden.

Die zweite Schlussfolgerung die man ziehen muss ist, dass die Vertrauensquellen in ihrer Bedeutung ungleich sind und ihre verschiedenen Einflüsse variieren können. Solange der Prozess demokratischer Stabilisierung „im Hintergrund" abläuft und die Demokratie nur langsam zu einer Selbstverständlichkeit reift, ist die Performanz von enormer Wichtigkeit für die Vertrauensbildung[108]. Ihre Bedeutsamkeit steigt sogar (zunächst) an.

Die dritte Schlussfolgerung geht direkt aus den ersten beiden hervor. Wenn jungen Demokratien mehrere Quellen politischen Vertrauens zur Verfügung stehen, dann ist es auch möglich, den langen Weg über den Wechsel der Generationen abzukürzen und Vertrauen in vergleichsweise kurzer Zeit aufzubauen, indem der begrenzte Bestand an einer Vertrauensquelle durch die Verfügbarkeit und Konzentration der anderen kompensiert wird. Denn selbst wenn die institutionelle Identifikationsbasis mit den jungen Strukturen noch dünn ist, so kann das Vertrauen in diese durch wirtschaftliches Wachstum und Verringerung der Arbeitslosigkeit einerseits, sowie dem Abstandhalten von Korruption und repressiven Praktiken andererseits, ver-

---

[108] Wenn der Haupteinfluss auf Regimeunterstützung auf die Sozialisation im Jugendalter zurückginge, dann würden substantielle Veränderungen der Mittelwerte demokratischer Wertvorstellungen mindestens eine Dekade benötigen (vgl. Mishler/Rose 2002:24).

gleichsweise schnell generiert werden (vgl. Mishler/Rose 2001:33). Die Vertretung entsprechender Ideale ist dafür zunächst nicht notwendig, solange die Institutionen erfolgreich systemische Performanz vorweisen können (vgl. Rohrschneider 1999:205). Auch die Frage, ob der Kulturalismus und der Institutionalismus sich miteinander verknüpfen lassen, lässt sich eindeutig beantworten. Die Verbindung dieser beiden Theorietraditionen erfolgt durch die Verknüpfung der einzelnen Ebenen des politischen Systems untereinander. Diese funktionieren keineswegs völlig unabhängig voneinander und die Möglichkeiten, unterschiedliche Quellen für Institutionenvertrauen gegeneinander auszutauschen sind keineswegs beliebig. Der zweite große Befund ist die Feststellung, dass sowohl die Wertvorstellungen, als auch die Performanzen das Institutionenvertrauen nicht nur direkt, sondern auch *indirekt* beeinflussen indem sie *untereinander interagieren*. Dabei stehen vor allem zwei soziale Mechanismen im Vordergrund: die ideologische Performanz und das institutionelle Lernen.

Bereits bei der Herleitung des Performanzmodells wurde deutlich, dass Leistungsanforderungen an politische Systeme sich auf Wertmaßstäbe stützen. Jeder institutionelle Rahmen basiert auf konzeptionellen Wertvorstellungen, die eine Gesellschaft betonen möchte (vgl. ebd. 63). Diese Werte schreiben auch die substantiellen Zielvorstellungen und die Art und Weise der Zielerreichung vor und bilden demzufolge die Grundlage für instrumentelle wie moralische Anforderungen an die Politik. Dieser aus dem kulturalistischen Ansatz stammende Mechanismus der ideologischen Performanz findet sich auch im Neo-Institutionalismus Göhlers wieder. Durch seine Konzeptualisierung eines zweidimensionalen Institutionenbegriffes werden die unterschiedlichen Systemebenen miteinander verknüpft. Leitideen verleihen den Institutionen ihren Geltungsanspruch nach innen wie nach außen. Nach innen steuern sie Verhalten und verleihen den handelnden Akteuren Gefühle der Zugehörigkeit, Motivation und Verpflichtung. Auf diese Weise erwerben Werte und Normen Verbindlichkeit. Nach außen können die Bürger anhand der Idée directrice ermitteln, welche konkreten Anforderungen und Erwartungen an diese Institutionen gestellt werden können[109]. Vertrauen ist demnach dann möglich, wenn die Leitidee von der jeweiligen Institution glaubwürdig nach außen transportiert und „gelebt" wird[110].

Für die Aktualisierung von Wertvorstellungen im Handlungszusammenhang sprechen Korrelationen zwischen Koeffizienten der Performanz- und Kulturebene. So stehen sämtliche Performanzkriterien in einem positiven Zusammenhang mit der Unterstützung der Repräsentationsprinzipien. Deutliche Beziehungen finden sich auch zwischen der Planwirtschaft-Marktwirtschaft-Dimension und der Wahrnehmung der Responsivität, Gleichheit, Korruption, der politischen und wirtschaftlichen Situation sowie der Demokratiezufriedenheit. All diese Kriterien hängen außerdem mit der Ei-

---

[109] Aus dieser integrativen Perspektive sind politische Institutionen „mehr als die Summe von Regulierungen" (Lepsius 1995:394), sie sind prinzipienorientierte Interpretationsgemeinschaften (vgl. Becker 2003:20).
[110] Anspruch und Realität der Institution müssen dabei, zumindest in der Wahrnehmung der Bürger, übereinstimmen. Ein Gericht, das als ungerecht gilt, verfehlt seinen (moralischen) Sinn. Ähnlich konzeptualisiert auch Offe (1999, 2001) die Verbindung von Werten und Vertrauen (Kapitel 2.6.2.3).

genverantwortungs-Staatszuständigkeits-Dimension zusammen (nicht ausgewiesen). Letztlich sind Performanzbeurteilungen also nicht von zugrundeliegenden Werten zu trennen.

Der in die „entgegengesetzte Richtung verlaufende" Mechanismus des institutionellen Lernens beschreibt, wie Performanzen Wertvorstellungen beeinflussen. Die Individuen sind den existierenden Institutionen und deren zugrundeliegenden Werten und Normen ausgesetzt und lernen sie dadurch kennen (vgl. Rohrschneider 1999:16). Forcierte jedoch nach 1949 vor allem das einer erfolgreichen Politik zugeschriebene „Wirtschaftswunder" die Entwicklung affektiver Bindungen an die junge Bundesrepublik, so führt das gegenwärtige Ausbleiben an „blühenden Landschaften" zu einem Rückgang politischer Unterstützung.

Ergänzend zu Rohrschneider behaupte ich, dass die Internalisierung dieser Wertmaßstäbe auch dann möglich ist, wenn sie nicht *sofort* von konkretem Erfolg begleitet werden. Da der Mensch in der Lage ist, Belohnungen beziehungsweise Bedürfnisbefriedigung gedanklich zu abstrahieren und vorwegzunehmen, kann ein erhoffter Zustand durchaus für einen begrenzten Zeitraum „aufgeschoben" werden. Solange die Menschen die Hoffnung hegen, dass ihre Situation besser wird und die derzeitige Lage nur eine Durststrecke ist, die es zu überwinden gilt, können sie die Diskrepanz zwischen Soll und Sein ertragen. Die Bürger verinnerlichen Vorstellungen von wünschenswerten Zuständen und konkreten Anforderungen an das politische System. Anders als beim systemexternen Lernen sind die Bürger jedoch nicht vom demokratischen Spiel ausgeschlossen. Korruptionsskandale, Diskussionen über Gesetzesentwürfe, internationale Handelsabkommen oder den Anstieg des Bruttosozialprodukts erlebt das Individuum direkt oder vermittelt und lernt so die Regeln, Möglichkeiten und Grenzen des demokratischen Handelns und Verhandelns kennen. Der Umgang mit Korruption beispielsweise unterscheidet sich von dem im sozialistischen System. Zum einen hat eine Verschiebung vom politischen in den wirtschaftlichen Bereich stattgefunden. Zum anderen gibt es nun Akteure, die der Korruption den Kampf angesagt haben und versuchen, Rechtsstaatlichkeit durchzusetzen.

Während sich die Hoffnungen der Westdeutschen relativ früh bewahrheiteten, erleben die Bürger Mitteleuropas, dass die Realität den Ansprüchen (noch) nicht gerecht wird. Die Frage ist daher nicht, ob die Verinnerlichung demokratischer Ideale möglich ist, sondern eher, wie lange es dauern wird, bis die Bürger nicht mehr bereit sind, die hohen Transformationskosten mitzutragen und was in einem solchen Falle passieren wird. Denn trotz des wirtschaftlichen Aufschwungs seit Mitte der Neunziger Jahre und der teils satten Wachstumsraten ist es bislang nur ansatzweise gelungen „Breiteneffekte der wirtschaftlichen Revitalisierung zu generieren" (Lang 2001:19). Die Folge ist eine große Kluft zwischen Gewinnern und Verlierern der Transformation und damit einhergehend eine anhaltend hohe Arbeitslosigkeit. Doch die Menschen leiden nicht nur unter den wirtschaftlichen Verhältnissen. Neben dem Verlust an gesellschaftlichen Normen und Regelungen und teils weitreichenden Veränderungen der individuellen Lebenswelten[111] war und ist auch die politische Situation für die Bürger verwirrend und undurchsichtig. Alte politische Feindbilder verloren nach dem

---

[111] In extremen Fällen wurden Zeugnisse und Diplome wertlos und berufliche Karrieren fanden ein abruptes Ende (vgl. Kalthoff/Wagener 2004:13).

Systemumbruch ihre integrierende Wirkung, die Dichotomie zwischen „Gesellschaft" (wir) und „Staatsmacht" (sie) in Polen und Ungarn verwischte, bisher illegale Institutionen wurden legalisiert, deren führende Persönlichkeiten zu Parlamentariern und Ministern, traditionelle Ideologien, aber auch antitotalitäre Ideen galten nicht mehr, Eliten und Gegen-Eliten verhandelten gemeinsam den Übergang zur Demokratie, inhaltliche und Verfahrensfragen überlagerten sich, wobei „die prinzipiellen Forderungen nach Demokratisierung jedoch nur teilweise eingelöst wurden" (Fehr 1994:338) und Machtverteilungen offen gehalten wurden, was wiederum Probleme demokratischer Legitimitätsbildung zur Folge hatte (vgl. Mazowiecki 1991:13; Fehr 1994:336-343, Kuron 1991:10). Etwas Neues wuchs unter großen Schwierigkeiten heran und Performanzen konnten kaum zugeordnet werden.

In einer solchen Situation ist es nicht schwer nachvollziehbar, dass das Niveau an Vertrauen in Regierung und Parlament und auch andere Formen politischer Unterstützung sinken. Es konnte plausibel gemacht werden, dass unerfüllte Erwartungen zu Lernprozessen führen. Die Menschen lernen zwischen verschiedenen Strukturen zu unterscheiden und ihre Ansprüche an das politische System zu präzisieren. Bedeutet die Bestätigung eines institutionellen Lernens nun das Ausheben klassischer Sozialisationsannahmen? Nein, tut sie nicht. Vielmehr ergänzen sich die unterschiedlichen Prozesse. Da der Sozialisationsprozess offen ist und das Individuum ein Leben lang dazulernen kann, sind weder Zeit noch Vermittler festgelegt. Vermutlich sind junge Menschen leichter zu beeindrucken, reflektieren Vorstellungen des Wünschenswerten weniger als ältere Menschen und eignen sie sich schneller an. Dennoch lernen Individuen in allen Altersklassen neue Normen und Werte kennen und akzeptieren. Neben den medial vermittelten gibt es auch für den Einzelnen direkt spürbare Folgen institutionellen Handelns, wie Inflation oder Arbeitslosigkeit. Dabei wird das direkte Umfeld des Individuums ebenfalls von den Outcomes beeinflusst. Auf diesem Wege kommt den klassischen Sozialisationsagenten Familie, Freunde, Schule und Arbeitskollegen wieder ihre „alte" Rolle zu. Institutionelle Lernprozesse wirken sich also auf allen Ebenen der individuellen Lebenswelt aus.

Zur These des Institutionellen Lernens gibt es jedoch eine alternative Erklärung, die ebenfalls den Rückgang demokratischer Wertvorstellungen und das Sinken des Institutionenvertrauens erklären kann. Es wurde bereits angesprochen, dass manche Autoren annehmen, die Verfügbarkeit moderner Kommunikationstechnologien hätte dazu geführt, dass die Bürger Mitteleuropas demokratische Wertvorstellungen bereits *vor* dem Systemumbruch internalisiert hätten. Richtig ist, dass die Menschen post-sozialistischer Gesellschaften die wirtschaftlichen und politischen Kapazitäten wahrnehmen und mit ihrer eigenen Situation vergleichen konnten (vgl. Mishler/Rose 1996). Eine systemexterne Internalisierung von Wertvorstellungen halte ich jedoch für wenig wahrscheinlich, es kann jedoch argumentiert werden, dass das anfänglich erstaunlich hohe Niveau pro-demokratischer Einstellungen einerseits und Institutionenvertrauens andererseits auf eine Bejahung von Werten zurückgeht, welche auch aus sozialistischer Perspektive leicht zu vertreten sind, weil sie eher abstrakt und dadurch mit der eigenen Lebenswelt vergleichsweise leicht vereinbar sind. Plausibel ist auch, dass die Menschen aufgrund ihrer Erfahrungen im Staatssozialismus eine Sehnsucht nach Rechtsstaatlichkeit, politischer Freiheit und Gleichheit entwickelt haben könnten. Es wäre also durchaus möglich, dass sich neben systemischen auch demokratische Performanzbedürfnisse entwickelt haben. Mit einer Verinnerlichung von Wertorientierungen sind diese Einstellungen jedoch nicht gleichzusetzen. Die anfänglich vergleichsweise erstaunlich hohen Befürwortungswerte demokratischer Prinzipien (Tabelle 9) können darauf zurückgeführt werden, dass mit den neuen Systemen euphorische Erwartungen auf politische und wirtschaftliche Verbesserungen der Lebensverhältnisse verbunden wurden[112] (vgl. u.a. Rohrschneider 1999:226). Durch die beträchtlichen ökonomischen und politischen Transitionskosten und nicht selten erlebten sozialen Traumata wichen die überschwänglichen Hoffnungen einer allgemeinen Ernüchterung, wodurch die politische Unterstützung sank. Die Tatsache, dass die Mittelwerte demokratischer Einstellungen sinken, reicht also nicht aus, um auf ein institutionelles Lernen zu schließen. Es konnte jedoch festgestellt werden, dass die Bedeutung spezifischer politischer und wirtschaftlicher Anforderungen steigt, während die allgemeine Demokratiezufriedenheit in ihrem Einfluss auf das Institutionenvertrauen im Verhältnis dazu sinkt. Beachtet man alle Hinweise gemeinsam, so lässt sich durchaus glaubwürdig auf diesen Mechanismus schließen.

Schließlich wurde in Kapitel 4.3.2.3 die Möglichkeit angesprochen, dass das soziale Vertrauen durch das politische System beeinflusst wird. Ein autoritärer, zentralisierter Staat kann soziale Kooperation untergraben und Vertrauen zwischen Individuen zerstören (vgl. Levi 1998:81 f.). Umgekehrt kann eine effektive demokratisch-dezentralisierte Politik als Quelle für generalisiertes soziales Vertrauen fungieren. Demokratische Regierungsinstitutionen, die bestimmte Rahmenbedingungen glaubwürdig und effektiv garantieren können, ermöglichen einerseits eine friedliche Austragung von Konflikten zwischen Interessengruppen und machen aus Gegnern Konkurrenten (vgl. Gabriel et al. 2002:64; ähnlich auch Muller/ Seligson 1994:647) und erleichtern andererseits das Zustandekommen ökonomischer wie sozialer Kooperationsvorhaben, da sie Defektionskosten erhöhen beziehungsweise wahrscheinlicher machen und so zur Verminderung von Vertrauensbrüchen beitragen[113]. Aber auch eine als gerecht wahrgenommene, distributive Art der Güterverteilung kann sich auf das soziale Vertrauen auswirken, da eine hohe sozioökonomische Homogenität, wie beispielsweise in Skandinavien, dem Individuum ebenfalls ein Gefühl von Sicherheit vermittelt und es sich daher leichter tut, anderen Vertrauen zu schenken[114] (vgl. Uslaner 2003:181). So kommen Gabriel et al. (2002:65) zu folgendem Ergebnis: „Die Existenz eines demokratischen Regimes und ein hohes sozioökonomisches Entwicklungsniveau garantieren kein stabiles Vertrauensverhältnis der Menschen zu ihrer sozialen Umwelt, sie spielen aber offenkundig eine wichtige Rolle beim Entstehen sozialen Vertrauens." Und auch Uslaner schlussfolgert: „Democracies make trust possible" (Uslaner 2003:177). In post-kommunistischen Gesellschaften sind damit

---

[112] Mishler/Rose (1997) sprechen von einer „honeymoon period".
[113] So schreiben Würtenberger und Jeannerod (2002:153): „Der Schutz des Vertrauens in den Bestand rechtlicher Regelungen ermöglicht die Entfaltung grundrechtlicher Freiheit. Nur ein Vertrauen in die Kontinuität der Rechtsordnung schafft die Voraussetzung, die grundrechtlichen Freiheitsräume in autonomer Gestaltung auszufüllen. Dieses Vertrauenkönnen in den (Fort-)Bestand rechtlicher Regelungen besitzt einen erheblichen „Investitionswert". Wer auf den Fortbestand rechtlicher Regelungen bauen kann, ist zu längerfristig finanziellen Dispositionen eher bereit als in einer Zeit raschen rechtlichen Wandels, die Dispositionen entwertet".
[114] Natürlich trägt in diesem Zusammenhang neben dem sozioökonomischen, auch der kulturelle Homogenitätsgrad einer Gesellschaft zum Sicherheitsgefühl des Einzelnen bei. Darauf hat der demokratische Staat jedoch wenig Einfluss. Er kann jedoch, wie gesagt, die Form der Konfliktaustragung beeinflussen.

die Entstehung einer Zivilgesellschaft und sozialen Kapitals von staatlichen Bedingungen abhängig. Der Tabelle 9 kann man entnehmen, dass das soziale Vertrauensniveau der Bürger Mitteleuropas unter dem westdeutschen Niveau liegt, der Unterschied jedoch nicht so stark ist, wie erwartet[115]. Dennoch ist diese These hochplausibel. Mishler und Rose (2001:53) kommen ebenfalls zu dem Ergebnis, dass das soziale Vertrauen in einem Zusammenhang mit der Wahrnehmung staatlicher Korruption steht.

Die analysierten Zusammenhänge können modellhaft dargestellt werden:

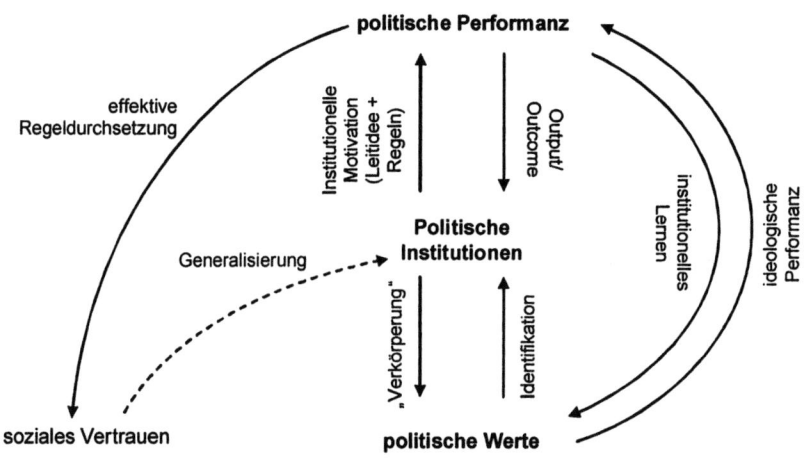

Abbildung 5: Kausalmodell mit Rückkopplungseffekten, eigene Darstellung.

In Bezug auf das Kausalmodell muss deutlich darauf hingewiesen werden, dass nicht alle besprochenen Zusammenhänge und Rückkopplungseffekte rechnerisch überprüft werden konnten. Einige Zusammenhänge beruhen lediglich auf plausiblen theoretischen Annahmen, die von namhaften Autoren unterstützt werden. Die eben beschriebene Ansicht, dass eine effektive und glaubwürdige Regeldurchsetzung sich auf das soziale Vertrauen auswirken kann, wurde nicht von mir, aber von Letki und Evans (2005) nachgewiesen. Die These, dass Individuen sich mit politischen Institutionen identifizieren, wenn sie diese als Verkörperung von Werten wahrnehmen, die sie selbst verinnerlicht haben, entstammt dem Kulturalismus.

Und die Annahme schließlich, dass handelnde Akteure in Institutionen sich zum einen an der Leitidee, zum anderen an mittels Sanktionen abgesicherten Regeln orientieren, wurde aus institutionalistischen Annahmen abgeleitet.

---

[115] Uslaners Ergebnisse zeigen in etablierten Demokratien ein doppelt so hohes Niveau generalisierten Vertrauens, wie in postkommunistischen Ländern (ebd.176 ff.).

5 Zusammenfassung und Ausblick

5.1 Das Forschungsproblem

Die Bedeutung politischen Vertrauens wird in der politikwissenschaftlichen Diskussion unterschiedlich interpretiert. Während Vertreter demokratischer Elitenforschung neben der Notwendigkeit besonderer Qualitäten politischen Führungspersonals das Erfordernis einer breiten Vertrauensbasis in politische Institutionen zur effektiven Erfüllung staatlicher Aufgaben betonen (vgl. z.B. Gamson 1968), verweisen andere Autoren auf das Spannungsverhältnis zwischen politischer Macht und politischer Verantwortlichkeit (vgl. Almond/Verba 1963) und unterstreichen die Bedeutung institutioneller Schutzmechanismen vor potentiellem Machtmissbrauch (vgl. Parry 1976; Sztompka 2003a,b). Eine dritte Gruppe von Autoren vertritt die Ansicht, dass eine „gesunde Mischung" aus Vertrauen und Misstrauen gegenüber politischen Institutionen funktional ist (vgl. Gabriel 1993:4, Gabriel/Kunz 2002:255).

Da keine dieser Perspektiven bisher eine empirisch prüfbare Theorie entwickelt hat, kann über das systemfunktionale Niveau des Institutionenvertrauens nur spekuliert werden (vgl. ebd.). Einigkeit herrscht jedoch darüber, dass die Stabilität einer Demokratie gestärkt wird, wenn diese von ihren Bürgern unterstützt wird (vgl. Mishler/Rose 1999:78; Rohrschneider 2000:48; Fuchs 1989, 2002; Gabriel 1993, 1999a, 2002; Pickel 1997; Jacobs/Pickel 2001; Klingemann 1999; Mishler/Rose 1999). Etablierte Demokratien können fehlende spezifische Unterstützung ausgleichen, solange ein hinreichendes Maß an diffuser Unterstützung besteht (vgl. Gabriel 2002:480). Die jungen Regierungen und Parlamente Mittelosteuropas hatten bisher jedoch wenig Gelegenheit, eine solche zu generieren; sie sind daher auf eine schneller erzeugbare Form der Unterstützung angewiesen. Ohne Vertrauen in die politischen Entscheidungsinstitutionen kann kaum erwartet werden, dass die Bürger die hohen Transformationskosten politischer, sozialer und wirtschaftlicher Reformen mittragen und es muss befürchtet werden, dass die Unzufriedenheit der Menschen zu, für nicht-etablierte Demokratien systemgefährdendem Verhalten führt[116]. Im Hinblick auf die Erhaltung der jungen Demokratien ist es daher von entscheidender Bedeutung, zu einer genauen Bestimmung des Konzeptes „Institutionenvertrauen" zu kommen und dessen entscheidenden Determinanten zu identifizieren (vgl. Mishler/Rose 2001:32).

5.2 Definition und Struktur des Institutionenvertrauens

Das politische Vertrauen wurde als der Glaube daran definiert, dass das politische System und seine Teilsysteme bevorzugte Outcomes schaffen. Das Vertrauen richtet sich dabei *nicht* auf die darin handelnden Personen, sondern auf die *Funktionslogik* der politischen Institutionen. Infolgedessen wird ihnen die Kontrolle über die dazu erforderlichen Ressourcen übertragen, wobei sich erst im Nachhinein herausstellt, ob der „Vertrauensvorschuss" (Walz 1997:150) gerechtfertigt war. Gliedert man die ver-

---

[116] Natürlich führen Einstellungen nicht per se zu einer Systemgefährdung, sondern erst, wenn sie im Handlungszusammenhang wirksam werden. So kann fehlendes Vertrauen zu einem Steuerboykott, der Wahl extremer Parteien, politischen Streiks bis hin zu gewaltsamen Demonstrationen führen (vgl. Gabriel 2005:463). Das Beispiel der tschechischen Fernsehkrise wurde bereits beschrieben.

schiedenen Ebenen des politischen Systems nach ihrem Abstraktionsgrad, stellt man fest, dass sich die politischen Institutionen als Vertrauensobjekte zwischen der Performanz einerseits und den politischen Prinzipien andererseits befinden. Legt man ebenfalls nach dem Merkmal der Abstraktion daran eine Unterstützungsdimension an, die ein Kontinuum an spezifischer beziehungsweise diffuser Unterstützung wiedergibt, so stellt man fest, dass das Institutionenvertrauen weder rein spezifischer, noch rein diffuser Art sein kann. Dies ist auch plausibel: Nach Easton zeichnet sich diffuse Unterstützung dadurch aus, dass sie affektiv und stabil ist, während spezifische Unterstützung eher als rational und labil gilt (vgl. Kornberg/Clarke 1992:19 f.). Das Institutionenvertrauen Mitteleuropas hat sich als äußerst dynamisch erwiesen und kann daher nicht diffuser Art sein. Anderseits, so wurde bereits argumentiert, kann das Institutionenvertrauen auch nicht so labil sein, dass der Einzelne sich in Bezug auf jede politische Frage neu entscheiden muss, ob er der Institution nun vertraut oder nicht, denn dadurch würde das Vertrauen seine Funktion verlieren. Das Vertrauen in Regierung und Parlament ist also weder rein diffuser, noch rein spezifischer Art, sondern zwischen diesen beiden Endpunkten zu suchen. In Mitteleuropa ist das Institutionenvertrauen eher eine spezifische Form politischer Unterstützung.

5.3 Kulturalismus und Institutionalismus

In einem nächsten Schritt wurden zwei große Theorietraditionen vorgestellt, die sich beide mit der Frage beschäftigen, welches die Quellen politischen Vertrauens sind und wie es generiert werden kann.

Kulturalistische Ansätze vertreten zwei Argumentationsstränge. Im ersten Strang wird Vertrauen als grundlegende Disposition des Individuums behandelt, die entweder im Kindesalter oder später durch soziale Kooperationserfahrungen erworben werden kann. Diese im sozialen Umfeld erlernte Neigung wird auf sämtliche potentielle Vertrauensobjekte erweitert, sowohl soziale als auch politische. Der zweite Strang geht davon aus, dass Individuen in Sozialisationsprozessen stabile Wertvorstellungen verinnerlichen. Erkennen sie politische Institutionen als Verkörperung dieser Werte wieder, können sie sich mit ihnen identifizieren und ihnen dadurch Vertrauen entgegenbringen.

Institutionalistische Ansätze betonen jüngste Erfahrungen mit Institutionen im Hinblick auf die Entscheidung, ob diesen Vertrauen entgegengebracht wird oder nicht. Vor allem wahrgenommener Erfolg und charakteristische Merkmale politischer Institutionen führen zu politischem Vertrauen. Während der rationalistische Ansatz die Bedeutung von Werten leugnet und Institutionenvertrauen für unmöglich hält, weil Vertrauen immer auf Wissen beruhe, verbindet der Neoinstitutionalismus das Strukturelle durch seine Konzeptualisierung einer Leitidee, die sowohl eine handlungsanleitende, als auch eine orientierungsstiftende Funktion hat, mit Werten und Normen. Politisches Vertrauen wird aus dieser Perspektive dann möglich, wenn die aus dieser Leitidee abgeleiteten Anforderungen an Regierung und Parlament erfüllt werden.

5.4 Anknüpfungspunkte zwischen Kulturalismus und Institutionalismus

In dieser Arbeit wurde davon ausgegangen, dass Annahmen des Kulturalismus und des Institutionalismus sich miteinander verknüpfen lassen und man so zu einer ganzheitlicheren Perspektive gelangen kann. Diese Verknüpfungen erfolgten zum einen im Hinblick auf das Vertrauensphänomen selbst, zum anderen bezogen sie sich auf die Determinanten politischen Vertrauens.

Aus der Notwendigkeit materieller Absicherung einerseits sowie der Integration in die Gesellschaft andererseits ist der Mensch sowohl rational, als auch sozial orientiert. Daraus lässt sich ableiten, dass Bürger entsprechend rational-egoistische, aber auch sozial-gemeinwohlorientierte Ansprüche haben und für einige von diesen die Verantwortung beim Staat und besonders bei den politischen Entscheidungsinstitutionen sehen. Werden die politischen Institutionen diesen Ansprüchen aus der Sicht der Bürger gerecht, kann Vertrauen generiert werden. Ähnlich formuliert Hartmann:

> „Für eine Theorie des politischen Vertrauens ist nun relevant, dass das Vertrauen der BürgerInnen in die von ihnen gewählten RepräsentantInnen an deren Bereitschaft hängt, die Interessen des Gemeinwesens zu berücksichtigen und nicht nur ihre eigenen Partikularinteressen" (Hartmann 2002:281).

So sollen politische Institutionen beispielsweise wohlfahrtsstaatliche oder wirtschaftliche Ziele effektiv, aber auch allgemeinverträglich verfolgen. Die Frage, ob die wahrgenommene Absicht genügt oder ob reale Erfolge erzielt werden müssen, damit Vertrauen entstehen kann, konnte hier nicht beantwortet werden. Zu vermuten ist allerdings, dass Absichten und Bemühungen alleine auf Dauer nicht ausreichen.

Eine weitere Verknüpfung bezieht sich auf die Vertrauenssituation selbst. Es wurde argumentiert, dass weder die Persönlichkeit des Vertrauenden, noch die Kontextfaktoren allein den Ausschlag geben, ob einer Person oder einem Objekt Vertrauen entgegengebracht wird. Die persönliche Tendenz erleichtert zwar die Entscheidung, ob Vertrauen vergeben wird, doch müssen Erwartungen mit den wahrgenommenen Situationsmerkmalen harmonieren. Denn jeder Mensch verfügt über eine subjektive Vorstellung davon, was einen vertrauenswürdigen Kooperationspartner oder eine vertrauenswürdige Institution generell beziehungsweise in einer bestimmten Situation ausmacht.

Eine dritte Verknüpfung betrifft Zeitraum und Agenten der Sozialisation. Während kulturalistische Ansätze den Ursprung politischer Werte vor allem in außerpolitischen Bereichen der frühen Lebensjahre sehen und institutionelle Ansätze ihren Fokus auf jüngere Erfahrungen mit den politischen Institutionen selbst setzen, wurde hier argumentiert, dass die Sozialisation ein lebenslanger, offener Prozess ist und politische Einstellungen durch Lernerfahrungen bis ins hohe Alter kontinuierlich aktualisiert und angepasst werden können. Die Quellen dieser Lernerfahrungen können dabei sowohl politischer, als auch sozialer Natur sein.

Eine weitere theoretische Anschlussmöglichkeit des Kulturalismus an den Institutionalismus ist die Annahme, dass zwischen politischen Wertvorstellungen und dem Handeln politischer Institutionen Zusammenhänge bestehen, politische Kultur und Performanz sich also gegenseitig beeinflussen. Die aus dem Kulturalismus stammende Erkenntnis, dass die Betrachtung und Bewertung von Ereignissen, so auch von institutionellem Output, durch verinnerlichte Wertorientierungen gefiltert und verzerrt wird, nennt Rohrschneider ideologische Performanz. Dabei soll hier jedoch deutlich darauf hingewiesen werden, dass Werte nicht *die*, sondern nur *eine* Quelle der Wahrnehmung und Beurteilung von Performanzen sind und mit vielen anderen Faktoren, wie biologische Bedürfnisse, Abwägung materieller oder sozialer Kosten, Einfluss durch andere aber auch wahrgenommene Merkmale der sozialen Situation konkurrieren (vgl. z. B. Knaus/Renn 1998:143).

Umgekehrt beeinflusst das institutionelle Arrangement und dessen wahrgenommene Performanzen die Orientierungen und Vorstellungen der Bürger; es findet also ein Lernprozess von oben nach unten statt. Auch hier gilt, dass das institutionelle Lernen keineswegs die *einzige*, sondern neben klassischen Sozialisationsagenten eine *weitere* Quelle politischer Werteinkorporation darstellt.

5.5 Methodisches Vorgehen und empirische Ergebnisse

In der theoretischen Orientierung verbindet die vorliegende Arbeit systemtheoretische mit handlungstheoretischen Annahmen. An die Systemtheorie anknüpfend wurde das politische System als ein Leistungssystem verstanden, welches die Funktion der Herstellung und Durchsetzung allgemein verbindlicher Entscheidungen hat (Easton 1965). Die unterschiedlichen Strukturen des politischen Systems wurden kategorisiert, ihnen wurden Funktionen zugeordnet und ihre Interrelationen analysiert und überprüft. Um die theoretischen Überlegungen der beiden Ansätze empirisch testen zu können, wurden strukturalistische, kulturalistische und institutionalistische Annahmen im Hinblick auf das Forschungsproblem abgeleitet und in Form verifizierbarer Hypothesen reformuliert.

Auch das hier verwendete Verständnis von Vertrauen vermeidet bewusst eine Festlegung auf eine einzelne Theorie und verbindet vielmehr Elemente unterschiedlicher Ansätze. Diese Vorgehensweise des „kleinsten gemeinsamen Nenners" könnte als unzulässige „Vermischung" von Handlungs- und Systemtheorie aufgefasst und ansatzübergreifende Bestimmungen als Unschärfe interpretiert werden. Dem möchte ich entgegensetzen, dass der Vorwurf des Eklektizismus nicht abschrecken sollte, wenn eine integrierende Sichtweise einen Erkenntnisgewinn ermöglicht. Ziel dieser Arbeit war es, ein breiteres Verständnis des Phänomens Vertrauen in demokratische Entscheidungsinstitutionen zu gewinnen. Die politischen Institutionen „Regierung" und „Parlament" haben einerseits systemischen Charakter, der „andererseits aber erst durch die Aktionen und die Perspektiven der Beteiligten und der Betroffenen realisiert wird" (Göhler 1994:26). Diese Tatsache spiegelt sich in der Bewertung der Bürger wider und so stehen diese Institutionen an der Schnittstelle zwischen „System" und „Lebenswelt". Um dem Konstrukt Institutionenvertrauen näher zu kommen, wurde daher ein integrierender Weg gewählt und versucht, die Dichotomie von Handlungs- und Systemtheorie einerseits, von Kulturalismus und Institutionalismus andererseits wenigstens teilweise zu überwinden, um – im Rahmen eines empirisch eingegrenzten Kontextes – zu einem allgemeineren Verständnis des Phänomens zu gelangen.

Die empirischen Ergebnisse bestätigten die Aufteilung des politischen Systems in mehrere Orientierungsebenen. Mit Hilfe einer Faktorenanalyse konnte gezeigt werden, dass das Vertrauen in entscheidungspolitische Institutionen einen eigenen Stellenwert im Unterstützungsgefüge des demokratischen Systems einnimmt. Auch die als Quellen für das Institutionenvertrauen angenommenen Determinanten wurden faktoranalytisch abgesichert, bevor sie mit Hilfe multivariater Regressionsanalysen zunächst nach Theorietradition getrennt und dann in einem gemeinsamen Modell auf ihren relativen Einfluss im Hinblick auf das Vertrauen in Regierung, Parlament und die führende Regierungspartei getestet wurden.

Die empirische Überprüfung der inhaltlichen Hypothesen ergab ein gemischtes Bild. So konnte die Annahme einer menschlichen Disposition bestätigt werden. Auch die Generalisierungsthese schien zunächst bestätigt; im Zusammenhang der deskriptiven Analysen schien dann jedoch eine umgekehrte Kausalität höhere Plausibilität zu entfalten.

Sowohl Kultur- als auch Performanzkriterien trugen entscheidend und in steigender Bedeutung zur Erklärung institutionellen Vertrauens bei, wobei die Erklärungskraft kultureller Faktoren nahezu konstant, dabei jedoch deutlich unter der des Performanzmodells blieb. Auch im Gesamtmodell zeigten die Performanzkriterien einen deutlich stärkeren Einfluss. Interessant dabei ist die Tatsache, dass spezifische Performanzen wie Korruption an Bedeutung zunahmen, während die allgemeine Demokratiezufriedenheit an Gewicht verlor. Sozioökonomische Variablen leisteten in diesem Modell keinen Erklärungsbeitrag, auch ein Alterseinfluss konnte nicht festgestellt werden.

5.6 Theoretische und praxisorientierte Schlussfolgerungen

Die theoretischen Schlussfolgerungen, die aus diesen Ergebnissen gezogen wurden, sind erstens, dass sowohl der Kulturalismus, als auch der Institutionalismus einen wertvollen Beitrag zur Erklärung von Vertrauen in Regierung und Parlament leisten. Beide Ansätze unterschätzen jedoch die Komplexität des Vertrauensphänomens sowie die Beziehungen der verschiedenen Ebenen des politischen Systems untereinander.

Der kulturalistische Ansatz betrachtet Vertrauen als eine im menschlichen Charakter verankerte pauschale Haltung gegenüber Vertrauensobjekten und unterschätzt dabei den Einfluss kontextbedingter Faktoren wie Alltagserfahrungen. Und im Hinblick auf politische Wertorientierungen stellt die strenge Version des Kongruenzpostulats die Verknüpfung zwischen Ideologie und Institutionenvertrauen verkürzt dar. Dabei haben bereits Almond und Verba selbst darauf hingewiesen, dass der Zusammenhang zwischen der politischen Kultur und der politischen Unterstützung kontingent und von Performanzen beeinflusst ist (vgl. Almond/Verba 1965:35). Durch Identifikationsprozesse beeinflussen Wertmaßstäbe das Vertrauen in Regierungen und Parlamente zwar direkt, eine größere Wirkung erzielen sie jedoch vermutlich eher indirekt, indem sie die Entstehung institutioneller Leistungsanforderungen lenken und deren Bewertung beeinflussen. Trotz der zentralen Stellung der Wertorientierungen haben die kulturalistischen Ansätze also den Einfluss von Wertvorstellungen auf die Unterstützung politischer Institutionen bisher kaum untersucht (vgl. Rohrschneider 1999:200).

Eine weitere wichtige Erkenntnis dieser Arbeit ist, dass zumindest bestimme Wertvorstellungen nicht so stabil sind, wie bisher von klassischen kulturalistischen Ansätzen angenommen. Frühe Sozialisation kann an prägendem Einfluss relativ schnell einbüßen, wenn Individuen einem rapiden Wechsel ihrer Lebensumstände ausgesetzt sind (vgl. Pollack/Wielgohs 2000:68). Aber auch weniger einschneidende, anhaltende Erfahrungen können menschliche Werte und Normen beeinflussen. So entfaltet der Putnamsche Sozialkapitalansatz in dem hier untersuchten Zusammenhang zwar keinen Erklärungswert. Der aus dem Kommunitarismus stammende Ansatz geht jedoch davon aus, dass sich bei Individuen durch praktische Erfahrungen auch im Erwachsenenalter Einstellungen und sogar einzelne Charaktereigenschaften verändern können[117]. Sein Beitrag ist in diesem Zusammenhang also theoretischer Art.

---

[117] Der Kommunitarismus entwickelte sich aus dem Republikanismus. Er unterstellt der liberalen Ideologie eine Untergrabung und Zerstörung moralischer Grundlagen und prophezeit den etablierten Demokratien der westlichen Welt Krisen in Form kultureller Fragmentierung, sozialer Desintegration und

Rationale institutionalistische Ansätze machen auf die Bedeutung kontextueller Einflüsse aufmerksam, neigen jedoch dazu, diese zu überschätzen. So ist Vertrauen eine situationsbedingte Reaktion auf vorhandene Stimuli, was jedoch bedeutet, dass in jeder handlungsrelevanten Situation neu entschieden werden muss, ob vertraut wird oder nicht. Aus dieser Perspektive basiert Vertrauen auf Wissen und verliert dadurch seine hier unterstellte Funktion, trotz Informationsdefiziten Entscheidungs- und Handlungsfähigkeit sicherzustellen. Gerade das Vorhandensein von Vertrauen ermöglicht es dem Bürger, einigermaßen verlässliche Erwartungen im Hinblick auf zukünftiges Handeln zu gewinnen, ohne Informationen über die wechselnden Akteure akquirieren zu müssen (vgl. Fuchs/Gabriel/Völkl 2002:433). Der rationale Institutionalismus unterschätzt dabei die Bedeutung gesellschaftlicher Ideale im Hinblick auf die Performanzen sowie deren Bindungs- und Orientierungskraft für handelnde Akteure. Im Vergleich zum rationalistischen Strang versucht der Neoinstitutionalismus dem letztgenannten Sachverhalt Rechnung zu tragen, indem er Wertvorstellungen Verbindlichkeit zugesteht.

Der zweite Befund ist, dass die theoretischen Verknüpfungen auch im empirischen Test plausibel bleiben. So ist es durchaus möglich, dass gleichzeitig institutionelles Lernen und eine demokratische Sozialisation im klassischen Sinne stattfinden. Die Systemebenen beeinflussen sich gegenseitig (Kapitel 4.6).

Der dritte Befund betrifft die Frage nach den Etablierungschancen mittelosteuropäischer Demokratien. Die Untersuchungsergebnisse unterstützen die institutionalistische Annahme, wonach politische und wirtschaftliche Performanzen einen großen Einfluss auf das Institutionenvertrauen haben. Dieses Ergebnis enthält wichtige Implikationen für die öffentliche Politik. Durch ökonomischen Aufschwung, Verringerung der Arbeitslosigkeit, allgemeine Verbesserung der individuellen Lebenslagen, klare politische Ansagen sowie die Einhaltung von Versprechen und rechtsstaatlichen Vorgaben, glaubwürdiges Vorgehen gegen Korruption und dem Abstandhalten von politischer Gewalt kann Vertrauen in relativ kurzer Zeit generiert werden. Natürlich bedeutet der Aufbau von politischem Vertrauen noch nicht, dass die Stabilität der postsozialistischen Demokratien als gegeben angenommen werden kann. Doch damit sich überhaupt eine „demokratische Mentalität" (Greiffenhagen/ Greiffenhagen 2002:394) bilden kann, müssen die neuen Institutionen ihre Verlässlichkeit unter Beweis stellen und bedürfen der Stütze wirtschaftlichen Aufschwungs (vgl. ebd.). Dazu gehört auch ein effektives Aufdecken und Sanktionieren von Regelverstößen, denn „trustworthy government actors are generally those who are embedded in trustworthy institutions" (Levi 1998:87).

Dabei ist es nicht notwendig, den von Kulturalisten unterstellten langen Zeitraum bis zum Wechsel der Generationen zu überbrücken. Die Untersuchungsergebnisse deuten darauf hin, dass auch Individuen, die *vor* der Regimetransformation sozialisiert wurden, für Orientierungswandel empfänglich sind. Wenn die Wertmaßstäbe der Bürger aber durch bestehende, institutionelle Rahmenbedingungen beeinflusst wer-

---

moralischer Desorientierung. Die Lösung sieht der Kommunitarismus in der Wiederbelebung bürgerlicher Tugenden. Durch aktives Engagement in öffentlichen Angelegenheiten und der Bereitschaft zur Kooperation mit anderen Bürgern soll gegenseitiges Vertrauen entstehen, Solidarität, Verbundenheit, Gemeinsinn und Verantwortungsbewusstsein gestärkt sowie pro-soziale Normen entwickelt werden (vgl. u.a. Barber 2000; Etzioni 2001; Meier 2001; Walzer 1995).

den, dann kann eine glaubwürdige, responsive und effektive Politik nicht nur zu Institutionenvertrauen, sondern in der Tat auch zu einer relativ schnellen Etablierung der demokratischen Strukturen führen.

Neben der „Demokratisierung von oben" sollte zusätzlich ein zweiter Weg eingeschlagen werden, der ebenfalls dazu beiträgt, politische Unterstützung zu generieren. Nach dem Sozialkapitalansatz Putnams breitet sich durch ein lebendiges, zivilgesellschaftliches Vereinsleben eine demokratische Kultur „von unten" aus und verringert „die Distanz zwischen Bürgern und abstrakten staatlichen Institutionen" (Gabriel et al. 2002:20). Um dies zu ermöglichen, müssen zunächst die dafür notwendigen Freiräume und Rahmenbedingungen geschaffen werden. Und diese Aufgabe obliegt wiederum den staatlichen Institutionen.

Da Performanzen also einen solchen Einfluss auf Vertrauen und Akzeptanz der parteienstaatlichen Kerninstitutionen haben, gibt es für die postkommunistischen Regime der Visegrád-Staaten durchaus Möglichkeiten, unsichere Hoffnungen gegen wahrnehmbare Leistungen einzutauschen (vgl. Mishler/Rose 2002:16). Angesichts des ökonomischen Einbruchs nach der Transformation überrascht es nicht, dass die Akzeptanzwerte gefallen sind. Nach Mishler und Rose herrscht jedoch kein Misstrauen gegenüber den jungen Regimen, sondern eher eine skeptische, ambivalente Haltung (vgl. Mishler/Rose 1997:418, 2001). Die politischen Institutionen werden auch nicht gleich zusammenbrechen, nur weil sie einer skeptischen Bürgerschaft gegenüberstehen. Aus der Elitenforschung ist bekannt, dass die Einstellung und das Handeln politischer Autoritäten von entscheidender Bedeutung für das Funktionieren und die Persistenz politischer Strukturen sind. Alle vier Länder zeichnen sich durch ihre eindeutige westintegrative Politik aus und in allen vier Staaten halten sich ehemalige Kommunisten weitgehend an die demokratischen Spielregeln. Die Demokratie wird nach wie vor von vielen Bürgern unterstützt, die weiterhin eine bessere Zukunft erwarten (vgl. Mishler/Rose 2002:94).

In Anbetracht der bisher politisch wie makroökonomisch erreichten Ziele ist also nicht zu erwarten, dass sich die Transformation wieder umkehrt. Doch um mittelfristig Akzeptanz zu finden, brauchen die jungen Demokratien mehr als eine negative Abgrenzung zum Autoritarismus. Denn es besteht die Gefahr, dass Pathologien, wie Korruptionspraktiken im wirtschaftlichen Sektor, chronisch werden könnten. Wenn das passiert wird es schwierig, den Vertrauensverlust gegenüber der Politik und ihren Institutionen auszugleichen. In den Visegrád-Staaten sorgen daher weniger ethnische Auseinandersetzungen oder Regression für Erschütterungen des gesellschaftlich-wirtschaftlichen Umbaus; es ist vielmehr die Unzufriedenheit über die Verteilung des ökonomischen Wachstums und darüber, dass der „Abstand zum «Zentrum» nicht schnell genug abnimmt" (Lang 2001:21).

Die Frage ist also, was geschieht, wenn die Bürger Polens, Ungarns, der Slowakei und der Tschechei erkennen müssen, dass ihr wirtschaftlicher Wohlstand erst in 60 Jahren den EU-Durchschnitt erreichen wird (vgl. ebd.).

Da alle vier Staaten Mitglieder der Europäischen Union sind, besteht die Möglichkeit, ihnen auf diesem Wege Schützenhilfe zu leisten. Zum einen sind zumindest ein Teil mitteleuropäischer Eliten institutionell bedingten, demokratischen Lernprozessen ausgesetzt (vgl. Rohrschneider 2000:63). Zum anderen können supranationale Institutionen Ressourcen zur Verbesserung der wirtschaftlichen Lage bereitstellen[118].

5.7 Defizite und Grenzen dieser Arbeit sowie weiterführende Anregungen

Das größte und zugleich bedeutendste Defizit dieser Arbeit besteht darin, dass die theoretischen Annahmen in Bezug auf die Mehrdimensionalität des Vertrauensphänomens nicht empirisch getestet werden konnten, da das Messinstrument keine entsprechende Operationalisierung ermöglicht. Im Hinblick auf die Zukunft wäre es daher von besonderer Wichtigkeit diese Modellierung mit Hilfe geeigneter Erhebungen und Analysen zu verifizieren.

Leider konnten auch nicht alle Performanzkriterien mit dem hier verwendeten Messinstrument erfasst werden. Im PCP wurden weder die innere und äußere Sicherheit, noch die politische Freiheit, Fairness, Gemeinwohlorientierung oder politische Effektivität abgefragt und auch die subjektive Einschätzung der eigenen wirtschaftlichen Lage fehlt. Ferner erwies sich die eindeutige Zuordnung einzelner Kriterien zu den Performanztypen als schwierig. Auch der Sozialkapitalansatz konnte nur bedingt operationalisiert werden, da pro-soziale Normen nicht im Fragebogen enthalten waren.

Probleme gab es auch hinsichtlich der Fallzahlen. Zum einen wurden – aus welchen Gründen auch immer – in den untersuchten Ländern sehr unterschiedlich viele Personen befragt (vgl. Kapitel 4.1). Zum anderen hat man für manche Items hohe Ausfallanteile. Sieht man sich diese Items genauer an, so fallen zwei Dinge auf: Erstens sind beinahe nur kulturalistische Fragen betroffen und zweitens gehen die Ausfälle hauptsächlich auf die Kategorie „weiß nicht" zurück. So haben auf die Frage, ob der Kapitalismus die Probleme des eigenen Volkes löse, allein während der zweiten Welle 1075 Befragte mit „weiß nicht" geantwortet[119]. Die Vermutung liegt nahe, dass viele Mitteleuropäer sich aufgrund der geringen Erfahrung mit ihrem jungen System noch keine eindeutige Meinung gebildet haben beziehungsweise mit ihren Aussagen diesbezüglich noch zurückhaltend reagieren[120].

Des Weiteren konnten nicht alle mit Hilfe der multivariaten Regression getesteten Zusammenhänge bestätigt werden. Weder die Toleranz, noch die Einstellung zu politischen Repressionen zeigten die erwarteten Beziehungen zur abhängigen Variable. Für den negativen Zusammenhang mit der Repressionsdeterminanten wurde versucht, eine theoretische Erklärung zu finden. Der Test mit anderen Toleranzvariablen zeigte, dass die Validität der Toleranzdeterminanten in Frage gestellt werden kann.

Es muss noch einmal darauf hingewiesen werden, dass nicht alle hier unterstellten kausalen Beziehungen selbst empirisch überprüft wurden. So wurde zwar ein Zu-

---

[118] Das wird im Rahmen des PHARE-Programms (Poland and Hungary Action for Restructuring of the Economy) auch getan. Das 1989 ins Leben gerufene Hilfsprogramm dient vorrangig der Umgestaltung der Privatwirtschaft - zunächst nur für Polen und Ungarn, heute in 11 Ländern Mittelosteuropas.
[119] 1075 Befragte aus dem betrachteten Area der Visegrád-Staaten.
[120] Aus dieser Perspektive wird auch das Antwortverhalten im Hinblick auf den einzigen Performanzkoeffizienten nachvollziehbar, der hohe Ausfälle zu verzeichnen hat. Die Responsivitätsdeterminante setzt sich aus Items zusammen, welche die Responsivität von Politikern und Parteien abfragen. Die meisten Ausfälle gehen hier schlicht auf die Kategorie „weiß nicht" oder eine Verweigerung der Antwort zurück.

sammenhang zwischen dem sozialen Vertrauen und dem Vertrauen in Regierung und Parlament nachgewiesen. Die behaupteten Kausalitätsrichtungen basieren jedoch lediglich auf theoretisch plausiblen Annahmen. Auch die Annahme des Institutionalismus, dass durch Sanktionen abgesicherte Regeln und Leitideen Akteuren in ihrem Handeln Orientierung bieten, konnte hier nicht rechnerisch geprüft werden. Insgesamt erheben die hier gezogenen Schlussfolgerungen daher keineswegs den Anspruch auf Vollständigkeit oder gar absolute Geltung. Sie stellen vielmehr nur ein Erklärungsangebot möglicher Zusammenhänge dar. Mit den hier verwendeten Regressionsmodellen können kausale Richtungen ohnehin nicht überprüft werden. Um diesbezüglich zu breiteren Erkenntnissen zu kommen, wären weitere Analysen mit Rechenprogrammen zur Überprüfung von Strukturgleichungsmodellen notwendig[121].

Auch Aussagen über politische Entwicklungschancen spiegeln nur Potentiale wider, da die hier verwendeten Daten aus zwei Querschnittserhebung bestehen und als „Momentaufnahmen" der Wirklichkeit keine Rückschlüsse auf Trendentwicklungen zulassen. Die zur Verfügung stehenden wissenschaftlichen Methoden wurden jedoch so gut als möglich genutzt, um in theoretischer wie in praxisorientierter Hinsicht zu Annahmen mit hoher Plausibilität zu gelangen und diese – wo möglich – empirisch zu verifizieren. Untermauert werden die hier gezogenen Schlüsse auch durch die Aussagen zahlreicher renommierter Wissenschaftler.

Diese Ausführungen geben bereits Hinweise für weiterführende Forschungsvorhaben. Für Sozialwissenschaftler bleibt es eine zentrale konzeptionelle Aufgabe, die Zusammenhänge zwischen Wertvorstellungen, Performanzen und den politischen Institutionen aufzudecken und zu durchleuchten. Die hier vorgestellten Beziehungen sollten daher weiter analysiert und verifiziert werden.

Neben der Neigung zu vertrauen oder nicht müsste die Bedeutung weiterer, mit dem Individuum verbundener Faktoren untersucht werden. So ist anzunehmen, dass die subjektiv wahrgenommene politische Kompetenz oder die Einschätzung persönlicher politischer Einflussmöglichkeiten auf die Politik für das Institutionenvertrauen wichtig sind[122].

Im Zusammenhang mit internalisierten Werten könnte man – ähnlich wie Inglehart – versuchen, Wertemuster zu ermitteln und zu analysieren, in welchem Zusammenhang diese mit dem Vertrauen in Regierung und Parlament stehen. Dabei wäre es auch wichtig eine Theorie zu entwickeln die besagt, welche Werte und Einstellungen ein Mensch haben muss, um als demokratisch zu gelten, beziehungsweise, bezogen auf die Makroebene, welche Eigenschaften in welchem Maße in einer Demokratie vorhanden sein müssen, damit die vorhandene politische Kultur als Civic Culture bezeichnet werden kann.

In Bezug auf politische Wertorientierungen müsste die Langlebigkeit und Kontinuität einzelner Wertvorstellungen überprüft sowie deren Bindungs- und Geltungskraft in unterschiedlichen Kontexten beleuchtet werden. Die bisherigen Erfahrungen zeigen, dass gezielte und intensive Sozialisationsversuche über einen langen Zeitraum hinweg nicht ausreichen, um Einstellungen und Werte zu formen (vgl. Almond/ Powell/

---

[121] Beispielsweise LISREL.
[122] Diese beiden Dimensionen können als „Internal Efficacy" zusammengefasst werden. Diese bezieht sich auf die wahrgenommene eigene Fähigkeit, politischen Einfluss ausüben zu können (vgl. Vetter 2002:116).

Mundt 1996:57), diese sich aber mit einem Wandel der eigenen Lebensumstände in sehr kurzer Zeit doch verändern können. Es bleibt also eine spannende Frage, welche Faktoren dazu führen, dass und ob bestimmte Wertvorstellungen sich verändern oder nicht.

Schließlich sollte auch den Aussichten möglicher Rahmenbedingungen für das Entstehen sozialen Vertrauen einerseits und einer Zivilgesellschaft andererseits weiter nachgegangen werden. Die leitenden Fragen dabei könnten lauten: Was muss eine Regierung leisten, damit soziale Kooperationen und ein lebendiges Vereinsleben möglich werden? Welche Rahmenbedingungen müssen geschaffen werden, um eine zivilgesellschaftliche Netzwerkentwicklung in Gang zu setzen?

Als theoretisches Fazit möchte ich ein Zitat von Gabriel heranziehen. Danach ist die politische Soziologie „vom Status einer empirisch bewährten, nomologischen Theorie politischer Stabilität und Performanz [...] derzeit noch weit entfernt" (Gabriel 2000:96), aber im Laufe der Forschungsaktivitäten haben sich einige Erkenntnisse angesammelt, welche „die Debatte über Demokratisierungschancen davor schützen, zum Kaffeesatzlesen zu degenerieren" (ebd. 97).

Als praxisorientiertes Fazit möchte ich noch einmal darauf hinweisen, dass die Stabilität postsozialistischer Staaten nicht als gegeben betrachtet werden kann. Vielmehr besteht die Gefahr, dass sich Missstände verfestigen und dann kaum noch rückgängig zu machen sind. Denn „trotz erheblicher Anstrengungen um einen raschen wirtschaftlichen, politischen und sozialen Aufholprozess der mittel- und osteuropäischen Transformationsstaaten ist der Abstand zum Lebensstandard der bisherigen EU-Mitgliedsländer weiterhin enorm" (vgl. Münch/Büttner 2006: 65). Befürchtet werden muss auch, dass die Güte der jungen Demokratien sich auf einem vergleichsweise niedrigen Niveau „einpendeln" und die Menschen sich enttäuscht von dem politischen System abwenden. Aus dieser Sicht erscheint die Konsolidierung alles andere als selbstverständlich; sie erscheint vielmehr als ein langwieriger Prozess mit einem noch offenen Ende.

6 Anhang

Indikatoren des Kulturansatzes
Alle verwendeten Items und Indikatoren wurden sachlogisch kodiert, das heißt mit steigendem Wert nimmt die Demokratiefreundlichkeit zu, beziehungsweise es wird angenommen, dass der jeweilige Zusammenhang mit der abhängigen Variable positiv ist.

Indikator: Vertrauen in politische Entscheidungsinstitutionen (abhängige Variable)
Ausprägungen: 1 (wenig Vertrauen) bis 7 (viel Vertrauen)

Items:
(1) "In order to get ahead, people need to have confidence and to feel that they can trust themselves and others. To what degree do you think that you trust the following totally, to a certain point, little, or not at all?"
Ausprägungen:
  1: Not at all
  2: Little
  3: To a certain point
  4: Totally
  (a) "National government" (V236)
  (b) "The (leading party in the governing coalition, or the governing party)" (V253)
  (c) "The Parliament" (V255)
(2) "How much do you trust the government in (country) to do what is right? Do you trust it just about always, most of the time, only some of the time, or almost never?" (V275)
Ausprägungen:
  1: Almost never
  2: Only sometimes
  3: Most of the time
  4: Almost always

Indikator: Einstellungen zu Politikern
Ausprägungen: 1 (negative Einstellung) bis 5 (positive Einstellung)

Items:
(1) "Please tell me whether you agree or disagree with the following statements":
Ausprägungen:
  1: Agree
  2: Disagree
(a) "Politicians are glad if people don't interfere in their matters." (V431)
(b) "You'd better not trust politicians." (V434)
(c) "These days only those who want to make their fortune get involved in politics." (V437)
(d) "Only when there's trouble are politicians interested in the views of the people."(V438)

Indikator: Planwirtschaft versus Marktwirtschaft (Kapitalismusdimension)
Ausprägungen: 1 (sozialistisch) bis 11 (kapitalistisch)

Items:
(1) "Which of the following statements do you agree with more?": (V259)
Ausprägungen:
1. It is necessary to place limits on the amount of money that one can earn
2. Can't choose
3. There should be no limits on the amount of money one is able to earn

(2) "Please tell me whether you agree are disagree with the following statements":
Ausprägungen:
1: Disagree
2: Agree
(a) "The capitalist economy, based on free private initiative, is the best economic system for our country." (V397)
(b) "The capitalist economy, based on free private initiative, will enable us to resolve the problems that we (e.g. Hungarians) face." (V398)

Indikator: Interpersonales Vertrauen
Ausprägungen: 1 (vertraue gar nicht) bis 7 (vertraue völlig)

Items:
(1) "In order to get ahead, people need to have confidence and to feel that they can trust themselves and others. To what degree do you think that you trust the following totally, to a certain point, little, or not at all?":
Ausprägungen:
1: Not at all
2: Little
3: To a certain point
4: Totally
(a) "Family and relatives" (V235)
(b) "Neighbors" (V238)
(c) "Work companions" (V249)

Indikator: Vertrauen in intermediäre Institutionen
Ausprägungen: 1 (vertraue gar nicht) bis 7 (vertraue völlig)

Items:
(1) "In order to get ahead, people need to have confidence and to feel that they can trust themselves and others. To what degree do you think that you trust the following totally, to a certain point, little, or not at all?":
Ausprägungen:
1: Not at all
2: Little
3: To a certain point
4: Totally
(a) "TV, newspapers, radio" (V242)
(b) "Trade unions" (V246)

Indikator: Mitgliedschaften in Vereinen und Verbänden
Ausprägungen: 1 (keine Mitgliedschaften) bis 6 (viele Mitgliedschaften)

Items:
(1) "Are you a member of any organization that appear on this list? (W1) Now I am going to read off a list of organizations, for each one, could you tell me whether you are a member or not? (W2)"

Ausprägungen:
    1: No
    2: Yes
(a) association, club (V123)
(b) local association (V124)
(c) political party (V125)
(d) social (political) movement (V136)
(e) professional association (of lawyers, teachers, doctors etc.) (V146)
(f) sports club (V147)
(g) trade union (V148)
(h) students association (V157)
(i) ecological group (V145)
(j) Parish religious organization (V158)

Indikator: Grundlegende demokratische Basisinstitutionen (Repräsentationsprinzip)
Ausprägungen: 1 (nicht demokratisch orientiert) bis 4 (demokratisch orientiert)

Items:
(1) "Which Do you think that elections are the best way to choose a government and the authorities of the country or do you not think so?" (V276)

Ausprägungen:
    1: No, not the best way
    2: Yes, the best way

(2) "Looking at things from the point of view of utility, do you think that in order for things to go well, we need a parliament? Or are you among those who think that we can do without it?" (V277)

Ausprägungen:
    1: Could do without
    2: Need parliament

(3) "Please, tell me whether you agree or disagree with the following statements: We need political parties if we want democratic development" (V277)

Ausprägungen:
    1: Disagree
    2: Agree

Indikator: Zuständigkeit der Regierung versus Eigenverantwortung
Ausprägungen: 1 (Staat zuständig) bis 6 (Selbstverantwortung)

Items:
(1) "Which of the following statements do you agree with more?"
Ausprägungen:
1. The government should cover the costs of citizens' medical care and medicine.
2. Can't choose
3. Citizens should pay for their own medical care and medicine.

(2) "On the whole do you think it should or should not be the government's responsibility to..."
Ausprägungen:
    1: Definitely should be
    2: Probably should be
    3: Probably should not be
    4: Definitely should not be
(a) "Provide a job for everyone who wants one." (V322)
"Provide health care for the sick." (V323)

Indikator: Einstellung zu politischer Repression (versus gewaltfreie Konfliktlösung)
Ausprägungen: 1 (sehr für Repression) bis 13 (gegen Repression)

Items:
(1) "Now I'd like you to consider some kinds of action that the government and the authorities sometimes take. For each one, I would like you to tell me whether you approve strongly, approve, disapprove, or disapprove strongly":
Ausprägungen:
    1: Approve strongly
    2: Approve
    3: Disapprove
    4: Disapprove strongly

(a) "The police using force against demonstrators." (V270)
(b) "The courts giving severe sentences to protestors who disregard police." (V271)
(c) "The government passing a law to forbid all public protest demonstrations." (V272)
(d) "The government using troops to break strikes." (V273)

Indikator: Toleranz und Gleichberechtigung
Ausprägungen: 1 (intoleranter Sozialist) bis 7 (toleranter Demokrat)

Items:
(1) "Tell me if you are completely in agreement, partially in agreement, partially in disagreement, or completely in disagreement with the following statements":
    (a) "The best thing for a woman to do is to take care of the house." (V232)

Ausprägungen:
    1: Agree completely
    2: Agree partially
    3: Disagree partially
    4: Disagree completely

    (b) "Homosexuals are people who should be accepted like anybody else." (V233)

Ausprägungen:
    1: Disagree completely
    2: Disagree partially
    3: Agree partially
    4: Agree completely

    (c) "Abortions should be allowed for every woman." (W1)
    "Abortions should be available to all women who want them." (W2) (V234)

Ausprägungen:
    1: Disagree completely
    2: Disagree partially
    3: Agree partially
    4: Agree completely

Indikatoren des Performanzansatzes

Indikator: gegenwärtige und erwartete Wirtschaftslage im Land
Ausprägungen: 1 (schlechte Situation) bis 7 (gute Situation)

Items:
(1) "Considering the situation of (country) during the period that the present government has been in power, would you say that the economic situation of the country has improved, gotten worse, or remained the same?" (V190)

Ausprägungen:
    1: Gotten worse
    2: The same
    3: Improved

(2) "And regarding the future, do you expect that in the next year the economic situation of the country will improve, get worse, or remain the same? (V188)

Ausprägungen:
    1: Will get worse
    2: The same
    3: Will improve

(3) "In comparison with the last five years of (the state-socialist/communist regime: Gorbachev, or Kadar, or Zsivkov, or Ceaucescu etc.), would you say that the economic situation of the country has improved, gotten worse, or remained the same?" (V186)
Ausprägungen:
    1: Gotten worse
    2: The same
    3: Improved

Indikator: Soziale Klasse
Ausprägungen: 1 (niedrig) bis 7 (hoch)
Items:

(1) "To which social class would you say that you belong?" (V622)
Ausprägungen:
    1: Upper class
    2: Upper-middle class
    4: Lower-middle class
    5: Working class
    6. Peasant class

(2) "And to which social class would you say your parents belong or belonged?" (V623)
Ausprägungen:
    1: Upper class
    2: Upper-middle class
    4: Lower-middle class
    5: Working class
    6. Peasant class

Indikator: Demokratiezufriedenheit
Ausprägungen: 1 (total unzufrieden) bis 7 (total zufrieden)
Items:

(1) "Are you completely satisfied or completely dissatisfied with the way in which democracy is working in (country e.g. Hungary) today?" (10er-Skala) (V173)
Ausprägungen:
    1 (Completely dissatisfied) bis 10 (Completely satisfied)

(2) "Taking everything into account, how contented are you with the present state
of democracy in (country)?" (V340)
Ausprägungen:
    1: Not at all
    2: Little
    3: To a certain point
    4: Totally

Indikator: Politische und juristische Gleichheit
Ausprägungen: 1 (keine Gleichheit) bis 7 (viel Gleichheit)

Fragewortlaut:
(1) "Now I would like to ask you to rank the following countries according to the following criteria: Where is political and legal equality greater?" (V482, V485, V486, V487)

Länder:
- Bulgaria
- Romania
- Hungary
- Austria
- Russia
- Poland
- Czech Republic
- Slovakia
- Eastern Germany

Indikator: Korruptionsentwicklung
Ausprägungen: 1 (gestiegen) bis 3 (gesunken)

Fragewortlaut:
(1) "Would you say that during the period that the present government has been in power corruption and selling of influence have increased, have remained the same, or have declined?" (V199)

Ausprägungen:
1: Increased
2: The same
3: Declined

Indikator: Responsivität
Ausprägungen: 1 (nicht responsiv) bis 4 (responsiv)

Fragewortlaut:
(1) "Please tell me whether you agree or disagree with the following statements":

Ausprägungen:
1: Agree
2: Disagree

(a) "These days only those who want to make their fortune get involved in politics." (V437)
(b) "Only when there's trouble are politicians interested in the views of the people." (V438)
(c) "Parties only serve their leaders' interests." (V344)

Weitere verwendete Items

Faktorenanalyse 1 (Kapitel 4.3.2.1):

Items:
(1) "How do you judge the political situation of the country?" (V338)
Ausprägungen:
    1: Very bad
    2: Rather bad
    3: So-so
    4: Quite good
    5: Very good

(2) "How do you think the political situation of (country) will change next year?" (V339)
Ausprägungen:
    1: will get worse
    2: It will remain the same
    3: It will improve

Faktorenanalyse 2 (Kapitel 4.4.3):

Item:
(1) "Based on your own estimation, your personal monthly income is ..." (V617)
Ausprägungen:
    1: More than the average
    2: Average
    3: Below average

Sozialkapitalansatz (Kapitel 4.3.2.3):

Item:
(1) "In order to get ahead, people need to have confidence and to feel that they can trust themselves and others. To what degree do you think that you trust the following totally, to a certain point, little, or not at all? People of your own language."
Ausprägungen:
    1: Not at all
    2: Little
    3: To a certain point
    4: Totally

7 Literatur

Aberbach, Joel/ Walker, Jack 1970: Political Trust and Racial Ideology. In: American Political Science Review 64, S. 1199-1219.
Adloff, Frank 2002: Rezensierung von Martin Endress: Vertrauen und Martin Hartmann/ Claus Offe (Hg.): Vertrauen. Die Grundlage des sozialen Zusammenhalts. In: Berliner Debatte Initial 13, Nr. 4, S. 114-16.
Almond, Gabriel Abraham/ Powell, G. Bingham/ Mundt, Robert J. 1996: Comparative Politics. A Theoretical Framework, New York: Harper Collins College Publishers.
Almond, Gabriel Abraham/ Verba, Sidney 1963: The Civic Culture. Political Attitudes and Democracy in five Nations, Princeton: Princeton University Press.
Almond, Gabriel Abraham/ Verba, Sidney 1972: The Civic Culture. Political Attitudes and Democracy in Five Nations (4. Aufl.), Princeton: Princeton University Press.
Almond, Gabriel Abraham/ Verba, Sidney 1980: The intellectual History of the Civic Culture Concept. In: Ders. (Hrsg.): The Civic Culture Revisited, Boston: Little, Brown & Company, S. 1-36.
Bachmann, Reinhard 1997: Kooperation und Vertrauen in zwischenbetrieblichen Beziehungen. In: Hradil, Stefan (Hrsg.): Differenz und Integration. Die Zukunft moderner Gesellschaften. Verhandlungen des 28. Kongresses der Deutschen Gesellschaft für Soziologie in Dresden 1996, Frankfurt a.M./New York, S. 255-270.
Badescu, Gabriel/Uslaner, Eric (Hrsg.) 2003: Social Capital and the Transition to Democracy, London/New York: Routledge.
Baker, Kendall L./ Dalton, Russell J./ Hildebrandt, Kai 1981: Germany transformed. Political culture and the new politics, Cambridge: Harvard University Press.
Barber, Benjamin 1984: Strong democracy: participatory politics for a new age, Berkeley: University of California Press.
Becker, Michael 2003: Orientierung an Symbolen? Zur Problematik eines zweidimensionalen Begriffes politischer Institutionen, Bamberger Beiträge zur Politikwissenschaft, URL: web.uni-bamberg.de/sowi/politik/bbp/BBP-I-5.pdf.
Beetham, David 2004: Freedom as the Foundation. In: Journal of Democracy, Bd. 15, No. 4, S. 61-75.
Beyer, Lothar/ Grimmer, Klaus/ Kneissler, Thomas/ Urlen, Marc 1994: Verwaltungsorganisationen und Institutionen. In: Göhler, Gerhard (Hrsg.): Die Eigenart der Institutionen. Zum Profil politischer Institutionentheorie, Baden-Baden: Nomos Verlagsgesellschaft, S. 245-273.
Bianco, William T. 1998: Uncertainty, Appraisal, and Common Interest: The Roots of Constituent Trust. In: Braithwaite, Valerie/ Levi, Margaret (Hrsg.): Trust and Governance, New York: Russell Sage Foundation, S. 245-266.
Blackburn, Simon 1998: Trust, Cooperation, and Human Psychology. In: Braithwaite, Valerie/ Levi, Margaret (Hrsg.): Trust and Governance, New York: Russell Sage Foundation, S. 28-45.
Blendon, Robert J. et al. 1997: Changing Attitudes in America. In: King, David C./ Nye, Joseph S./ Zelikow, Philip D. (Hrsg.): Why People Don't Trust Government, Cambridge/London: Harvard University Press, S. 205-216.

Boix, Carles/ Posner, Daniel N. 1996: Making Social Capital Work: A Review of Robert Putnam's Making Democracy Work: Civic Traditions in Modern Italy. Working Paper Series, Bd. 96/4, Cambridge: Harvard University Centre for International Affairs, URL: www.ciaonet.org/wps/boc01/ - 91k

Bok, Derek 1997: Measuring the Performance of Government. In: King, David C./ Nye, Joseph S./ Zelikow, Philip D. (Hrsg.): Why People Don't Trust Government, Cambridge/London: Harvard University Press, S. 55-75.

Braithwaite, Valerie 1998b: Communal and Exchange Trust Norms: Their Value Base and Relevance to Institutional Trust. In: Braithwaite, Valerie/ Levi, Margaret (Hrsg.): Trust and Governance, New York: Russell Sage Foundation, S. 46-74.

Braithwaite, Valerie/ Levi, Margaret 1998a: Introduction. In: Braithwaite, Valerie/ Levi, Margaret (Hrsg.): Trust and Governance, New York: Russell Sage Foundation, S. 1-5.

Brokmeier, Peter 1994: Institutionen als das Organon des Politischen. Versuch einer Begriffsbildung im Anschluß an Hannah Arendt. In: Göhler, Gerhard (Hrsg.): Die Eigenart der Institutionen. Zum Profil politischer Institutionentheorie, Baden-Baden: Nomos Verlagsgesellschaft, S. 167-187.

Bundesinstitut für ostwissenschaftliche und internationale Studien (Hrsg.) 2000: Differenzierungsprozesse in Ostmittel- und Osteuropa. 7. Brühler Tagung junger Osteuropa-Experten, Köln, URL: http://www.forschungsstelle-osteuropa.de/con/images/stories/pdf/Bruehl/bruehl7.pdf.

Bürklin, Wilhelm 1989: Systemakzeptanz: Bürger und Staat in der Bundesrepublik Deutschland. In: Weidenfeld, Werner (Hrsg.): Politische Kultur und deutsche Frage. Materialien zum Staats- und Nationalbewusstsein in der Bundesrepublik Deutschland, Köln: Verlag Wissenschaft und Politik, S. 249-273.

Bußhoff, Heinrich 1990: Vorüberlegungen zu einer allgemeinen Institutionentheorie. In: Göhler, Gerhard/ Lenk, Kurt/ Schmalz-Bruns, Rainer (Hrsg.): Die Rationalität politischer Institutionen. Interdisziplinäre Perspektiven, Baden-Baden: Nomos Verlagsgesellschaft, S. 301-327.

Campbell, William Ross 2004: The Sources of Institutional Trust in East and West Germany: Civic Culture or Economic Performance? In: German Politics, Bd. 13, Nr. 3, S. 401-418.

Cheibub, José Antonio/ Przeworski, Adam/ Saiegh, Sebastian M. 2004: Government Coalitions and legislative Success under Presidentialism and Parlamentarism. In: British Journal of Political Science 34, S. 565-587.

Citrin, Jack/ Luks, Samantha 2001: Political Trust Revisited: Déjà vu All Over Again? In: Hibbing, John R./ Theiss-Morse, Elisabeth (Hrsg.): What is it about Government that Americans Dislike? Cambrigde: Cambridge University Press, S. 9-27.

Citrin, Jack/ McClosky, Herbert/ Shanks, Merrill J./ Sniderman, Paul M. 1975: Personal and Political Sources of Political Alienation. In: British Journal of Political Science 5, Cambridge: Cambridge University Press, S. 1-31.

Claibourn, Michele P./ Martin, Paul S. 2000: Trusting and Joining? An Empirical Text of the Reciprocal Nature of Social Capital. In: Political Behavior 22, Nr.4, S. 267-291.

Claußen, Bernhard/ Geißler, Rainer (Hrsg.) 1996: Die Politisierung des Menschen. Instanzen der politischen Sozialisation. Ein Handbuch, Opladen: Leske+Budrich.

Cohen, Albert K./ Short, James F. 1968/1979: Zur Erforschung delinquenter Subkulturen. In: Sack, Fritz/König, Rene 1979: Kriminalsoziologie (3. Aufl.), Wiesbaden: Akademische Verlagsgesellschaft, S. 372-393.

Cohen, Jean 1999: Trust, voluntary Associations and workable Democracy: the contemporary American Discourse of Civil Society. In: Warren, Mark E.: Democracy and Trust, Cambridge: Cambridge University Press, S. 208-248.

Coleman, James S. 1986: Why is so much Stability? Recontracting, Trustworthiness and the Stability of Vote Exchanges. In: Ders. (Hrsg.): Individual Interests and Collective Action. Selected Essays, Cambridge: Cambridge University Press, S. 137-143.

Coleman, James S. 1988: Social Capital in the Creation of Human Capital. In: American Journal of Sociology, Bd. 94, S. 95-120.

Croissant, Aurel/ Merkel, Wolfgang 2004: Introduction: Democratization in the Early Twenty-First Century. In: Democratization 5, Vol. 11, S. 1-9.

Dalton, Russell J. 1999: Political Support in Advanced Industrial Democracies. In: Norris, Pippa (Hrsg.): Critical Citizens. Global Support for Democratic Government, Oxford/New York: Oxford University Press, S. 57-77.

de Ulzurun, Laura Morales Diez 2002 : Associational Membership and Social Capital in Comparative Perspective : A Note on the Problems of Measurement. In: Politics and Society, Bd. 30, Nr. 3, S. 497-523.

Deinert, Rudolf Günter 1997: Institutionenvertrauen, Demokratiezufriedenheit und Extremwahl. Ein Vergleich zwischen westdeutscher Rechts- und ostdeutscher PDS-Wahl, St. Augustin: Gardez Verlag.

Delhey, Jan/ Tobsch 2000: Freiheit oder Wohlstand? Regimeperformanz und Demokratiezufriedenheit in Ostdeutschland und Ungarn. In: Berliner Debatte INITIAL 11, Nr. 5/6, Demokratie in Gefahr? Politische Kultur in Osteuropa, herausgeben von Detlef Pollack und Jan Wielgohs, S. 33-46.

Deth, Jan W. 2002: Sozialkapital/Soziales Vertrauen. In: Greiffenhagen, Martin/ Greiffenhagen, Sylvia (Hrsg.): Handwörterbuch zur politischen Kultur der Bundesrepublik Deutschland (2. Aufl.), Wiesbaden, S. 575-579.

Diamond, Larry 1999: Developing Democracy Toward Consolidation, Baltimore/London: The John Hopkins University Press.

Diamond, Larry/ Morlino, Leonardo 2004: The Quality of Democracy. An Overview. In: Journal of Democracy 15, No. 4, S. 20-31.

Döring, Herbert 1994: Parlament und Regierung. In: Gabriel, Oscar W./ Brettschneider, Frank: Die EU-Staaten im Vergleich. Strukturen, Prozesse, Politikinhalte (2. Aufl.), Opladen: Westdeutscher Verlag, S. 336-358.

Easton, David 1975: A Re-Assessment of the Concept of Political Support. In: British Journal of Political Science 5, Cambridge: Cambridge University Press, S. 435-457.

Eckl, Stefan 2000: Das Politische Vertrauen in das Parlament am Beispiel des deutschen Bundestages, Stuttgart: Ibidem Verlag.

Endress, Martin 2002: Vertrauen. Bielefeld: Transcript Verlag.

Etzioni, Amitai 2001: Der dritte Weg zu einer guten Gesellschaft. Auf der Suche nach der neuen Mitte, Hamburg: Mikro Verlagsgesellschaft.

Fehr, Helmut 1994: Probleme der Gründung politischer Institutionen in Ost-Mitteleuropa. In: Göhler, Gerhard (Hrsg.): Die Eigenart der Institutionen. Zum

Profil politischer Institutionentheorie, Baden-Baden: Nomos Verlagsgesellschaft, S. 331-349.

Feldman, Stanley/ Steenbergen, Marco R. 1996: Beyond Self-Interest, toward Other-Directedness: Prosocial Orientations and Political Behavior. In: Research in Micropolitics, Nr. 5, S. 61-93.

Finifter, Ada W./ Mickiewicz, Ellen 1992: Redefining the Political System of the USSR: Mass Support for Political Change. In: American Political Science Review 86, S. 857-874.

Flohr, Heiner 1990: Die Bedeutung biokultureller Ansätze für die Institutionentheorie. In: Göhler, Gerhard/Lenk, Kurt/Schmalz-Bruns, Rainer (Hrsg.): Die Rationalität politischer Institutionen. Interdisziplinäre Perspektiven, Baden-Baden: Nomos Verlagsgesellschaft, S. 21-58.

Foley, Michael/ Edwards, Bob 1999: Is it time to disinvest in social Capital? In: Journal of Public Policy 19 (2), S. 141-174.

Freitag, Markus/ Bühlmann, Marc 2004: Politische Institutionen und die Entwicklung generalisierten Vertrauens. Ein internationaler Vergleich, URL: http://www.uni-lueneburg.de/fb2/zdemo/dvpw/dateien/Buehlmann&Freitag.pdf

Frye, Timothy 1997: A Politics of Institutional Choice. Post-Communist Presidencies. In: Comparative Political Studies 5, Vol. 30, S. 523-552.

Fuchs, Dieter 1989: Die Unterstützung des politischen Systems der Bundesrepublik Deutschland. Beiträge zur sozialwissenschaftlichen Forschung 115, Opladen: Westdeutscher Verlag.

Fuchs, Dieter 1993: Eine Metatheorie des demokratischen Prozesses, Discussion Paper, Berlin: Wissenschaftszentrum Berlin für Sozialforschung (WZB).

Fuchs, Dieter 1997a: Welche Demokratie wollen die Deutschen? Einstellungen zur Demokratie im vereinigten Deutschland. In: Gabriel, Oscar W. (Hrsg.): Politische Orientierungen und Verhaltensweisen im vereinigten Deutschland, Opladen: Leske+Budrich, S. 81-113.

Fuchs, Dieter 1997b: Kriterien demokratischer Performanz in liberalen Demokratien, Discussion Paper des Wissenschaftszentrums Berlin, Berlin. URL: http://bibliothek.wz-berlin.de/pdf/1997/iii97-203.pdf.

Fuchs, Dieter 1999a: Soziale Integration und politische Institutionen in modernen Gesellschaften. In: Friedrichs, Jürgen/ Jagodzinski, Wolfgang (Hrsg.): Soziale Integration. Sonderheft 39 der Kölner Zeitschrift für Soziologie und Sozialpsychologie, S. 147-178.

Fuchs, Dieter 1999b: The Democratic Culture of Unified Germany. In: Norris, Pippa (Hrsg.): Critical Citizens. Global Support for Democratic Government, Oxford/New York: Oxford University Press, S. 123-145.

Fuchs, Dieter 2002: Politikverdrossenheit. In: Greiffenhagen, Martin/ Greiffenhagen, Sylvia (Hrsg.): Handwörterbuch zur politischen Kultur der Bundesrepublik Deutschland (2. Aufl.) Wiesbaden, S. 338-343.

Fuchs, Dieter/ Gabriel, Oscar W./ Völkl, Kerstin 2002: Vertrauen in politische Institutionen und politische Unterstützung. In: Schaal, Gary (Hrsg.) 2002: Vertrauen - Mikrofundierung sozialer und politischer Ordnungen. Schwerpunktthema: Österreichische Zeitschrift für Politikwissenschaft 31, Nr.4, Baden-Baden: Nomos-Verlag, S. 427-449.

Fuchs, Dieter/ Guidorossi, Giovanna/ Svensson, Palle 1995: Support for Democratic System. In: Klingemann, Hans-Dieter/ Fuchs, Dieter: Citizens and the State. Beliefs in Government, Bd. 1, New York, S. 232-353.

Fuchs, Dieter/ Roller, Edeltraud/ Wessels, Bernhard 1997: Die Akzeptanz der Demokratie des vereinigten Deutschlands. Oder: Wann ist ein Unterschied ein Unterschied? In: Aus Politik und Zeitgeschichte (Beilage zur Wochenzeitung das Parlament) B51, S. 3-12.

Fuhse, Jan A. 2002: Kann ich dir vertrauen? Strukturbildung in dyadischen Sozialbeziehungen. In: Schaal, Gary (Hrsg.) 2002: Vertrauen - Mikrofundierung sozialer und politischer Ordnungen. Schwerpunktthema: Österreichische Zeitschrift für Politikwissenschaft 31, Nr.4, Baden-Baden: Nomos-Verlag, S. 413-425.

Fuhse, Jan A./ Schaal, Gary S. Jahr: Politische Institutionen und die Generalisierung von Vertrauen. In: Geis, Anna/ Strecker, David (Hrsg.): Blockaden staatlicher Politik. Sozialwissenschaftliche Analysen im Anschluss an Claus Offe, Frankfurt/Main: Campus, S. 54-65.

Fukuyama, Francis 1992: The End of History and the last Man, New York: Harper Collins.

Gabriel, Oscar W. 1993: Institutionenvertrauen im vereinigten Deutschland. In: Aus Politik und Zeitgeschichte (Beilage zur Wochenzeitung das Parlament) B43, S. 3-12.

Gabriel, Oscar W. 1994: Politische Einstellungen und politische Kultur. In: Gabriel, Oscar W./ Brettschneider, Frank (Hrsg.): Die EU-Staaten im Vergleich. Strukturen, Prozesse, Politikinhalte (2. Aufl.), Opladen: Westdeutscher Verlag, S. 96-133.

Gabriel, Oscar W. 1996: Anpassung, Integration oder Polarisierung? Zur Entwicklung der politischen Kultur im vereinigten Deutschland. In: Wechselwirkungen Jahrbuch 1996 Universität Stuttgart, URL: http://elib.uni-stuttgart.de/opus/volltexte/1999/484/.

Gabriel, Oscar W. 1997: Politische Einstellungen und politisches Verhalten. In: Gabriel, Oscar W./ Holtmann, Everhard (Hrsg.): Handbuch Politisches System der Bundesrepublik Deutschland, München: Oldenbourg, S. 381-497.

Gabriel, Oscar W. 1999a: Integration durch Institutionenvertrauen? Struktur und Entwicklung des Verhältnisses der Bevölkerung zum Parteienstaat und zum Rechtsstaat im vereinigten Deutschland. In: Friedrichs, Jürgen/ Jagodzinski, Wolfgang (Hrsg.): Soziale Integration. Sonderheft der Kölner Zeitschrift für Soziologie und Sozialpsychologie, S. 199-235.

Gabriel, Oscar W. 1999b: Sozialkapital und Institutionenvertrauen in Österreich und Deutschland. In: Falter, Jürgen W./ Gabriel, Oscar W./ Plasser, Fritz (Hrsg.): Wahlen und politische Einstellungen in Deutschland und Österreich, Frankfurt am Main/New York: Peter Lang Verlag, S. 147-189.

Gabriel, Oscar W. 2000: Politische Soziologie als empirische Demokratieforschung. In: Burth, Hans-Peter/ Druwe, Ulrich (Hrsg.): Theorie der Politik. Festschrift für Axel Görlitz, Stuttgart: Verlag Grauer, S. 95-126.

Gabriel, Oscar W. 2002: Politische Unterstützung. In: Greiffenhagen, Martin/ Greiffenhagen, Sylvia (Hrsg.): Handwörterbuch zur politischen Kultur der Bundesrepublik Deutschland (2. Aufl.), Wiesbaden: Westdeutscher Verlag, S. 477-482.

Gabriel, Oscar W. 2005: Politische Einstellungen und politische Kultur. In: Gabriel, Oscar W./ Holtmann, Everhard (Hrsg.): Handbuch Politisches System der Bundesrepublik Deutschland (3. völlig überarb. u. erw. Aufl.) München: Oldenbourg, S. 459-522.

Gabriel, Oscar W./ Kunz, Volker 2002: Die Bedeutung des Sozialkapital-Ansatzes für die Erklärung politischen Vertrauens. In: Schmalz-Bruns, Rainer/ Zintl, Reinhard (Hrsg.): Politisches Vertrauen. Soziale Grundlagen reflexiver Kooperation, Baden Baden: Nomos Verlagsgesellschaft.

Gabriel, Oscar W./ Kunz, Volker/ Roßteutscher, Sigrid/ van Deth, Jan W. 2002: Sozialkapital und Demokratie. Zivilgesellschaftliche Ressourcen im Vergleich, Schriftenreihe des Zentrums für angewandte Politikforschung, Bd. 24, Wien: WUV-Universitätsverlag.

Gamson, William A. 1968: Power and Discontent, Homewood: The Dorsey Press.

Gasiorowski, Mark J./ Power, Timothy J. 1998: The Structural Determinants of Democratic Consolidation. Evidence from the Third World. In: Comparative Political Studies 31 No. 6, S. 740-771.

Geddes, Barbara 1995: A comparative Perspective on the Leninist Legacy in Eastern Europe. In: Comparative Political Studies 2, Vol. 28, S. 239-274.

Gehlen, Arnold 1986: Anthropologische und sozialpsychologische Untersuchungen. Reinbek: Rowohlt.

Gehler, Michael 2004: Die Umsturzbewegungen 1989 in Mittel- und Osteuropa. Ursachen – Verlauf – Folgen. In: Aus Politik und Zeitgeschichte (Beilage zur Wochenzeitung das Parlament) B41-42, S. 36-46.

Göbel, Elisabeth 2004: Erodiert die Marktwirtschaft durch Vertrauensverlust? Vertrauen als ökonomische Ressource. In: Wirtschaftsdienst 84, Nr. 8, S. 483-487.

Göhler, Gerhard (Hrsg.) 1994: Die Eigenart der Institutionen. Zum Profil politischer Institutionentheorie, Baden-Baden: Nomos Verlagsgesellschaft.

Göhler, Gerhard 1990a: Einleitung. In: Göhler, Gerhard/ Lenk, Kurt/ Schmalz-Bruns, Rainer (Hrsg.): Die Rationalität politischer Institutionen. Interdisziplinäre Perspektiven, Baden-Baden: Nomos Verlagsgesellschaft, S. 9-14.

Göhler, Gerhard 1990b: Nutzen. Ökonomische Theorie politischer Institutionen. Einführung. In: Göhler, Gerhard/ Lenk, Kurt/ Schmalz-Bruns, Rainer (Hrsg.): Die Rationalität politischer Institutionen. Interdisziplinäre Perspektiven, Baden-Baden: Nomos Verlagsgesellschaft, S. 155-167.

Göhler, Gerhard 1994: Politische Institutionen im Kontext. Begriffliche und konzeptionelle Überlegungen zur Theorie politischer Institutionen. In: Ders. (Hrsg.): Die Eigenart der Institutionen. Zum Profil politischer Institutionentheorie, Baden-Baden: Nomos Verlagsgesellschaft, S. 19-46.

Göhler, Gerhard/ Lenk, Kurt/ Schmalz-Bruns, Rainer (Hrsg.) 1990: Die Rationalität politischer Institutionen. Interdisziplinäre Perspektiven, Baden-Baden: Nomos Verlagsgesellschaft.

Göhler, Gerhard/ Wiesenthal, Helmut/ Kleßmann, Christoph/ Steinbach, Peter/ Wagner, Dieter/ Wollmann, Hellmut 1999: Institutionenwandel in Umbruchgesellschaften. Bestimmungsfaktoren von Kontinuität und Kontingenz in den Transformationen Mittel- und Osteuropas. Antrag auf Finanzierung des Sonderforschungsbereichs 1792-00 der Freien Universität Berlin, Berlin, URL: http://www.angoy.de/hw/projekte/sfb/1792d.htm.

Gorißen, Stefan 2003: Der Preis des Vertrauens. Unsicherheit Institutionen und Rationalität im vorindustriellen Fernhandel. In: Frevert, Ute (Hrsg.): Vertrauen. Historische Annäherungen, Göttingen: Vandenhoeck&Ruprecht, S. 90-118.
Gorißen, Stefan 2003: Der Preis des Vertrauens. Unsicherheit, Institutionen und Rationalität im vorindustriellen Fernhandel. In: Frevert, Ute (Hrsg.): Vertrauen. Historische Annäherungen, Göttingen.
Greiffenhagen, Martin/ Greiffenhagen, Sylvia 2002: Handwörterbuch zur politischen Kultur der Bundesrepublik Deutschland (2. Aufl.), Wiesbaden: Westdeutscher Verlag.
Greiffenhagen, Martin/ Greiffenhagen, Sylvia 2002a: Politische Kultur. In: Ders. (Hrsg.): Handwörterbuch zur politischen Kultur der Bundesrepublik Deutschland (2. Aufl.), Wiesbaden: Westdeutscher Verlag, S. 387-401.
Greiffenhagen, Sylvia 2002b: Politische Sozialisation. In: Ders. (Hrsg.): Handwörterbuch zur politischen Kultur der Bundesrepublik Deutschland (2. Aufl.), Wiesbaden: Westdeutscher Verlag, S. 407-422.
Grotz, Florian 2000: Politische Institutionen und post-sozialistische Parteiensysteme in Ostmitteleuropa. Polen, Ungarn, Tschechien und die Slowakei im Vergleich, Opladen: Leske+Budrich.
Grundmann, Matthias 2006: Sozialisation. Skizze einer allgemeinen Theorie, Konstanz: UVK Verlagsgesellschaft.
Hahn, Jeffrey 1991: Continuity and Change in Russian Political Culture. In: British Journal of Political Science 21, S. 393-421.
Hardin, Russell 1998: Trust in Government. In: Braithwaite, Valerie/ Levi, Margaret (Hrsg.): Trust and Governance, New York: Russell Sage Foundation, S. 9-27.
Hardin, Russell 1999: Do we want trust in government? In: Warren, Mark E.: Democracy and Trust, Cambridge: Cambridge University Press, S. 22-41.
Hardin, Russell 2002: Trust and Trustwortheness, New York: Russell Sage Foundation.
Harré, Rom 1999: Trust and its surrogates; psychological foundations of political process. In: Warren, Mark E.: Democracy and Trust, Cambridge: Cambridge University Press, S. 249-272.
Hartmann, Martin 2002: Aussichten auf Vorteile? Grenzen rationaler Vertrauensmodelle in der Politikanalyse. In: Schaal, Gary (Hrsg.) 2002: Vertrauen - Mikrofundierung sozialer und politischer Ordnungen. Schwerpunktthema: Österreichische Zeitschrift für Politikwissenschaft 31, Nr.4, Baden-Baden: Nomos-Verlag, S. 379-396.
Haug, Sonja 1997: Soziales Kapital. Ein kritischer Überblick über den aktuellen Forschungsstand, Working Paper 15, Mannheim.
Hettlage, Robert 1990: Das Tier im Menschen – die verspätete Suche nach biologischen Ur-Sachen. In: Göhler, Gerhard/ Lenk, Kurt/ Schmalz-Bruns, Rainer (Hrsg.): Die Rationalität politischer Institutionen. Interdisziplinäre Perspektiven, Baden-Baden: Nomos Verlagsgesellschaft, S. 59-84.
Heuwinkel, Kerstin 2004: Die guten Gründe des Vertrauens: Analysen und Strategien. In: Wyssusek, Boris (Hrsg.): Wissensmanagement komplex. Perspektiven und soziale Praxis, Berlin: Erich Schmidt Verlag, S. 101-118.
Hof, Hagen 2002: Zur Anthropologie des Vertrauens. In: Würtenberger, Thomas/ Tscheulin, Dieter K./ Usunier, Jean-Claude/ Jeannerod, Dominique/ Davoine,

Eric (Hrsg.): Wahrnehmungs- und Betätigungsformen des Vertrauens im deutsch-französischen Vergleich, S. 25-38.

Hoffmann, Jürgen 1997: Altlast oder neue Erfahrung? Zum Phänomen des ostdeutschen Sonderbewußtseins. Bilanz einer mehrjährigen Untersuchungsreihe. In: Meier, Helmut/ Weckesser, Erhard (Hrsg.): Ost-Identität – konjunkturelle Erscheinung oder längerfristige Bewusstseinslage? Beiträge des dritten wissenschaftlichen Kolloquiums zum Thema „Zwischen Anschluß und Ankunft" am 16. März 1996 in Potsdam, Berlin: Trafo Verlag, S. 11-32.

Huntington, Samuel P. 1991: The Third Wave: Democratization in the Late Twentieth Century, Norman, S. vii-30, 317-320.

Huntington, Samuel P. 1996: Kampf der Kulturen. Die Neugestaltung der Weltpolitik im 21. Jahrhundert (2. Aufl.), New York: Simon & Schuster.

Hurrelmann, Klaus/ Ulich, Dieter (Hrsg.) 1980: Handbuch der Sozialisationsforschung, Weinheim: Beltz.

Inglehart, Ronald 1977: The silent revolution. Changing values and political styles among Western publics, Priceton: Priceton University Press.

Ismayr, Wolfgang 2003: Die politischen Systeme der mittel- und osteuropäischen EU-Beitrittsländer im Vergleich. In: Vorgänge. Zeitschrift für Bürgerrechte und Gesellschaftspolitik 42, H 2, S. 5-17.

Jäckel, Hartmut 1990: Über das Vertrauen in der Politik. Nicht an Personen, sondern an Institutionen entscheidet sich das Wohl der Bürger. In: Haungs, Peter (Hrsg.): Politik ohne Vertrauen? Baden-Baden: Nomos Verlag, S. 31-42.

Jackman, Robert W./ Miller, Ross A. 1996: The Poverty of Political Culture. In: American Journal of Political Science 40 (3), S. 697-716.

Jacobs, Jörg 1999: Einstellungen zur politischen Ordnung in Transformationsländern, FIT-Discussion papers No 14/99. Frankfurter Institut für Transformationsstudien, Frankfurt (Oder): Europa-Universität Viadrina.

Jacobs, Jörg/ Pickel, Gert 2001: Einstellungen zur Demokratie und zur Gewährleistung von Rechten und Freiheiten in den jungen Demokratien Mittel- und Osteuropas, Frankfurter Institut für Transformationsforschung, URL: http://fit.euv-frankfurt-o.de/Veroeffentlichungen/Discussion%20Papers/PDF-Format/01-09Pickel-Jacobs.pdf.

Jansen, Dorothea Jansen 2000: Der neue Institutionalismus. Antrittsvorlesung an der Deutschen Hochschule für Verwaltungswissenschaften Speyer am 27. Juni, URL: http://www.hfv-speyer.de/JANSEN/download/SpeyererVortr%C3%A4ge Institutionalismus.pdf.

Jennings, Kent M. 1998: Political Trust and the Roots of Devolution. In: Braithwaite, Valerie/ Levi, Margaret (Hrsg.): Trust and Governance, New York: Russell Sage Foundation, S. 218-244.

Jennings, M. Kent/ Niemi, Richard G. 1974: The Political Character of Adolescence, Princeton: Princeton University Press.

Junge, Kay 1998: Vertrauen und die Grundlagen der Sozialtheorie. Ein Kommentar zu James S. Coleman. In: Müller, Hans-Peter/ Schmid, Michael (Hrsg.): Norm, Herrschaft und Vertrauen. Beiträge zu James S. Colemans Grundlagen der Sozialtheorie, Opladen/Wiesbaden: Westdeutscher Verlag, S. 26-64.

Kaase, Max 2002: Transition/Transformation. In: Greiffenhagen, Martin/ Greiffenhagen, Sylvia (Hrsg.): Handwörterbuch zur politischen Kultur der Bundesrepublik Deutschland (2. Aufl.), Wiesbaden: Westdeutscher Verlag, S. 601-609.

Kalthoff, Herbert/ Wagener, Hans-Jürgen (2004): Die Analyse der Transformation in Mittel- und Osteuropa. Innovative, interdisziplinäre und internationale Forschungskultur im Frankfurter Innovationskolleg, URL: http://fit.euv-frankfurt-o.de/Veroeffentlichungen/Abschlussbericht_sicher.pdf.

Karl, Terry Lynn/ Schmitter, Philippe C. 1991: Modes of Transition in Latin America, Southern and Eastern Europe. In: International Social Science Journal 43, Nr. 127, S. 269-284.

Kern, Lucian 1990: Nutzen. Ökonomische Theorie politischer Institutionen. Einführung. In: Göhler, Gerhard/ Lenk, Kurt/ Schmalz-Bruns, Rainer (Hrsg.): Die Rationalität politischer Institutionen. Interdisziplinäre Perspektiven, Baden-Baden: Nomos Verlagsgesellschaft, S. 235-266.

Klingemann, Hans-Dieter 1999: Mapping Political Support in the 1990s: A Global Analysis. In: Norris, Pippa (Hrsg.): Critical Citizens. Global Support for Democratic Government, Oxford/New York: Oxford University Press, S. 31-56.

Klingemann, Hans-Dieter 2003a: Zum Forschungsprogramm der Abteilung 1989-2003. In: Kocka, Jürgen/Klingemann, Hans-Dieter/ Roller, Edeltraud/ Volkens, Andrea/ Wessels, Bernhard/ Alber, Jens (Hrsg.): Entwicklung und Perspektiven der Demokratien in Ost und West. Abschlusskolloquium der Abteilung Institutionen und sozialer Wandel, Berlin, S. 9-14, URL: http://skylla.wz-berlin.de/pdf/2003/p03-003.pdf.

Klingemann, Hans-Dieter 2003b: Die Entwicklung einer demokratischen politischen Kultur in Mittel- und Osteuropa. In: Kocka, Jürgen/ Klingemann, Hans-Dieter/ Roller, Edeltraud/ Volkens, Andrea/ Wessels, Bernhard/ Alber, Jens (Hrsg.): Entwicklung und Perspektiven der Demokratien in Ost und West. Abschlusskolloquium der Abteilung Institutionen und sozialer Wandel, Berlin, S. 15-21, URL: http://skylla.wz-berlin.de/pdf/2003/p03-003.pdf.

Knaus, Anja/ Renn, Ortwin 1998: Den Gipfel vor Augen. Unterwegs in eine nachhaltige Zukunft, Marburg: Metropolis-Verlag.

Kocka, Jürgen/ Klingemann, Hans-Dieter/ Roller, Edeltraud/ Volkens, Andrea/ Wessels, Bernhard/ Alber, Jens 2003: Entwicklung und Perspektiven der Demokratien in Ost und West. Abschlusskolloquium der Abteilung Institutionen und sozialer Wandel, Berlin, URL: http://skylla.wz-berlin.de/pdf/2003/p03-003.pdf

Kornberg, Allan/ Clarke, Harold D. 1992: Citizens and Communitiy. Political Support in a representative Democracy, Cambridge: Cambridge University Press.

Krieckhaus, Jonathan 2004: The regime debate revisted: a sensitivity analysis of democracy's economic effect. In: British Journal of Political Science 34, S. 635-655.

Kutz, Martin 2001: Die Ökonomie Mittelosteuropas in der Transformation. Zur Wiederentstehung traditioneller Wirtschaftsregionen und Wirtschaftsbeziehungen. In: Aus Politik und Zeitgeschichte (Beilage zur Wochenzeitung das Parlament) B 15, S. 22-31, URL: http://www.bpb.de/publikationen/XFL3JR,0,0, Die_%D6konomie_Mittelosteuropas_in_der_Transformation.html.

Lahno, Bernd 2002: Der Begriff des Vertrauens, Paderborn: Mentis Verlag.

Lang, Kai-Olaf 2001: Systemtransformation in Ostmitteleuropa: Eine erste Erfolgsbilanz. In: Aus Politik und Zeitgeschichte (Beilage zur Wochenzeitung das Parlament) B 15, S. 13-21.

Lehner, Franz 1990: Ökonomische Theorie politischer Institutionen: Ein systematischer Überblick. In: Göhler, Gerhard/ Lenk, Kurt/ Schmalz-Bruns, Rainer

(Hrsg.): Die Rationalität politischer Institutionen. Interdisziplinäre Perspektiven, Baden-Baden: Nomos Verlagsgesellschaft, S. 207-234.

Lehnert, Detlef 1994: Institutionen und Institute – Gebietskörperschaften und Anstalten. Zur „Polity" in konzeptioneller und verfassungssystematischer Differenzierung. In: Göhler, Gerhard (Hrsg.): Die Eigenart der Institutionen. Zum Profil politischer Institutionentheorie, Baden-Baden: Nomos Verlagsgesellschaft, S. 125-166.

Lenk, Kurt 1990: Verhalten und Handeln. Biokulturelle und anthropologische Institutionenbegründung. Einführung. In: Göhler, Gerhard/ Lenk, Kurt/ Schmalz-Bruns, Rainer (Hrsg.): Die Rationalität politischer Institutionen. Interdisziplinäre Perspektiven, Baden-Baden: Nomos Verlagsgesellschaft, S. 15-20.

Leonhard, Nina 2006: Demokratisierung im Verlauf von drei Generationen? Zu Wandel und Kontinuität in der Erinnerung an die nationalsozialistische Vergangenheit bei Familien aus Ost- und Westdeutschland. In: Schwan, Gesine et al. (Hrsg.): Demokratische politische Identität Deutschland, Polen und Frankreich im Vergleich, Wiesbaden: VS Verlag für Sozialwissenschaften, S. 121-154.

Lepsius, Rainer M. 1995: Institutionenanalyse und Institutionenpolitik. In: Nedelmann, Birgitta (Hrsg.): Politische Institutionen im Wandel. Sonderheft 35 der Kölner Zeitschrift für Soziologie und Sozialpsychologie, Köln: Westdeutscher Verlag, S. 392-403.

Lepsius, Rainer M. 1997: Vertrauen zu Institutionen. In: Hradil, Stefan (Hrsg.): Differenz und Integration. Die Zukunft moderner Gesellschaften. Verhandlungen des 28. Kongresses der Deutschen Gesellschaft für Soziologie in Dresden 1996, Frankfurt a. M./New York, S. 283-295.

Letki, Natalia/ Evans, Geoffrey (2005): Endogenizing Social Trust: Democratization in East-Central Europe. In: British Journal of Political Science 35, S. 515-529.

Levi, Margaret 1998: A State of Trust. In: Braithwaite, Valerie/ Levi, Margaret (Hrsg.): Trust and Governance, New York: Russell Sage Foundation, S. 77-101.

Lewis, David J./ Weigert, Andrew 1985: Trust as a Social Reality. In: Social Forces 63, Nr. 4, S. 967-985, URL: http://links.jstor.org/sici?sici=0037-7732%2819 8506%2963%3A4%3C967%3ATAASR%3E2.0.CO%3B2-F.

Linz, Juan J./ Stepan, Alfred 1996: Problems of Democratic Transition and Consolidation. Southern Europe, South America, and Post-Communist Europe, Baltimore/London: The John Hopkins University Press, S. XIII-XX und 3-83.

Lipset, Seymour Martin/ Schneider, William 1983: The Confidence Gap. Business, Labor, and Government in the Public Mind, New York: The Free Press.

Listhaug, Ola 1995: The Dynamics of Trust in Politicians. In: Klingemann, Hans-Dieter/ Fuchs, Dieter (Hrsg.): Citizens and the State. Beliefs in Government, Bd. 1, New York: Oxford University Press, S. 261-297.

Listhaug, Ola/ Wiberg, Matti 1995: Confidence in Political and Private Institutions. In: Klingemann, Hans-Dieter/ Fuchs, Dieter: Citizens and the State. Beliefs in Government, Bd. 1, New York: Oxford University Press, S. 298-322.

Lohmann, Christopher/ Schauenberg, Bernd 2002: Fukuyama, Vertrauen und dauerhafte Kooperation. In: Würtenberger, Thomas/ Tscheulin, Dieter K./ Usunier, Jean-Claude/ Jeannerod, Dominique/ Davoine, Eric (Hrsg.): Wahrnehmungs- und Betätigungsformen des Vertrauens im deutsch-französischen Vergleich, S. 209-226.

Luhmann, Niklas 2000: Vertrauen. Ein Mechanismus der Reduktion sozialer Komplexität (4. Aufl.), Stuttgart: UTB.

Maag, Gisela 1991: Gesellschaftliche Werte. Strukturen, Stabilität und Funktion. Beiträge zur sozialwissenschaftlichen Forschung, Bd. 120, Opladen: Westdeutscher Verlag.

Malova, Darina/ Haughton, Tim 2002: Making Institutions in Central and Eastern Europe, and the Impact of Europe. In: Mair, Peter/ Zielonka, Jan (Hg.): The Enlarged European Union. Diversity and Adaption. Zeitschrift: West European Politics, Bd. 25, Nr. 2, S. 101-120.

March, James G. 1994: A Primer on Decision Making: How Decisions happen, New York: The Free Press, S. 1-35.

Mayntz, Renate 2002: Kausale Rekonstruktion: Theoretische Aussagen im akteurszentrierten Institutionalismus. Mannheimer Vorträge, Nr. 17, Mannheimer Zentrum für Europäische Sozialforschung.

Meier, Bernd 2001: Kommunitarismus : politische Idee, Programmatik und empirische Befunde, Köln: Deutscher Instituts-Verlag.

Meier, Helmut/ Weckesser, Erhard (Hrsg.): Ost-Identität – konjunkturelle Erscheinung oder längerfristige Bewusstseinslage? Beiträge des dritten wissenschaftlichen Kolloquiums zum Thema „Zwischen Anschluß und Ankunft" am 16. März 1996 in Potsdam, Berlin: Trafo Verlag.

Merkel, Wolfgang 1999: Systemtransformation. Eine Einführung in die Theorie und Empirie der Transformationsforschung, Opladen: Leske+Budrich, S. 377-441.

Meyer, John W./ Rowan, Brian 1991: Institutionalized Organizations: Formal Structures as Myth and Ceremony. In: DiMaggio, Paul/ Powell, Walter (Hrsg.): The New Institutionalism in Organizational Analysis, Chicago/ London: University of Chicago Press, S. 41-62.

Miller, Arthur H./ Hesli, Vicki L./ Reisinger, William M, 1996: Understanding Political Change in Post-Soviet Societies: A Further Commentary on Finifter and Mickiewicz. In: American Political Science Review 90, S. 153-166.

Miller, Arthur H./ Hesli, Vicki L./ Reisinger, William M. 1994: Reassessing Mass Support for Political and Economic Change in the Former USSR. In: American Political Science Review 88, S. 399-411.

Miller, Arthur H./ Hesli, Vicki L./ Reisinger, William M. 1997: Conceptions of Democracy among Mass and Elite in Post-Soviet Societeis. In: British Journal of Political Research 27, S. 157-190.

Miller, Stephen D./ Sears, David O. 1985: Stability and Change in Social Tolerance: A Test of the Persistence Hypothesis. In: American Journal of Political Science 30, S. 214-236.

Mishler, William/ Rose, Richard 1997: Trust, Distrust and Skepticism: Popular Evaluations of Civil and Political Institutions in Post-Communist Societies. In: The Journal of Politics 59, Nr. 2, S. 418-451.

Mishler, William/ Rose, Richard 1999: Five Years after the Fall: Trajectories of Support for Democracy in Post-Communist Europe. In: Norris, Pippa (Hrsg.): Critical Citizens. Global Support for Democratic Government, Oxford/New York, S. 78-99.

Mishler, William/ Rose, Richard 2001: What are the Origins of political Trust? Testing Institutional and Cultural Theories in Post-Communist Societies. In: Comparative Political Studies 34 Nr.1, S. 30-62.

Mishler, William/ Rose, Richard 2002: Learning and re-learning regime support: The dynamics of post-communist regimes. In: European Journal of Political Research 41, S. 5-36.
Misztal, Barbara A. 1996: Trust in Modern Societies. The Search for the Base of Social Order, Cambridge: Polity Press.
Mohler, Peter Ph. 1985: Wertewandel im politischen System der Bundesrepublik Deutschland zwischen 1949 und 1984. Habilitationsschrift, Freiburg/Br.: Mimeo.
Mohler, Peter Ph. 1987: Cycle of value chance. In: European Journal of Political Research 15, S. 155-165.
Mohler, Peter Ph. 1989: Wertekonflikt oder Wertediffusion? In: Kölner Zeitschrift für Soziologie und Sozialpsychologie 41, S. 95-122.
Muller, Edward N./ Jukam, Thomas O. 1977: On the Meaning of Political Support. In: American Political Science Review 71, S. 1561-1577.
Muller, Edward N./ Seligson, Mitchell A. 1994: Civic Culture and Democracy: The Question of causal Relationships. In: American Political Science Review 88, Nr. 3, S. 635-652.
Munck, Geraldo L. 2001: Democratic Consolidation. In: Clarke, Paul Barry/ Foweraker, Joe (Hg.): Encyclopedia of Democratic Thought, London/New York: Routledge, S. 175-178.
Münch, Richard/ Büttner, Sebastian (2006): Die europäische Teilung der Arbeit. Was können wir von Emile Durkheim lernen? In: Heidenreich, Martin (Hrsg.): Die Europäisierung sozialer Ungleichheit. Zur transnationalen Klassen- und Sozialstrukturanalyse, Campus Verlag: Frankfurt a. M., S. 65-107.
Nedelmann, Birgitta 1995: Vorwort. In: Ders. (Hrsg.): Politische Institutionen im Wandel. Sonderheft 35 der Kölner Zeitschrift für Soziologie und Sozialpsychologie, Köln: Westdeutscher Verlag, S. 7-14.
Neller, Katja 2000: DDR-Nostalgie? Analysen zur Identifikation der Ostdeutschen mit ihrer politischen Vergangenheit, zur ostdeutschen Identität und zur Ost-West-Stereotypisierung. In: Falter, Jürgen/ Gabriel, Oscar W./ Rattinger, Hans (Hrsg.): Wirklich ein Volk? Die politischen Orientierungen von Ost- und Westdeutschen im Vergleich, Opladen: Leske+Budrich, S. 571-608.
Neller, Katja 2002: Politische Sozialisation: Massenmedien. In: Greiffenhagen, Martin/ Greiffenhagen, Sylvia (Hrsg.): Handwörterbuch zur politischen Kultur der Bundesrepublik Deutschland (2. Aufl.), Wiesbaden: Westdeutscher Verlag, S. 439-444.
Newton, Kenneth 1999: Social and Political Trust in Established Democracies. In: Norris, Pippa (Hrsg.): Critical Citizens. Global Support for Democratic Government, Oxford/New York: Oxford University Press, S. 169-187.
Newton, Kenneth 2001: Trust, Social Capital, Civil Society, and Democracy. In: International Political Science Review 22, Nr. 2, S. 201-214.
Newton, Kenneth/ Norris, Pippa 2000: Confidence in Public Institutions: Faith, Culture, or Performance? In: Pharr, Susan/ Putnam, Robert D.: Disaffected Democracies. What's troubling the Trilateral Countries? Princeton, S. 52-73.
Norris, Pippa 1999: Institutional Explanations for Political Support. In: Norris, Pippa (Hrsg.): Critical Citizens. Global Support for Democratic Government, Oxford/New York: Oxford University Press, S. 217-235.

Norris, Pippa 1999a (Hrsg.): Critical Citizens. Global Support for Democratic Government, Oxford/New York: Oxford University Press.

Nye, Joseph S. 1997: Introduction: The Decline of Confidence in Government. In: King, David C./ Nye, Joseph S./ Zelikow, Philip D. (Hrsg.): Why People Don't Trust Government, Cambridge/London: Harvard University Press, S. 1-18.

Nye, Joseph S./ Zelikow, Philip D. 1997: Conclusion: Reflections, Conjectures and Puzzles. In: King, David C./ Nye, Joseph S./ Zelikow, Philip D. (Hrsg.): Why People Don't Trust Government, Cambridge/London: Harvard University Press, S. 253-282.

O'Donnell, Guillermo 2004: The Quality of Democracy. Why the Rule of Law matters. In: Journal of Democracy 15, Nr. 4, S. 32-46.

Offe, Claus 1999: How can we trust our fellow citizens? In: Warren, Mark E. (Hrsg.): Democracy and Trust, Cambridge: Cambridge University Press, S. 42-87.

Offe, Claus 2001: Wie können wir unseren Mitbürgern vertrauen? In: Hartmann, Martin/ Offe, Claus (Hrsg.): Vertrauen. Die Grundlage des sozialen Zusammenhalts, Frankfurt/Main, S. 241-294.

Offe, Claus 2003: Herausforderungen der Demokratie. Zur Integrations- und Leistungsfähigkeit politischer Institutionen, Frankfurt am Main/New York: Campus Verlag.

Offe, Claus 2003a: Demokratie und Vertrauen. In: Offe, Claus (Hrsg.): Herausforderungen der Demokratie. Zur Integrations- und Leistungsfähigkeit politischer Institutionen, Frankfurt am Main/New York: Campus Verlag, S. 227-238.

Offe, Claus/ Preuß, Ulrich K. 2003b: Democratic Institutions and Moral Resources. In: Offe, Claus (Hrsg.): Herausforderungen der Demokratie. Zur Integrations- und Leistungsfähigkeit politischer Institutionen, Frankfurt am Main/New York: Campus Verlag, S. 182-209.

Orren, Gary 1997: Fall from Grace: The Public's Loss of Faith in Government. In: King, David C./ Nye, Joseph S./ Zelikow, Philip D. (Hrsg.): Why People Don't Trust Government, Cambridge/London: Harvard University Press, S. 77-107.

Oscar W. Gabriel 1996: Anpassung, Integration oder Polarisierung? Zur Entwicklung der politischen Kultur im vereinigten Deutschland. In: Wechselwirkungen, Jahrbuch 1996 der Universität Stuttgart, S. 1-15, URL: http://www.uni-stuttgart.de/wechselwirkungen/ww1996/gabriel.htm

Parry, Geraint 1976: Trust, Distrust and Consensus. In: British Journal of Political Science 6, Cambridge: Cambridge University Press, S. 129-142.

Patrick, Glenda M. 1984: Political Culture. In: Sartori, Giovanni (Hrsg.): Social Science Concepts. A Systemic Analysis, Beverly Hills: Sage Publications, S. 265-314.

Patzelt, Werner J. 1997: Der Bundestag. In: Gabriel, Oscar W./ Holtmann, Everhard (Hrsg.): Handbuch. Politisches System der Bundesrepublik Deutschland, München/Wien: R. Oldenbourg Verlag, S. 121-181.

Patzelt, Werner J. 1997: Die Bundesregierung. In: Gabriel, Oscar W./ Holtmann, Everhard (Hrsg.): Handbuch. Politisches System der Bundesrepublik Deutschland, München/Wien: R. Oldenbourg Verlag, S. 181-206.

Pickel, Gert/ Walz, Dieter 1995: Demokratievertrauen in Deutschland. Politisches Institutionenvertrauen in der Bundesrepublik Deutschland in zeitlicher Perspektive. In: Journal für Sozialforschung 35, Nr. 2, S. 145-155.

Pickel, Susanne 1997: Politische Unterstützung und Demokratisierung in Osteuropa. In: Rehberg, Karl-Siegbert (Hrsg.): Differenz und Integration. Die Zukunft moderner Gesellschaften: Verhandlungen des 28. Kongresses der Deutschen Gesellschaft für Soziologie im Oktober 1996 in Dresden, Opladen: Westdeutscher Verlag, S. 369-373.

Plattner, Marc C. 2004: A skeptical Afterword. In: Journal of Democracy, Bd. 15, No. 4, S. 106-110.

Pollack, Detlef/ Jacobs, Jörg/ Müller, Olaf/ Pickel, Gert (Hrsg.) 2003: Political Culture in Post-Communist Europe – Attitudes in New Democracies, Aldershot/Burlington: Ashgate Publishing Company.

Pollack, Detlef/ Jacobs, Jörg/ Müller, Olaf/ Pickel, Gert 2003: Demokratie auf dem Prüfstand – Konsolidierung und Widerstandspotential der Bevölkerung in Osteuropa im Vergleich. In: Pollack, Detlef/ Wielgohs, Jan (Hg.): Demokratie in Gefahr? Politische Kultur in Osteuropa, Berliner Debatte INITIAL 11, Nr. 5/6 S. 17-32.

Pollack, Detlef/ Wielgohs, Jan 2000: Politische Kultur und demokratische Konsolidierung. Kritische Anfragen an das Konzept der politischen Kulturforschung zu postsozialistischen Gesellschaften. In: Berliner Debatte INITIAL 11, Nr. 5/6 S. 65-75.

Powell, Bingham G. Jr. 2004: The Quality of Democracy. The Chain of Responsiveness. In: Journal of Democracy 15, Nr. 4, S. 91-105.

Pridham, Geoffrey/ Vanhanen, Tatu 1994: Introduction. In: Ders. (Hrsg.): Democratization in Eastern Europe. Domestic and international perspectives, London/New York: Routledge, S. 1-14.

Przeworski, Adam 2004: Institutions matter? In: Government and Opposition 39, Nr. 4, S. 527-540.

Putnam, Robert D. 1993: Making Democracy Work. Civic Traditions in Modern Italy, Princeton.

Putnam, Robert D. 1995a: Tuning In, Tuning Out. The Strange Disappearance of Scial Capital in America. In: Political Science and Politics 19, S. 441-468.

Putnam, Robert D. 1995b: Bowling Alone. America's Declining Social Capital. In: Journal of Democracy 6, S. 65-78.

Putnam, Robert D. 2000: Bowling alone: the Collapse and Revival of American Community, New York: Simon & Schuster.

Pye, Lucian W. 2003: Culture as Destiny. Political Culture in Post-Communist Europe. In: Pollack, Detlef/ Jacobs, Jörg/ Müller, Olaf/ Pickel, Gert (Hrsg.): Political Culture in post-communist Europe, Aldershot: Ashgate.

Rainer, Helmut/ Siedler, Thomas 2006: Does Democracy foster Trust? Discussion Paper Nr. 609 des German Institute for Economic Research, URL: http://www.diw.de/deutsch/produkte/publikationen/diskussionspapiere/docs/papers/dp609.pdf.

Rehberg, Karl-Siegbert 1990: Eine Grundlagentheorie der Institutionen: Arnold Gehlen. Mit systematischen Schlussfolgerungen für eine kritische Institutionentheorie. In: Göhler, Gerhard/Lenk, Kurt/Schmalz-Bruns, Rainer (Hrsg.): Die Rationalität politischer Institutionen. Interdisziplinäre Perspektiven, Baden-Baden: Nomos Verlagsgesellschaft, S. 115-144.

Rehberg, Karl-Siegbert 1994: Institutionen als symbolische Ordnungen. Leitfragen und Grundkategorien zur Theorie und Analyse institutioneller Mechanismen.

In: Göhler, Gerhard (Hrsg.): Die Eigenart der Institutionen. Zum Profil politischer Institutionentheorie, Baden-Baden: Nomos Verlagsgesellschaft, S. 47-85.

Rehberg, Karl-Siegbert 1997: Institutionenwandel und die Funktionsveränderung des Symbolischen. In: Göhler, Gerhard (Hrsg.): Institutionenwandel. Sonderheft 16 der Zeitschrift Leviathan, S. 94-120.

Reinprecht, Christoph 1996: Nostalgie und Amnesie. Bewertungen von Vergangenheit in der tschechischen Republik und in Ungarn, Österreichische Texte zur Gesellschaftskritik, Bd. 61, Wien: Verlag für Gesellschaftskritik.

Röhl, Klaus F. 1990. Institutionstheoretische Ansätze in der Rechtssoziologie und institutionelles Rechtsdenken. In: Göhler, Gerhard/ Lenk, Kurt/ Schmalz-Bruns, Rainer (Hrsg.): Die Rationalität politischer Institutionen. Interdisziplinäre Perspektiven, Baden-Baden: Nomos Verlagsgesellschaft, S. 357-380.

Rohrschneider, Robert 1999: Learning Democracy. Democratic and Economic Values in Unified Germany, Oxford: Oxford University Press.

Rohrschneider, Robert 2000: Institutionalisten versus Kulturalisten: Theorie und Empirie des deutschen Falls. In: Pollack, Detlef/ Wielgohs, Jan (Hg.): Demokratie in Gefahr? Politische Kultur in Osteuropa. In: Berliner Debatte INITIAL 11, Nr. 5/6 S. 47-64.

Roller, Edeltraud 2001: Die Leistungsfähigkeit von Demokratien. Eine Analyse des Einflusses politischer Institutionen auf die Effektivität von Politiken und Politikmustern in westlichen Demokratien 1974-1995, Habilitationsschrift, FU Berlin.

Rothstein, Bo/ Stolle, Dietlind 2003: Social Capital, Impartiality and the Welfare State: An Institutional Approach. In: Hooghe, Marc/ Stolle, Dietlind (Hrsg.): Generating Social Capital. Civil Society and Institutions in Comparative Perspective, New York: Palgrave Macmillan, S. 191-209.

Rudi, Tatjana 2007: Die Links-Rechts-Dimension in Mittel- und Osteuropa: Eine Heuristik, die Aufschlüsse über die Politikpräferenzen der Bürger gibt? Paper zur Tagung des Arbeitskreises „Wahlen und politische Einstellungen" der DVPW am 12. und 13. Juli 2007 an der Johannes Gutenberg-Universität Mainz.

Rudzio, Wolfgang 1996: Das politische System der Bundesrepublik Deutschland (4. Aufl.) Opladen: Leske + Budrich.

Saretzki, Thomas 1990: Biopolitics – ein erklärungskräftiger Ansatz für die Theorie politischer Institutionen? In: Göhler, Gerhard/ Lenk, Kurt/ Schmalz-Bruns, Rainer (Hrsg.): Die Rationalität politischer Institutionen. Interdisziplinäre Perspektiven, Baden-Baden: Nomos Verlagsgesellschaft, S. 85-114.

Schaal, Gary (Hrsg.) 2002: Vertrauen - Mikrofundierung sozialer und politischer Ordnungen. Schwerpunktthema: Österreichische Zeitschrift für Politikwissenschaft 31, Nr.4, Baden-Baden: Nomos-Verlag.

Schaal, Gary 2002a: Editorial. In: Schaal, Gary (Hrsg.) 2002: Vertrauen - Mikrofundierung sozialer und politischer Ordnungen. Schwerpunktthema: Österreichische Zeitschrift für Politikwissenschaft 31, Nr.4, Baden-Baden: Nomos-Verlag, S. 371-378.

Schaal, Gary S. 2003: Vier Missverständnisse. Konzeptionelle Anmerkungen zur Renaissance des Vertrauens in der Politikwissenschaft. In: Schweer, Martin/ Thies, Barbara (Hrsg.): Vertrauen als Organisationsprinzip: Perspektiven für komplexe soziale Systeme, Bern/Göttingen: Huber.

Schaal, Gary S. 2004: Vertrauen, Verfassung und Demokratie. Über den Einfluß konstitutioneller Prozesse und Prozeduren auf die Genese von Vertrauensbeziehungen in modernen Demokratien, VS Verlag für Sozialwissenschaften.

Schäfer, Mike Steffen 2004: Rezension zu: Martin Endress 2002: Vertrauen. Forum Qualitative Sozialforschung; Forum: Qualitative Social Research 5, Nr.2, Art. 8, URL: http://www.qualitative-research.net/fqs-texte/2-04/2-04reviewschaefer-d.htm.

Schedler, Andreas 1998: What is Democratic Consolidation? In: Journal of Democracy, Bd. 9, Nr. 2, S. 91-107.

Schmalz-Bruns, Rainer (Hrsg.) 1989: Ansätze und Perspektiven der Institutionentheorie. Eine bibliographische und konzeptionelle Einführung, Wiesbaden: Deutscher Universitäts-Verlag.

Schmalz-Bruns, Rainer 1990: Norm. Rechtsanalyse und Institutionentheorie. In: Göhler, Gerhard/ Lenk, Kurt/ Schmalz-Bruns, Rainer (Hrsg.): Die Rationalität politischer Institutionen. Interdisziplinäre Perspektiven, Baden-Baden: Nomos Verlagsgesellschaft, S. 329-335.

Schmidt, Anne 2003: Eine Staatsführung in der Vertrauenskrise. Deutschland 1918. In: Frevert, Ute (Hrsg.): Vertrauen. Historische Annäherung, Göttingen: Vandenhoeck & Ruprecht, S. 279-305.

Schmidt, Manfred G. 2000: Demokratietheorien (3. Aufl.), Opladen: Leske+Budrich.

Schnell, Rainer/ Hill, Paul/ Esser, Elke 1999: Methoden der empirischen Sozialforschung (6. überarb. Aufl.), München/Wien: Oldenbourg.

Schweer, Martin/ Thies, Barbara 2003: Vertrauen als Organisationsprinzip. Perspektiven für komplexe soziale Systeme, Bern/Göttingen/Toronto/Seattle: Hans Huber Verlag.

Scott, James C. 1999: Geographies of trust, geographies of hierarchy. In: Warren, Mark E. (Hrsg.): Democracy and Trust, Cambridge: Cambridge University Press, S. 273-289.

Shepsle, Kenneth A. 1995: Studying Institutions: Some Lessons from the Rational Choice Approach. In: Farr, James/ Dryzek, John S./ Leonard, Stephen T. (Hrsg.): Political Science in History. Research Programs and Political Traditions, Cambridge: Cambridge University Press.

Sianko, Anna/ Szurek, Jean-Charles 2006: Erinnerung und demokratische Identität in polnischen Familien. Intergenerationale Vermittlung und der Umbruch von 1989 als Faktoren des Wandels. In: Schwan, Gesine/ Schwelling, Birgit (Hrsg.): Demokratische politische Identität Deutschland, Polen und Frankreich im Vergleich, Wiesbaden: VS Verlag für Sozialwissenschaften, S. 215-249.

Simmel, Georg 1989: Die Philosophie des Geldes. Gesamtausgabe (Bd. 6), Frankfurt a.M.: Suhrkamp.

Steinkamp 2002: Politische Sozialisation: Familie. In: Greiffenhagen, Martin/ Greiffenhagen, Sylvia (Hrsg.): Handwörterbuch zur politischen Kultur der Bundesrepublik Deutschland (2. Aufl.), Wiesbaden: Westdeutscher Verlag, S. 422-427.

Steußloff, Hand 1997: Wertewandel? Anmerkungen zur Werteproblematik. In: Meier, Helmut/ Weckesser, Erhard (Hrsg.): Ost-Identität – konjunkturelle Erscheinung oder längerfristige Bewusstseinslage? Beiträge des dritten wissenschaftlichen Kolloquiums zum Thema „Zwischen Anschluß und Ankunft" am 16. März 1996 in Potsdam, Berlin: Trafo Verlag, S. 47-52.

Stolle, Dietlind 2002: Trusting Strangers – The Concept of Generalized Trust in Perspective. In: Schaal, Gary (Hrsg.) 2002: Vertrauen - Mikrofundierung sozialer und politischer Ordnungen. Schwerpunktthema: Österreichische Zeitschrift für Politikwissenschaft 31, Nr.4, Baden-Baden: Nomos-Verlag, S. 397-411.

Stolle, Dietlind/ Rochon, Thomas R. 1998: Are all Associations alike? Member Diversity Associational Type, and the Creation of Social Capital. In: American Behavioral Scientist 42, Nr. 1, S. 47-65.

Sztompka, Piotr 1995: Vertrauen: die fehlende Ressource in der postkommunistischen Gesellschaft. In: Nedelmann, Birgitta (Hrsg.): Politische Institutionen im Wandel, Opladen: Leske+Budrich, S. 254-276.

Sztompka, Piotr 2003a: Trust: a Cultural Resource. Background paper for the project "Honesty and Trust", Internet-URL: http://www.colbud.hu/honesty-trust/sztompka/pub01.doc.

Sztompka, Piotr 2003b: Trust, Distrust and the Paradox of Democracy, URL: http://www.zeichen-setzen.com/material/schulungsunterlagen/c2_ demokrativertrauen.pdf.

Thomas, Michael 2000: Vertrauen in wirtschaftlichen Transformationsprozessen – Fallstudien und Konzeptionalisierung aus regionalen Kontexten, URL: http://www.biss-online.de/download/Vertrauen_in_wirtschaftlichen_ Transformationsprozessen.zip, S. 1-35.

Tillmann, Klaus-Jürgen 1989: Sozialisationstheorien. Eine Einführung in den Zusammenhang von Gesellschaft, Institution und Subjektwerdung, Reinbek: Rowohlt.

Tóka, Gábor 1995: Political Support in East-Central Europe. In: Klingemann, Hans-Dieter/ Fuchs, Dieter: Citizens and the State. Beliefs in Government, Bd. 1, New York, S. 354-387.

Trommsdorf, Gisela 1996: Werte und Wertewandel im kulturellen Kontext aus psychologischer Sicht. In: Janssen, Edzard/ Möhwald, Ulrich/ Ölschleger, Hans Dieter (Hrsg.): Gesellschaften im Umbruch? Aspekte des Wertewandels in Deutschland, Japan und Osteuropa, Monographien aus dem Deutschen Institut für Japanstudien der Philipp-Franz-von-Siebold-Stiftung, Bd. 15, München: Iudicium Verlag, S. 13-41.

Tyler, Tom R. 1998: Trust and Democratic Governance. In: Braithwaite, Valerie/ Levi, Margaret (Hrsg.): Trust and Governance, New York: Russell Sage Foundation, S. 269-293.

Uslaner, Erik M. 1998: Social Capital, Television and the „Mean World". Trust, Optimism and Civic Participation. In: Political Psychology 19, S. 441-468.

Uslaner, Eric M. 2000: Producing and Consuming Trust. In: Political Science Quarterly 115, Nr. 4, S.569-590.

Uslaner, M. Eric 2003: Trust, Democracy and Governance: Can Government Policies Influence Generalized Trust? In: Hooghe, Marc/ Stolle, Dietlind (Hrsg.): Generating Social Capital. Civil Society and Institutions in Comparative Perspective, New York: Palgrave Macmillan, S. 171-190.

van Biezen, Ingrid 2003: Political Parties in New Democracies: Party Organizsation in Southern and East, Houndmills: Palgrave Macmillan.

Vetter, Angelika 2002: Externe politische Effektivität. In: Greiffenhagen, Martin/ Greiffenhagen, Sylvia (Hrsg.): Handwörterbuch zur politischen Kultur der Bundesrepublik Deutschland (2. Aufl.), Wiesbaden, S. 114-120.

von Armin, Hans Herbert/ Bannenberg, Britta 2003: Korruption. Netzwerke in Politik, Ämtern und Wirtschaft, München: Knaur.
von Erlach, Emanuel 2000: Soziales Kapital. Definitionen, Dimensionen und Operationalisierungen eines theoretischen Konzeptes. Lizentiatsarbeit, eingereicht bei Prof. Dr. Klaus Armingeon, Bern, URL: http://www.ipw.unibe.ch/ mitarbeiter/vonerlach/Soziales_Kapital.pdf.
Vorländer, Hans 2002: Vorwort. In: Ders. (Hrsg.): Integration durch Verfassung, Wiesbaden: Westdeutscher Verlag, S.7.
Vorländer, Hans 2003: Demokratie. Geschichte – Formen – Theorien. München.
Vorländer, Hans/ Schaal, Gary 2002: Integration durch Institutionenvertrauen? Das Bundesverfassungsgericht und die Akzeptanz seiner Rechtsprechung. In: Vorländer, Hans (Hrsg.): Integration durch Verfassung, Wiesbaden: Westdeutscher Verlag, S. 343-374.
Walter-Rogg, Melanie 2005: Politisches Vertrauen ist gut – Misstrauen ist besser? Ausmaß und Ausstrahlungseffekte des Politiker- und Institutionenvertrauens im vereinigten Deutschland. In: Gabriel, Oscar W./ Falter, Jürgen W./ Rattinger, Hans (Hrsg.): Wächst zusammen, was zusammen gehört? Stabilität und Wandel politischer Einstellungen im wiedervereinigten Deutschland, Baden-Baden: Nomos, S. 129-186.
Walz, Dieter 1996: Vertrauen in Institutionen in Deutschland zwischen 1991 und 1995. In: ZUMA-Nachrichten 38, Jg. 20, S. 70-89, URL: www.gesis.org/ Publikationen/Zeitschriften/ZUMA_Nachrichten/documents/pdfs/zn38-6.pdf.
Walz, Dieter 1997: Einstellungen zu den politischen Institutionen. In: Gabriel, Oscar W. (Hrsg.): Politische Orientierungen und Verhaltensweisen im vereinigten Deutschland, Opladen: Leske+Budrich, S. 147-166.
Walzer, Michael 1995: Die kommunitaristische Kritik am Liberalismus. In: Honneth, Axel (Hrsg.): Kommunitarismus. Eine Debatte über die moralischen Grundlagen moderner Gesellschaften, Frankfurt am Main: Campus.
Warren, Mark E. 1999: Democracy and Trust, Cambridge: Cambridge University Press.
Warren, Mark E. 1999a: Democratic Theory and Trust. In: Ders.: Democracy and Trust, Cambridge: Cambridge University Press, S. 310-345.
Warren, Mark E. 1999b: Introduction. In: Ders.: Democracy and Trust, S. 1-21.
Warren, Mark E. 2006: Democracy and Deceit: Regulating Appearances of Corruption. In: American Journal of Political Science 15, S. 160-174.
Weatherford, M. Stephen 1989: Political Economy and Political Legitimacy: The Link Between Economic Policy and Trust. In: Clark, Harold D./ Stewart, Marianne/ Zuk, Gary (Hrsg.): Economic Decline and Political Change, Pittsburgh: University of Pittsburgh Press.
Weaver, Kent R./ Rockman, Bert A. (Hrsg.) 1993: Do Institutions Matter? Government Capabilities in the United States and Abroad, Washington, DC: The Brookings Institutions.
Weber, Max Weber 1985: Die legale Herrschaft mit bürokratischem Verwaltungsstab. In: Weber, Max: Wirtschaft und Gesellschaft, Tübingen: Mohr, S. 124-130.
Wehling, Hans-Georg 1997: Ostmitteleuropa. In: Landeszentrale für politische Bildung (Hrsg.): Der Bürger im Staat 47, Nr. 3, S. 145-149.

Weidenfeld, Werner 1989: Politische Kultur und deutsche Frage. Materialien zum Staats- und Nationalbewusstsein in der Bundesrepublik Deutschland, Köln: Verlag Wissenschaft und Politik.

Weingast, Barry R. 2002: Rational-Choice Institutionalism. In: Katznelson, Ira/ Milner, Helen V. (Hrsg.): Political Science. The State of the Discipline, New York/London: Norton & Company, S. 660-692.

Weiß, Johannes 1990: Institution und Subjektivität. In: Göhler, Gerhard/ Lenk, Kurt/ Schmalz-Bruns, Rainer (Hrsg.): Die Rationalität politischer Institutionen. Interdisziplinäre Perspektiven, Baden-Baden: Nomos Verlagsgesellschaft, S. 145-154.

Wessels, Wolfgang 1994: Institutionen der Europäischen Union: Langzeittrends und Leitideen. In: Göhler, Gerhard (Hrsg.): Die Eigenart der Institutionen. Zum Profil politischer Institutionentheorie, Baden-Baden: Nomos Verlagsgesellschaft, S. 301-330.

Westle, Bettina 1989: Politische Legitimität – Theorien, Konzepte, empirische Befunde. Schriftenreihe zur gesellschaftlichen Entwicklung, Baden-Baden: Nomos Verlagsgesellschaft.

Wollmann, Hellmut 1997: Der Systemwechsel in Ostdeutschland, Ungarn, Polen und Russland. Phasen und Varianten der politisch-administrativen Dezentralisierung. In: Aus Politik und Zeitgeschichte (Beilage zur Wochenzeitung das Parlament) B 5, S. 3-16.

Würtenberger, Thomas/ Jeannerod, Dominique 2002: Vertrauen in den Gesetzgeber in Frankreich und in Deutschland. In: Würtenberger, Thomas/ Tscheulin, Dieter K./ Usunier, Jean-Claude/ Jeannerod, Dominique/ Davoine, Eric (Hrsg.): Wahrnehmungs- und Betätigungsformen des Vertrauens im deutschfranzösischen Vergleich, S. 153-170.

WZB (Hrsg.) 2003: Abschlußbericht der Abteilung Institutionen und sozialer Wandel 1989-2003, URL: http://www.wz-berlin.de/alt/iw/pdf/abschlussbericht-iw-1.pdf.

Yang, Kaifeng/ Holzer, Marc 2006: The Performance – Trust Link: Implications for Performance Measurement. In: Public Administration Review, No.1 2006, S. 114-126, URL: www.blackwell-synergy.com/doi/pdf/10.1111/j.1540-6210. 2006.00560.x.

Zintl, Reinhard 1990: Probleme des individualistischen Ansatzes in der neuen politischen Ökonomie. In: Göhler, Gerhard/ Lenk, Kurt/ Schmalz-Bruns, Rainer (Hrsg.): Die Rationalität politischer Institutionen. Interdisziplinäre Perspektiven, Baden-Baden: Nomos Verlagsgesellschaft, S. 267-288.

Zintl, Reinhard 1999: Institutionen und gesellschaftliche Integration. In: Friedrichs, Jürgen/ Jagodzinski, Wolfgang (Hrsg.): Soziale Integration. Sonderheft 39 der Kölner Zeitschrift für Soziologie und Sozialpsychologie, Opladen: Westdeutscher Verlag, S. 179-198.

**EMPIRISCHE UND METHODOLOGISCHE BEITRÄGE
ZUR SOZIALWISSENSCHAFT**

Herausgegeben von Jürgen Falter, Jürgen Maier, Katja Neller und Harald Schoen

Die Reihe versammelt hochwertige Beiträge zu ausgewählten Fragen der empirischen Sozialforschung. Monographien und Sammelbände in dieser Reihe verbinden theoretische Reflexion mit methodisch anspruchsvollen Untersuchungen. Die Reihe ist ein attraktives Forum für empirisch ausgerichtete Arbeiten aus dem gesamten Spektrum der Sozialwissenschaften. Originelle Untersuchungen zu politikwissenschaftlichen und soziologischen Fragen finden hier ebenso ihren Platz wie innovative Beiträge zu kommunikationswissenschaftlichen Themen und zu psychologischen Problemen mit sozialwissenschaftlichem Bezug. Übergreifendes Ziel ist es, aktuelle Entwicklungen in der empirischen Sozialforschung aufzugreifen, den interdisziplinären Diskurs in den Sozialwissenschaften anzuregen und der Forschung wichtige Impulse zu verleihen.

Band 1 Siegfried Schumann: Politische Einstellungen und Persönlichkeit: Ein Bericht über empirische Forschungsergebnisse. 1986.

Band 2 Klaus G. Troitzsch: Bürgerperzeptionen und Legitimierung. Anwendung eines formalen Modells des Legitimations-/Legitimierungsprozesses auf Wählereinstellungen und Wählerverhalten im Kontext der Bundestagswahl 1980. 1987.

Band 3 Gerhard Frasch: Der Rücklaufprozeß bei schriftlichen Befragungen. Formale Modelle zur Analyse kollektiver Regelmäßigkeiten. 1987.

Band 4 Andreas Engel: Wahlen und Parteien im lokalen Kontext. Eine vergleichende Untersuchung des Basisbezugs lokaler Parteiakteure in 24 nordhessischen Kreisparteiorganisationen von CDU, FDP und SPD. 1988.

Band 5 Jürgen W. Falter / Hans Rattinger / Klaus G. Troitzsch (Hrsg.): Wahlen und politische Einstellungen in der Bundesrepublik Deutschland. Neuere Entwicklungen der Forschung. 1989.

Band 6 Karl Schmitt (Hrsg.): Wahlen, Parteieliten, politische Einstellungen. Neuere Forschungsergebnisse. 1990.

Band 7 Hans Rattinger / Don Munton (Eds.): Debating National Security. The Public Dimension. 1991.

Band 8 Wolfgang Seck: Politische Kultur und Politische Sprache. Empirische Analysen am Beispiel Deutschlands und Großbritanniens. 1991.

Band 9 Jürgen Domes: Politik in China. Beiträge zur Analyse chinesischer Politik. Hrsg. zum 60. Geburtstag des Verf. von Jürgen W. Falter und Eberhard Sandschneider. 1992.

Band 10 Wolf-Dieter Eberwein (Hrsg.): Transformation Processes in Eastern Europe. Perspectives from the Modelling Laboratory. 1992.

Band 11 Steffen-Matthias Kühnel: Zwischen Boykott und Kooperation. Teilnahmeabsicht und Teilnahmeverhalten bei der Volkszählung 1987. 1993.

Band 12 Oscar W. Gabriel / Klaus G. Troitzsch (Hrsg.): Wahlen in Zeiten des Umbruchs. 1993.

Band 13 Hans Rattinger / Oscar W. Gabriel / Wolfgang Jagodzinski (Hrsg.): Wahlen und politische Einstellungen im vereinigten Deutschland. 1994. 2., unveränd. Aufl. 1996.

Band 14 Hans Rattinger / Joachim Behnke / Christian Holst: Außenpolitik und öffentliche Meinung in der Bundesrepublik. Ein Datenhandbuch zu Umfragen seit 1954. 1995.

Band 15 Oscar W. Gabriel / Jürgen W. Falter (Hrsg.): Wahlen und politische Einstellungen in westlichen Demokratien. 1996.

Band 16   Siegfried Schumann / Jürgen R. Winkler (Hrsg.): Jugend, Politik und Rechtsextremismus in Rheinland-Pfalz. Ergebnisse eines empirischen Modellprojekts. 1997.

Band 17   Fritz Plasser / Oscar W. Gabriel / Jürgen W. Falter / Peter A. Ulram (Hrsg.): Wahlen und politische Einstellungen in Deutschland und Österreich. 1999.

Band 18   Karl-Heinz Hajna: Die Landtagswahlen 1946 in der SBZ. Die Landtagswahlen 1946 in der SBZ – eine Untersuchung der Begleitumstände der Wahl. Mit dem Kapitel „Entzug des aktiven und passiven Wahlrechts" von Britta Oltmer. 2000.

Band 19   Hossein Shahla: Empirische Wahlforschung und Wählerrationalität. Zum Stellenwert der Sachthemenorientierung im Prozeß der Wahlentscheidung. 2001.

Band 20   Markus Klein: Wählen als Akt expressiver Präferenzoffenbarung. Eine Anwendung der Conjoint-Analyse auf die Wahl zur Hamburger Bürgerschaft vom 21. September 1997. 2002.

Band 21   Frank Hampel: Kommunikative Kompetenz als realistisches Reformkonzept? Eine empirische Untersuchung zur Relevanz politischer Wert- und Einstellungsorientierungen von Landtagsabgeordneten. 2003.

Band 22   Daniel Rölle: Einflussfaktoren geänderten Mobilitätsverhaltens auf Arbeits- und Freizeitwegen. 2005.

Band 23   Eva-Maria Trüdinger: Vom Wert der Werte. Erklärungsmodelle für Einstellungen politischer Toleranz. 2006.

Band 24   S. Isabell Thaidigsmann: Einstellungen zu Gewerkschaften, Wirtschaftsverbänden und Umweltschutzgruppen in der Bundesrepublik Deutschland. 2007.

Band 25   Tuuli-Marja Kleiner: Das Vertrauen zu den politischen Entscheidungsinstitutionen junger Demokratien Mitteleuropas. Kulturalistische und institutionalistische Ansätze zur Erklärung politischen Vertrauens im Vergleich. 2008.

www.peterlang.de